墨香财经学术文库

U0656641

城市第一代独生子女家庭代际居住模式选择研究

Study on Inter-generational Living Arrangement Patterns of the
First Generation of One-Child Families in Urban Areas

刘艳茹 著

东北财经大学出版社
Dongbei University of Finance & Economics Press

大连

图书在版编目（CIP）数据

城市第一代独生子女家庭代际居住模式选择研究 / 刘艳茹著．—大连：东北财经大学出版社，2025.5．—（墨香财经学术文库）．—ISBN 978-7-5654-5655-8

Ⅰ．D669.1

中国国家版本馆 CIP 数据核字第 2025NW0160 号

城市第一代独生子女家庭代际居住模式选择研究

CHENGSHI DIYIDAI DUSHENG ZINÜ JIATING DAIJI JUZHU MOSHI XUANZE YANJIU

东北财经大学出版社出版发行

大连市黑石礁尖山街217号　邮政编码　116025

网　　址：http://www.dufep.cn

读者信箱：dufep@dufe.edu.cn

大连图腾彩色印刷有限公司印刷

幅面尺寸：170mm×240mm　字数：209千字　印张：17.75　插页：1
2025年5月第1版　　　　　　　2025年5月第1次印刷
责任编辑：时　博　张爱华　　　责任校对：赵　楠
封面设计：原　皓　　　　　　　版式设计：原　皓
书号：ISBN 978-7-5654-5655-8　定价：88.00元

前　言

21世纪以来，老龄化不可逆转地成为全球化趋势，在此背景下，家庭规模的小型化态势，构建出新时代家庭代际关系研究的宏观背景。安居乐业自古以来便是国人向往与追求的生活模式。目前，我国城市第一代独生子女父母正逐步迈入老龄阶段，随着社会文化的多元发展，父母与子女两代人的居住模式正在发生着多元的变化。

本书围绕"两代人，一个问题，多个模式"展开研究，以代际居住模式为契点，以代际理论为支撑，将城市第一代独生子女父母的养老生活与居住置于现实的社会时空背景的"银色浪潮"之中；以城市第一代独生子女家庭为调查对象，以抽样调查数据为支撑，通过滚雪球抽样方法展开问卷调查，辅以个案访谈，聚焦城市第一代独生子女家庭的代际居住模式。

从本书的框架脉络来看，首先，从主客观两个方面描述独生子女家庭的代际居住模式、代际居住意愿以及在短期与长期代际居住关系的稳定性，描述城市第一代独生子女家庭"空巢"期的显著结构特征；其次，通过建立分类决策树模型，关注代际双重视角，厘清居住现状与意愿的双重属性,深入研究并厘清影响城市第一代独生子女家庭居住模式的重要社会人口特征;最后,在个案阐释的基础上,以养老方式选择为框架,对代际居住模式与理想养老支持、代际养老供需间的关联性进行探索性研究,并通过进一步思考,阐释转型期新型代际关系桥梁的断裂与重构,探索"少子化家庭"养老选择之路的新视野。

本书的主要研究结论如下:第一,城市第一代独生子女家庭呈现出广泛性"空巢"的结构特征;第二,城市第一代独生子女家庭的代际居住模式是基于家庭资源配置的双向选择;第三,代际居住意愿是转型期城市第一代独生子女家庭代际关系的新表现;第四,基于生命周期理论,指出城市第一代独生子女家庭"反哺时代"尚未完全到来;第五,城市第一代独生子女父母高龄养老阶段的现实困境有待进一步的经验考证。

本书出版前的最后校对阶段,恰逢家中二孩来临之际,喜悦之余也使笔者对于中国新时代的养老议题有更为深入的思考。独生子女是传统家庭结构简化的极值,独子家庭养老议题的探讨值得引起广泛关注。但是,若中国新时代家庭代际关系能够充分地调整与丰富,代际间关系的适洽终将给养老问题的解决带来新的契机。

刘艳茹

2024年冬

目　录

1
绪论

1.1 研究的背景与意义

1.1.1 研究的背景

1) 老龄化社会的真实内涵——刻板还是现实困境

国际上学者对老龄化的界定原有诸多的说法,联合国在1956年委托法国人口学家皮斯麦(Bismarck)撰写并出版的《人口老龄化及其社会经济影响》一书,是以65岁作为老年的起点。后来人口老龄化成为全球的趋势,许多发展中国家老年人口也不断增多,1982年召开的第一届联合国"老龄问题世界大会"上,为了把发展中国家的情况和发达国家相比较,将老年人口年龄界限向下移至60岁。鉴于此,目前国际上多以60岁及65岁并用作为老年人口年龄的界限。进入21世纪,老龄化社会成为世界大趋势,并将伴随整个世纪始终。据世界卫生组织的数据,到2030年,全世界1/6的人将达60岁以上。到2050年,全世界60岁以上人口将翻一番,增至21亿人。

早在20世纪70年代,我国人口学家就提出:要关注计划生育引起的人口老龄化现象以及由此产生的养老保障问题。21世纪以来,老龄化成为世界性难题。彭希哲(2011)指出,人口老龄化已经成为人类社会发展中的常态也是社会现代化的标志,是人口再生产由"高出生率—高死亡率"转向"低出生率—低死亡率"的必然趋势。人口老龄化是许多发达国家所面临的严重人口问题,法国经过115年进入老龄化社会、瑞士经过85年进入老龄化社会、美国经过60年进入老龄化社会,老龄问题在亚洲尤其突出且深刻,我国由成年型社会进入老龄化社会的速度十分迅速,约18年。

虽然我国在工业化和现代化方面取得了巨大进步,但是我国人口老龄化也"来得早"。中国的老龄化帷幕于1999年正式揭开,"银色浪潮"自此全面延伸(穆光宗,2017)。目前,中国的老龄化呈现"二高三大"的特征,即"高速、高龄与老年人口数量大、老年抚养比大、地区老龄化差异大"等特征(曾毅,2001),这些特征成为我国人口结构性问题中不可逆转的社会现实,进而加速进入老龄化阶段。目前,从人口规模来看,根据国家统计局的统计,截至2018年,中国60岁及以上的人口占总人口比重为17.9%,其中65岁及以上的人口有16 658万人,占总人口比重为11.9%,高于联合国对于老龄社会的标准,与之相对应的,我国0~15岁(不含16岁)的人口占总人口比重为17.8%,中国老年人口(60岁及以上)比重首次超越青少年人口(15岁及以下)比重。据全国老龄工作委员会的估计,至2050年,我国老年人口约占全国人口数量的1/3,届时我国将迎来老龄人口新高,进入深度老龄化社会①。

老年人衰老是具有必然性的,随着医学、卫生、科技、经济发展的极大改善,人类的预期寿命在不断延长,作为社会保障支撑的养老保险制度,在保障国民生活质量、规避风险等方面发挥重要作用(Bairoliya等,2017)②,甚至成为影响国民幸福感的重要因素。随着从生产者到消费者身份的转变,越来越多的老龄人口不断加深对养老保险制度的依赖,单纯依赖政府增加税收、提高福利待遇无法解决日益严峻的老龄化现象所衍生出的一系列问题(Stefan,2010;Vogel,2012)。

社会少子化现象的加重,使老年人口比重相对上升。这种社会人口结构的失调将导致家庭结构发生扭曲,抑制家庭和社会潜在劳动力的积累,而这种劳动人口比重的下降势必会增加在职职工潜在负担的老年人口赡养率,更多的老年人口开始依靠养老金生活,将引起养老

---

① 中国人口与发展研究中心课题组. 中国人口老龄化战略研究 [J]. 经济研究参考,2011(34):2-23.
② BAIROLIYA N,CANNING D,MILLER R,et al.The macroeconomic and welfare implications of rural health insurance and pension reforms in China [J]. Journal of the Economics of Ageing,Vol.2,2017(2):1-18.

金供求比例失调（张川川，2017；柳如眉，2017），强化、放大老龄社会养老的相关问题（穆光宗，2017；刘晓艳，2017）。人力资源和社会保障部相关报告数据显示，剔除各级政府财政补贴，2014年度我国基本养老基金首次出现1 321亿元的财政赤字，2015年财政赤字更是上升到2 797亿元，增幅达111.73%[①]；2016年，剔除各级政府财政补贴，城镇职工基本养老保险基金当期收不抵支的省份已达到7个[②]。如何更为健康、幸福地度过老年生活，成为老龄化带来的非常值得社会各界探讨的现实社会问题。

2）老龄化时代不可忽视的主体——城市第一代独生子女父母特殊的生命历程

成长于相同的历史环境、经历过相同历史事件的人群，当他们出生于同一时期，即成为"同期群"（Ryder，1965）。20世纪50年代，我国出现了以战后性恢复为主要特征的婴儿潮。至60年代初，经济状况的好转使得补偿性生育爆发，我国迎来历史上出生人口最多的第二次婴儿潮，这个阶段的育龄妇女的高生育率也为我国之后的几次生育高峰起到了"播种"作用。截至1973年，此次婴儿潮共出生2.6亿人，奠定了我国庞大的人口基础。

我国政府自1971年开始在全国范围内推广以"晚、稀、少"为基本要求的计划生育政策。自1978年起，为缓解急剧增长的人口规模带来的生活、医疗等资源的紧缺，我国严格推行了以控制人口增长的计划生育政策，在国家力量主导下"一对父母一个子女"的家庭结构逐渐成为社会主流。基于当时人口发展趋势，诸多学者分别从"独生子女父母"或"独生子女"的口径出发估算和预测不同时期内的人口规

① ［1］人力资源和社会保障部. 2014年度人力资源和社会保障事业发展统计公报［N］. 中国劳动保障报，2015-05-29（2）。［2］人力资源和社会保障部. 2015年度人力资源和社会保障事业发展统计公报［N］. 中国组织人事报，2016-06-01（4）.
② 人力资源和社会保障部. 中国社会保险发展年度报告2016［M］. 北京：中国劳动社会保障出版社，2017.

模。据原新（2016）的估计，2000年，独生子女人口数已经超过1亿人，其中80%以上为城市独生子女（杨书章等，2000；风笑天，2006）。风笑天（2013）则根据相关统计数据进行推算，提出2010年我国独生子女人数约为1.2亿人。2013年，人口学家王广州（2013）以1990年、2000年和2010年人口普查数据为基础，通过抽样调查和计算机仿真模型估计出独生子女在2010年人数达到1.45亿人左右。

风笑天在研究全国12个城市独生子女婚后居住方式时，将城市第一代独生子女界定为"1976—1986年出生的独生子女"[①]。按照时间推算，城市第一代独生子女父母多出生于战后恢复性或补偿性婴儿潮时期，相当部分的城市第一代独生子女父母出生于第二次婴儿潮时期，并成为这一时期人群的主要代表。当他们步入婚恋阶段，便是计划生育严格执行的特殊时期。在逐渐壮大的城市第一代独生子女家庭中，家庭结构多为以独生子女为顶点、以父母为底边构成的三角形结构。

我国家庭结构的少子化特征是政策力量主导家庭结构变迁的结果（穆光宗，2017），近年来，第一代独生子女家庭的数量与规模构成研究社会问题的客观背景。随着第一代独生子女逐渐步入壮年，经历着成家立业的年龄阶段，第一代独生子女父母"手牵手"步入老年阶段，由此引发的养老问题引起学术界广泛关注。

早在20世纪80年代，邬沧萍教授就基于我国经济水平与人口老龄化特征提出老年群体"未富先老"的社会特征。首先，"未富先老"受我国经济发展水平与相关政策影响。早在2000年中国步入老龄化社会时，人均GDP仅为850美元，但同样进入老龄化的西方发达国家人均GDP则在5 000~10 000美元之间，我国老年群体在没有形成经济抵御能力的时期，已经卷入到养老风险当中。其次，以子女为主轴倾

---

① 风笑天，李芬. 生不生二孩？城市一孩育龄人群生育抉择及影响因素[J]. 国家行政学院学报，2016（1）：94-101.

斜的家庭消费习惯是我国老年群体"未富先老"的主要内因。由于独生子女的特殊家庭结构，孩子在家庭环境中"集万千宠爱于一身"，因此获得了更多的消费机会和资源。潘立新（1993）年对独生子女家庭投入进行了思考，城市独生子女家庭对于孩子的精神投入期望最高，将子女培养到16周岁的总费用为17 391元，而1991年家庭人均可支配收入仅为2 142元。对于独生子女家庭而言，满足孩子的消费需求成为维系亲子关系的纽带之一，父母也因此获得了一种幸福感（Pugh，2009）。最后，随着生活环境的不断优化、医疗条件的逐步完备，我国老年人口预期寿命逐渐延长。第一代独生子女父母具有浓厚的"反哺"情节，虽然中年鼎盛期已过，然而许多人还在承担上一辈的养老支持。第一代独生子女父母正处于情感与经济向上输出与向下输出兼顾的特殊时期，更加深了"未富先老"的现实困境。

3）家庭功能的现代转型——独生子女时代代际养老支持的弱化

在我国，目前老年人养老仍然以家庭为主要依托，然而对于独生子女家庭来说，父母老年生活的经济来源、生活照料、亲子交往、精神慰藉这些多子女家庭可以提供的客观保障被更多地抽掉了，独生子女与普通多子女家庭相比存在更多养老问题。子女数量的限制导致子女对父母的养老支持较多子女家庭明显不足。独生子女家庭结构显著的核心化特征影响了家庭功能的表达，家庭结构的变迁使得原有养老模式赖以生存的基础发生变化，独生子女父母的养老支持与养老资源受到了严重影响（吴翠萍，2007）。虽然独生子女家庭与多子女家庭相比，亲子关系更为亲密，但是以家庭为基础的养老模式并未对独生子女产生深刻影响。

2015—2050年是第一代独生子女父母进入老年的关键时期。"父母在不远游"的家庭规范在现代社会已经被打破，传统养老模式的现代适应性受到质疑，"空巢家庭"等概念应运而生，由多子女所提供的某种现实保障的缺失，使得家庭的生产职能和养老职能逐渐被社会化大生产与社会保障制度所取代。家庭的微小型化是在社会转型背景下产生的，这一精简化的家庭结构特征必将导致代际间连接状态的动态变化，产生养老资源缺失、代际互动失效甚至人际连接纽带逐渐丧失等问题，第一代独生子女家庭面临严峻的养老问题。独生子女家庭是城市家庭模式的主力军，城市独生子女家庭的风险不可忽视（王培君，2018）。独生子女家庭的结构极其简单，但相对于多子女家庭养老功能更加薄弱，本质上是一个风险家庭（徐俊，风笑天，2012；伍海霞，2016；邵希言，赵仲杰，2017；穆光宗，2004）。

4）社会文化规范的变迁——转型期"孝文化"社会控制功能的软化

《孝经·开宗明义章》有句话"夫孝，德之本也，教之所由生也"，说明孝文化是道德的根源，子女要感恩父母的抚养与教育。随着人类文明的发展，这种情感逐渐被规范化成为人们行为的经验。在儿童的早期社会化阶段，家庭环境作为构建群体期望的重要场域，通过个人观念、心理和行为习惯等对儿童发生潜移默化的深刻影响。在这一过程中，为了保证代际关系的和谐发展，孝文化就成为重要的文化规范手段，通过群体控制实现个体遵从。

失范是在一定的社会历史情境下发生的，孝文化的缺失是一种文化的失范现象。文化将外在的社会规范内化为信念与需求，通过个体对社会规范或群体的高度认同形成内在控制，促使社会规范被内化从而使得越轨行为被放弃。现代性与工业化进程的不断推进逐步完备了法治社会的发展，社会变迁意味着文化与资源的解组、重构与再分配。由于经济利益与评价机制的引入，经济地位在社会中愈发凸显，经济回报成为赡养父母的物质基础，传统的"家庭本位"文化规范被打破，并在逐渐形成"个人本位"文化与功利主义价值观。经济的投入成为衡量情感的主要新规范，孝文化的内涵与行为表现发生了异化，导致传统文化与道德规范对人们的约束能力不断降低，甚至产生更为消极的影响，使得人们以纯粹性的工具视角看待社会，传统文化中以养老支持为内涵、以精神慰藉为外延的孝文化存在严重的缺失，而家庭养老这一诉求人文社会关怀的议题，其稳定基础被严重破坏。

5) 新型代际关系的呈现——代际互动的时空转化

空间距离是家庭凝聚力的三个中心维度之一，并且与情感支持和代际关系两个维度相互联系，一定的空间距离会影响代际间的亲密程度与来往频率。随着社会的发展，中国的第一代独生子女纷纷走出家门开始异地求学、就业。随着越来越多的子女"离巢"，独生子女家庭的生活状态发生了很大的变化，空间上的客观距离影响了代际情感支持与精神慰藉，"中老年空巢家庭"成为第一代独生子女家庭在子女成年阶段的重要家庭模式。

首先，空间距离加深了代际之间的社会化不一致性，导致亲代与子代之间价值观与社会化模式发生转变。比如，在现代性社会的消费观念、个人主义以及竞争意识的影响下，其生活理念、生活方式、消费习惯乃至价值观念均与父母的传统观念出现了明显的差异性，使得代际关系在异化、疏离与断裂中出现多元变化，进而改变着家庭凝聚力，使得代际关系产生了新的变化（杨菊华，2009）。"个人本位"倾向下的家庭凝聚力在不断降低，代沟渗透在亲子之间的日常相处的微观环节，深化了代际关系的疏离与隔阂。

其次，随着我国社会中家庭呈现规模微小型化、结构多元化变迁，第一代独生子女家庭中代际关系呈现出多元化特点，家庭中代际关系由传统的权威、顺从逐渐转变为平等与民主，家庭结构以夫妻轴为主转变为以亲子轴为主，子女由于数量少的优势而在家庭中形成了以子女为主导的新型交往模式。独生子女父母与普通家庭父母同样受传统文化影响，加之对于子女情感依赖更为强烈，对于养老生活特别是精神慰藉具有较高的期望。在城市家庭中，父母在家庭中的权威角色较弱，而民主的父母形象更受家庭欢迎。由于传统文化规范在独生子女家庭中的弱化，独生子女家庭对子女养老责任的约束更为薄弱，对于赡养、养老的观念认识略浅，对于父母步入老年后的养老风险缺乏主动的抵抗能力。

1.1.2 研究的意义

1）独子时代家庭养老模式的现代性思考，为本书阐释新时代中国的代际关系构建理论框架

相对于西方发达国家成熟而发达的养老照料体系，我国的居家养老支持较少有制度保障，自古以来家庭养老保障源自世代传承的孝文化与传统家庭规范，体现着血缘性、天然性和永久性的亲情力量，表现为精神文化和价值观的传递，使得代际关系突破时间和空间的隔阂而表现出连续性和继承性。以"孝"为核心的传统家庭价值观强调家族亲情，"养儿防老""父母在不远游"作为一种信念深深地烙印在中华民族儿女的血液之中。然而，当下中国社会中"孝文化"与尊老、敬老、养老的文化规范正在减弱；传统家庭伦理中"父为子纲"也被逐渐觉醒的个人意识与人人平等的社会新兴文化所替代，现代社会的"养老"已经不再是政治与思想等的约束。

独生子女家庭的"三角形"结构较为稳定，但天然缺乏抵御风险能力。当子女这一重要的支点从原生家庭结构中退出，家庭结构迅速失去了支撑，家庭关系也随结构的变化产生矛盾与风险，尤其体现在对父母养老生活的照料与精神慰藉方面。独生子女在成长过程中受到更多父母的呵护，社会对其应对养老风险、履行赡养义务、支撑父母养老生活的能力普遍存在质疑。

虽然在西方社会现代性与独立性养老已经成为既定事实，但基于我国独生子女家庭的经济能力与思想观念，家庭养老的国际借鉴缺乏本土性与可行性；第一代独生子女父母养老风险来临，预示着我国独

生子女家庭的养老困境已经不可避免。结合社会现代性与个人独立性的特点，构建新型家庭道德文化规范，保留尊老、敬老与养老的精华，并追求相互扶持、互惠互利的亲子关系，已经成为独生子女时代养老问题的关键所在。鉴于此，如何以新型家庭道德为支撑建立现代化养老模式，如何实现在保证代际生活品质的情况下，发展现代性家庭养老模式，如何满足独生子女父母的养老需求等，为我国养老事业的可持续发展奠定了创新性实践意义，对于我国养老模式的创新与发展具有十分基础性理论意义。

2）代际居住模式的深入探讨，为本书探索适合中国国情下可持续发展养老模式提供现实土壤

独生子女在面对居住带来的养老困境时通常陷入两难境地：一方面由于与父母感情更为深厚，希望父母颐养天年，愿意与父母共同居住分摊养老风险；另一方面由于城市现代性使得无论是父母还是子女都需要独立的空间，因此分开居住又是双方享受生活的条件之一。

目前，养老院等机构养老资源以及社区居家养老服务等资源依然相对匮乏，家庭养老仍然是我国老龄化社会中解决养老问题的关键。在我国传统文化影响下，老年人对于养老生活更渴望终养天年、落叶归根，而独生子女作为家庭结构中的重要支点，不仅是在受父母养育时期家庭的精神支柱，更是在父母步入老年后的养老支撑，独生子女的悉心照料是在父母养老阶段体现孝道的主要路径。

以亲子关系为基础的家庭代际关系本质上是一种功能关系，涉及不同代际家庭成员之间各种各样的互动模式[1][2]，具有亲子双向互动

---

① 王跃生. 城市第一代独生子女家庭代际功能关系及特征分析 [J]. 开放时代，2017（3）：27-59.
② 穆滢潭，原新. 代际支持的家庭主义基础：独生子女改变了什么？——基于内蒙古调查数据的实证研究 [J]. 西北人口，2016，37（1）：32-37.

特征或彼此履行表现特征，是由义务和责任履行、权利享有、需求交换和情感沟通所组成的体系。一方面，随着现代化进程的不断深入，尤其是随着高等教育的普及及个人主义价值观念的冲击，传统的家庭文化对现代家庭的影响力逐步减弱，由此产生了两代人在价值观念上的代沟可能导致子女对"母家庭"的疏离①。另一方面，代际关系的具体功能在不同发展阶段的表现也不同，代际功能关系虽然总体上得到维系，但一些功能在不同时期会发生强弱变动。育儿的宽容时代来临，已形成一种子代主导的代际关系②。

代际居住模式作为代际关系的表现和养老模式的重要组成部分，与代际关系有着紧密联系，是影响代际交换关系和代际行为的重要方面。不同的居住模式也奠定了家庭经济支持、日常照料与精神慰藉的不同基础（江克忠，2014）。在中国传统家庭文化影响下，家庭是老人养老生活的重要基础，因此家庭代际居住模式成为影响老年人养老生活的基础性因素，在独生子女家庭中通过对城市独生子女家庭的现实养老资源的影响，进而影响养老方式的新型变革。换言之，代际关系的这一功能性变动，一定程度影响着独生子女父母的未来养老保障状况。因此，关注独生子女父母居住模式有利于进一步了解我国当下在养老方面的困境，预测我国养老事业未来的发展方向。鉴于此，妥善处理代际居住模式问题作为研究我国养老问题的出发点和归宿，是促进人口老龄化与社会经济发展的良性运行、构建适合中国国情的养老保障体系的重要条件，对于推动国家养老产业建设、探索适合我国国情与社会普遍认可的可持续发展养老模式、应对社会老龄化风险具有重大的现实意义。

---

① 徐蒙，陈功. 宗法制度对中国古代尊老、恤老制度的影响 [J]. 西北人口，2009（2）：33-36.
② 刘一伟. 居住方式影响了老年人的健康吗？——来自中国老年人的证据 [J]. 人口与发展，2018，24（4）：77-86.

1.2 相关概念界定

1.2.1 城市第一代独生子女家庭

1) "代"与"户"的概念界定

从人口学与人口统计学的角度来讲，"代"是指出生在同一时代、一同长大，并按照相似的年龄顺序经历特定社会转型的群体；从社会学角度来讲，社会阶层结构与制度层面是探讨代际关系的重点。例如，德国社会学家卡尔·曼海姆基于社会学视角，将社会变革与代的形成紧密结合，认为处于社会中的人，无论是态度抑或是行为，都受到了当代社会意识或集体认同的深刻影响[①]，从而使得"历史社会代"成为社会学研究代际关系的核心，因此城市第一代独生子女的"代"并非社会统计之人口再生产的意涵，综上，而是强调家庭中的某种权威性是由各种血缘和姻缘产生的交往关系。

中国香港学者齐力认为，"家户"意指同住的紧密亲属群体，是一个复合性概念，既有亲属的含义，又有"户"的客观限定范围，所以可以界定为同在一户吃、住的紧密亲属群体，所以是更精确更贴切的操作性定义。[②]

2) "第一代独生子女"的概念界定

我国的独生子女政策最早开始于1979年，在这之前的三年，即从1976年开始，在北京、上海等已经开始推广"计划性生育"的相关工作，提出"一个不少，两个正好，三个多了"的口号，在这一背景下，

---

① 李培林，李强，马戎. 社会学与中国社会 [M]. 北京：社会科学文献出版社，2008：255–257.
② 基辛. 当代文化人类学 [M]. 张恭启，于嘉云，译. 台北：巨流图书公司，1980：438.

一定数量的独生子女已经在 1976 年前后出生。1980 年 9 月,《中共中央关于控制我国人口增长问题致全体共产党员、共青团员的公开信》的发布,标志着我国社会人口发展的重大转折。从独生子女领证数的统计口径来看,尽管关于独生子女领证数的统计起于 1979 年,但是当年统计过程中 1976—1978 年出生的独生子女也在此统计口径中。在上述背景下,1976—1985 年这一时间口径得到学者的广泛认可。风笑天教授(2006)认为,如果按十年作为一层来划分的话,那么最近三十年出生的独生子女们可以大致分为三代人:(1)"1976—1985 年"出生的独生子女,被称作"第一代独生子女";(2)"1986—1995 年"出生的独生子女,被称作"第二代独生子女";(3)"1996—2005 年"出生的独生子女则可以被称作"第三代独生子女"[①]。

3)"第一代独生子女家庭"的概念界定

为了进一步明确本书的研究对象,将 1976—1985 年出生的具有城市户口的独生子女界定为"城市第一代独生子女",其父母界定为"城市第一代独生子女父母",由独生子女家庭亲代与子代构成的核心家庭为"城市第一代独生子女家庭",其主要家庭结构为原子家庭。值得说明的是,为了更清晰地明确研究的群体,本书涉及的已经步入婚姻阶段的独生子女,其夫妻双方均为城市第一代独生子女。

1.2.2 代际关系

我国学者更多地从互补功能定义中国代际关系。我国社会学家费孝通(1998)将子代与亲代之间家庭资源的分配和共享定义为"代际关系"。他认为,代际关系通过互动与交流表达情感,通过承担家庭内部不同的义务产生联系,由于情感与责任的不同代际关系也呈现出具有个性的状态,即代际关系强调家庭内部亲代与子代间的关系,即

---

① 风笑天. 中国独生子女:规模、差异与评价 [J]. 理论月刊,2006(4):5-10.

子代抚育和亲代养老的问题。

早在 1983 年阎卡林便提出，家庭中"老"与"小"的紧密关系是与家庭中每一代人的切身利益息息相关的，通过代际间资源的不断交换维持家庭的生命力。这种家庭的互补功能，也奠定了中国社会以家庭发挥主要养老功能的重要前提与基础（王冰等，1986；杜亚军，1990；于学军，1995）。邬沧萍（1999）从微观视角出发，通过家庭内部血缘与亲缘的交往定义了狭义的代际关系。而《婚姻家庭大辞典》也揭示了相同意境的代际关系，即代际关系由婚姻与血缘产生，通过家庭内部的亲代与子代的交往互动等传递。

王跃生（2008）认为，中国家庭中的互补关系具有一定持续性，即在父母青壮年时期与子女的交换关系在一定程度维持了当父母步入中老年后的赡养关系。中国家庭的独特性在于，子女对父母的照料和慰藉，大都是基于亲情和情感的自然流露（潘光旦，1993）。贺雪峰（2012）在前人代际研究基础上，提出了代际关系强度这一观点，具体是指代际之间，父母对子女抚育责任和子女对父母赡养义务的深度与厚重性。

综上，从资源分配的角度出发，代际关系更多强调全社会中劳动力资源与老年群体间的资源分配关系，涉及经济资源与社会财富在代际间的分配、交换、转移和传递的形式，以及在这一过程中承担的责任与享受的权利等。

1.2.3　代际居住模式

东方的文化传统和特定的社会经济因素，形成了双向抚养的亲子关系。随着响应计划生育政策号召的第一代独生子女家庭的亲代逐渐步入老年，子代也陆续步入婚育状态。而独生子女的职业、收入、婚姻等生活状态以及自己组建新家庭后，代际之间的居住方式成为摆在他们面前的首要问题，是否选择与父母居住，或者是与哪方父母共同居住等诸如此类的问题成为摆在独生子女家庭面前的首要难题。

按照养老地点即老人居住环境的不同，养老模式可以分为居家养老模式和异地养老模式[①]，其中，家庭养老模式必然对应着居家养老模式，异地养老模式一般来说必然对应着社会养老模式。在未来深度老龄化社会中，独生子女家庭中子代与亲代的居住模式，成为影响独生子女父母享有养老资源质量与数量的关键基础（风笑天，1993）[②]。具有固化特征的城市第一代独生子女父母，时空变动难以改变其对"乡土"的依恋感，他们中的大多数人始终眷恋传统的家庭养老模式，对长期居住的环境和邻里关系有深厚的情感（孙洪艳等，2013）[③]，使得以家庭为主要场景的居家式养老得以广泛接受。

王磊（2013）从夫妻身份视角出发，首先对夫妻双方是否为独生子女进行划分，在此基础上以娘家与婆家进行组合，最终得到四种代际居住模式，即"夫妻同住、与娘家同住、与婆家同住和与双方父母同住"。杨舸（2017）则根据家庭生命历程，将代际居住模式变化分为三个阶段：第一阶段是子女成年后未婚时的共同居住；第二阶段是子女结婚后独立居住，而生育第三代后的共同居住；第三阶段是第三代长大后独立居住，而在父母步入老年后为照料而共同居住[④]。

综上，本书认为，从父母角度来看，代际居住模式主要包括独自居住、与配偶居住、非婚同居、与子女同住和养老院居住五类；从子女角度来看，代际居住模式主要包括独自独居、与配偶同住（包括子女）、非婚同居、与父母/（配偶父母）同住四类。

---

① 异地养老，就是指老人离开自己的住宅居住，即到老年公寓、养老院、福利院、护理院等进行集中养老。
② 风笑天. 共处与分离：城市独生子女家庭养老形式调查 [J]. 人口与经济，1993（2）：60-63.
③ 孙洪艳，单承黎. 探寻中国特色的养老居住模式——紧凑型居住模式研究 [J]. 石家庄铁道大学学报（社会科学版），2013，7（4）：76-80.
④ 杨舸. 社会转型视角下的家庭结构和代际居住模式——以上海、浙江、福建的调查为例 [J]. 人口学刊，2017（2）：5-17.

1.3 研究设计

1.3.1 调查研究的对象

根据 2018 年国民经济和社会发展统计公报，截至 2018 年年末，我国 65 周岁及以上的人口占比达 11.9%，其中来自独生子女家庭的老人所占比重越来越大。鉴于此，独生子女家庭引起越来越多学者的关注。从独生子女领证率的统计口径来看，在计划生育政策的影响下，1979—1988 年已经领取独生子女证的独生子女家庭已经由 171 万户增长至 2 412 万户①，其中城市占比从 28% 增加到 70.9%，独生子女家庭在政策的引导下规模日益庞大。

杨书章等（2000）通过对第一代独生子女家庭的生命周期进行估计指出，随着时间的推移，1981—1985 年期间出生的独生子女将于 2001—2010 年进入婚配阶段，其中 39.72% 为城镇双独家庭子女，而至少一方来自独生子女家庭的婚配概率高达 86.52%；2010—2030 年是第一代独生子女父母退休步入老年的高峰时期②。按时间推算，截止到 2017 年调查期，现阶段城市第一代独生子女父母的年龄区间主要集中在 55~65 岁。

综上，为实现家庭代际关系的对应性呈现，本书在问卷调查实施的过程中，以城市第一代独生子女父母③为主要调查对象，对城市第一代独生子女家庭的社会人口特征、代际关系、居住模式、养老困境等问题进行深入调查。

---

① 我国独生子女人数统计口径为"年龄在 14 岁以下领取独生子女数"。
② 杨书章，郭震威.中国独生子女现状及其对未来人口发展的影响［J］.市场与人口分析，2000（4）.
③ 根据前文的概念界定，调查涉及的"城市第一代独生子女父母"，于 1976—1985 年间生育子/女。

值得说明的是，在正式调查之前，课题组走访了××省×市×区多家养老院。以某一家公立养老院为例，该养老院有100位老人，其中城市第一代独生子女父/母仅有5人，且由于年龄处于相对年轻的阶段，生活能够完全自理，周末经常申请回家（自住宅），居住状态相对不稳定。鉴于此，在具体调查实施过程中，养老院不作为主要的调查地点。

1.3.2 定量研究设计

1）调查问卷的设计与评估

（1）问题的设置

①城市第一代独生子女家庭的基本状况

鉴于独生子女父母自身特征及其子女个人特征对于养老相关问题的研究具有重要意义，有学者在此基础上进行了多维度的调查研究。王回澜（2006）对青岛市的部分城市青年独生子女家庭进行了调查，将"年龄、收入、文化程度、职业、性别、婚姻、住房、家庭结构"等指标引入调查问卷中，认为未来独生子女家庭养老问题和负担十分严重，而且会直接影响社会发展，因此号召全社会应尽早重视独生子女家庭养老问题[①]。

王树新等（2007）在研究独生子女父母时，关注人口、经济与自身三个方面因素，在其设计的调查问卷中将人口因素的范围设定为独生子女父母的性别、年龄、婚姻状况三个变量；以收入作为家庭经济因素的主要组成部分；在考察独生子女父母的社会人口特征时，具体包括身体状况、居住状况、职业状况三个变量[②]。洪娜（2013）认为，老年人自身的健康状况是家庭代际支持的重要影响因素，直接影

---

① 王回澜. 独生子女家庭养老的现状与问题——对青岛市部分城市青年独生子女的调查［J］. 市场与人口分析，2006（4）：62-68.
② 王树新，赵智伟. 第一代独生子女父母养老方式的选择与支持研究——以北京市为例［J］. 人口与经济，2007（4）：52-58.

响着代际支持的需求情况，尤其会直接影响日常照料需求①。

综上，第一部分是城市第一代独生子女父母和子女的基本状况调查，主要包括：城市第一代独生子女父母的年龄、性别、婚姻状况、受教育程度、职业、收入来源等信息，在身体状况调查部分，涵盖被访者（城市第一代独生子女父/母）及其配偶的健康状况，包括慢性疾病情况、日常活动能力等；城市第一代独生子女自身的人口特征，例如性别、年龄、所在城市、婚姻状况、受教育程度、职业性质、家庭第三代的数量与养育情况等，并将家庭收入细分为 2 000 元以下、2 000~4 000 元、4 000~6 000 元等 7 个档次，通过深入细致了解独生子女自身的经济状况，为进一步探究独生子女家庭养老问题提供数据支撑。

②城市第一代独生子女家庭的代际居住状况

代际居住模式对家庭养老产生深刻影响，居住模式的选择是研究独生子女家庭养老的重要的现实基础（鄢盛明，2001；风笑天，1992）②。风笑天（1993）分别以居住意愿和居住方式作为问卷调查的指标，同时构建以目标责任值为中心的多指标目标责任值评分方法③。之后，风笑天（2006）从子女的角度对已婚生育的城市第一代独生子女进行了调查，并将独生子女的年龄、文化程度、年龄、城市分布作为问卷的指标，就此进一步研究他们婚后的居住安排，探讨居住模式的变化对于家庭养老及家庭观念等方面所带来的意义④。伍海霞（2017）通过社会调查研究城市第一代独生子女父母的养老需求，涉及的自变量包括独生子女父母的性别、社会交往、所在城市、子女

① 洪娜. 上海第一代独生子女父母的养老方式选择及影响因素研究——基于健康状况视角的实证分析 [J]. 南方人口，2013，28（6）：35-43.
② [1] 鄢盛明. 居住安排对子女赡养行为的影响 [J]. 中国社会科学，2001（1）. [2] 风笑天. 独生子女：他们的家庭、教育和未来 [M]. 北京：社会科学文献出版社，1992.
③ 风笑天. 共处与分离：城市独生子女家庭养老形式调查 [J]. 人口与经济，1993（2）：60-63.
④ 风笑天. 第一代独生子女婚后居住方式：一项 12 城市的调查分析 [J]. 人口研究，2006（5）：57-63.

的性别以及代际之间的居住情况[①]。

在本书中，首先，以客观指标为标准，一方面，调查包括城市第一代独生子女父母及其子女的居住地点、房屋面积及产权归属等方面，便于了解独生子女家庭的居住现状。另一方面，根据本书中代际居住模式的内涵，从代际双重视角，调查城市第一代独生子女家庭的代际居住现状以及未来最可能的居住模式等方面。这些客观问题的设计，可以大致了解近几年来独生子女家庭的居住模式及养老现状，反映出当前独生子女群体的现实养老条件及状态。

其次，以主观指标为标准，调查城市第一代独生子女家庭的代际居住意愿、理想代际居住模式等方面，探究独生子女家庭亲子间代际居住状况对代际关系的影响，以及对父母未来养老所产生的影响。值得说明的是，在对代际居住模式的调查中，有一项关于已婚独生子女婚后是否与其配偶父母共同居住这一选项。这一选项的设置，使得对于影响城市第一代独生子女家庭代际居住模式选择的影响因素的研究更加具体和全面。

此外，本问卷通过设置开放性问题来探寻城市第一代独生子女父母的养老居住意愿和子女的居住意愿是否存在冲突及在这一冲突中谁掌握主动权，以及试图从独生子女父母视角来研究居住方式对其养老所产生的各种可能性影响。

③城市第一代独生子女父母的理想养老支持及代际支持的供需状况

蔡明浩、伍刚（2003）认为生活照料及精神慰藉等占老年人家庭养老需求的主导地位[②]。在问卷设计过程中，主要包括两部分内容：首先，独生子女父母的理想养老方式，主要从经济供养、生活照料、

---

① 伍海霞. 城市第一代独生子女父母的社会养老服务需求——基于五省调查数据的分析 [J]. 社会科学，2017（5）：79-87.
② 蔡明浩，伍刚. 城市分居式家庭养老模式探析 [J]. 长沙民政职业技术学院学报，2003（1）：27-29.

居住模式、精神慰藉四个方面展开。在问卷中，还涉及独生子女父母对于养老院这一养老方式的看法。目的是探究独生子女父母及其子女对养老院这一机构养老方式的接受程度，机构养老对未来独生子女家庭养老方式及其居住模式的选择具有重要研究意义。

其次，代际间的养老需求与养老支持调查。丁杰等（2010）对北京市第一代独生子女家庭进行了问卷调查，并根据调查结果指出子女从经济支持、生活照料、精神慰藉三个方面给予父母家庭支撑，倡导构建完善的居家养老模式①。因此，对独生子女父母及其子女所最希望提供的养老支持这一问题的选项的设计，引入经济供养、生活照料、医疗费用、生病照料、精神慰藉等具体项目。此问题的设计在一定程度可以探究独生子女父母倾向于获得何种方式的养老支持，以及其子女更愿意对父母提供何种养老支持，通过两者在养老支持意愿上的差距，帮助了解当前及未来独生子女父母的养老需求，以期为独生子女家庭及全社会在解决独生子女父母的养老问题提供有针对性的建议。

（2）问卷的评估

法国社会学家列斐伏尔认为②，社会空间并非社会关系演变的静止容器或平台，而是社会关系的产物，产生于有目的的社会实践。对于退休后步入养老阶段的独生子女父母来说，社会空间不外乎家里、社区以及各类其他生活场所，这些空间对于老年人来说是极其特殊的，是老年人社会关系的集中体现。

为更好地把控问卷的质量，本书通过访谈法进行问卷的评估。具体来说，通过选取9个符合要求的调查对象，在城市第一代独生子女父母的日常公共活动空间对其进行访谈，对其家庭成员背景、代际居住状态、日常生活等方面进行深入调查，以期全景展望其在具体的文

① 丁杰，郑晓瑛. 第一代城市独生子女家庭及其养老问题研究综述 [J]. 人口与发展，2010（5）：95-102.
② 列斐伏尔. 空间的生产 [M]. 刘怀玉等，译. 北京：商务印书馆，2021：51-60.

化背景下的养老生活，关注其代际关系，展现空间各个组成部分对老年人居住现状与意义的作用，揭示独生子女家庭代际关系的内在逻辑，探讨独生子女父母的养老生活质量。

值得说明的是，为了更好地进行访谈控制，访谈中收集资料的主要形式是倾听，具体体现在三个层面：在态度层面上，采取的是"积极关注的听"，提问控制和表情动作控制一定要做好；在情感层面上，做到"有感情的听"和"共情的听"；在认知层面上，要随时将老年人所说的话或信息迅速纳入自己的认知结构中加以理解和同化，还要与对方进行对话，与对方进行平等交流，共同建构新的认知和意义。

2）抽样方法的确定

滚雪球抽样是由 Coleman（1958）最先设计和使用的非概率抽样调查方法[①]。该方法是概率抽样的一种补偿策略，其前提是利用调查者的主观判断抽取样本。具体来说，首先随机选取一些被调查者进行调查采访，然后由他们介绍推荐符合研究目标总体特征的调查对象，再由这些人提供新的调查对象，依此类推，样本犹如滚雪球般越来越大。这种抽样方法优势明显，首先，概率抽样的随机抽样的原理和方法在定性研究中往往不总是合乎需要的或恰如其分的；其次，非概率抽样不需要设置规范的抽样框，避免了随机抽样的机械性，同时保证了研究的严密性和科学性[②]；最后，相比概率抽样而言，非概率抽样操作简单且省时省力。如果能对调查总体和调查对象有一个清晰的把握，非概率抽样也可获得相当的成功。迄今为止，滚雪球抽样已发展成为社会研究方法中质性研究和文本分析的一种重要标准[③]，国内学

---

① COLEMAN J S. Relational analysis: the study of social organizations with survey methods [J]. Human Organization, 1958 (17)：28 -36.
② Erickson B H. Some problems of inference from chain data [J]. Sociological Methodology, 1979 (10)：276-302.
③ BECKER H S, Outsiders: studies in the sociology of deviance [M]. Illinois: Free Press Glencoe, 1963：37-40.

者运用这种抽样方法已经完成了大量的实证研究和分析。

目前，关于独生子女数量的研究中比较困难的问题是缺乏可靠的数据（杨书章等，2000；郭志刚，2001；穆光宗，2004）[①]，从而难以获得完整抽样框。实际上，按照严格的统计标准来讲，必须等到独生子女的父母结束了生育期后才能真正确定其是否为独生子女。虽然可以用领取独生子女证的人数来估算独生子女人数，但是这种方法不包括领证家庭的违规生育情况和符合独生子女条件却不领证的家庭，将可能造成较大的缺失和误差[②]。

恰当的时间和地点是调查得以顺利有效实施的前提。综上，由于我们无法找到研究对象的总体抽样框，通过采用滚雪球抽样方法，即选择一些城市第一代独生子女家庭实施访问，然后请他们推荐符合研究目标总体特征的调查对象，再由这些人提供新的调查对象，依此类推，样本像滚雪球一样由小变大，从而完成我们的调查目标。

在具体调查实施过程中，结合网络调查和面访两种具体的资料搜集方法。首先，在面访过程中，辐射北京、上海、青岛、大连、沈阳等10多个城市，选取社区活动中心、菜市场、公园、广场等各类老年人较频繁出现的场所，根据具体的频繁活动时间段展开实地调查，通过已调查的独生子女父母，进行滚雪球抽样调查；其次，在网络调查环节，通过熟人社会关系网络进入社区等社会组织的微信群，通过网络发放问卷或通过语音或视频记录实现调查。鉴于选取的抽样方法为非概率抽样，课题组通过扩大样本规模控制抽样误差，自2014—2017年年末，历时近4年时间，最终搜集到1 316份有效问卷。

---

① [1]杨书章，郭震威. 中国独生子女现状及其对未来人口发展的影响[J]. 市场与人口分析，2000（4）. [2]郭志刚. 利用人口普查原始数据对独生子女信息的估计[J]. 市场与人口分析，2001，7（1）. [3]穆光宗. 独生子女家庭本质上是风险家庭[J]. 人口研究，2004，28（1）.

② 杨书章，郭震威. 中国独生子女现状及其对未来人口发展的影响[J]. 市场与人口分析，2000（4）.

3）量化方法的选择

（1）数据预处理方法的介绍

在社会科学研究中，数据来源于问卷调查，将问卷中的文本数据进行预处理是量化研究的首要基础工作。为满足描述性统计分析以及后续大数据算法的基本需求，本书对文本数据的预处理分为两个阶段。

第一个预处理阶段，具体内容包括文本数据的审核、筛选、排序与分组。通过对调查问卷中是否有空白、无效等情况的审核与筛选，最终获得 1 316 份有效问卷。由于本次调查部分数据来自纸质问卷，因此文本数据的预处理首先应将纸质问卷转化为电子文本，再通过电子文本的排序与分组最终构建原始数据集。原始数据集的内容满足独生子女家庭基本状况的描述统计的基本需求，全面展现了城市第一代独生子女家庭的基本人口特征。

在第二个预处理阶段，由于后期采用的关联规则算法、分类决策树模型等均是大数据技术下的量化研究，因此为满足后续量化的数据要求，在构建原始数据集的基础上，还需对原始数据集进行预处理，包括数据清洗、属性规约以及数据变换。首先，数据清洗是对文本数据的一致性、无效值与缺失值等错误的识别与纠正，但与文本数据的审核与筛选不同，数据的清洗是依托计算机完成的对原始数据集的修正。由于本次问卷调查的数据来源较多，问卷题目繁杂，在人工筛选后仍然无法避免数据间的冲突与数据本身的错误，因此对数据的清洗提高了本次样本的科学性与有效性。其次，庞大的数据集是大数据算法的运算基础。然而，庞大的数据集在展开数据分析与挖掘过程中需要较长的时间，因此通过属性规约建立与原始数据集概率分布接近的新数据子集，在最大限度保留原始数据集完整性基础上，有效提高数据挖掘的效率并保证结果的一致性。最后，利用函数进行数据变换，满足实际量化的数据要求。在具体量化过程中，不同方法对于数据的要求具有多元性。例如，本书中关联规则算法无法处理连续型数值变量，因此通过离散化处理将原始数据集转化为可操作的数据类型，通过数据变换实现量化结果的更为直观与清晰地呈现。值得说明的是，基于不同大数据算法的特点与数据要求，预处理的具体内容与方法在各章分别体现。

（2）分类决策树模型的介绍

决策树算法基于人工智能的机械学习技术，通过对数据内在规律的不断探索对数据对象进行预测。决策树的生长是对训练样本集的不断分组过程，通过由训练变量与目标变量构成的训练样本集，经过不断循环二分形成决策树。这一方法所形成的决策树由于目标变量的离散或回归属性，进而具备分类预测和回归预测两种功能：基于离散数据用于分类预测的分类树；基于连续型数据用于回归预测的回归树。划分不同特征人群养老意愿与养老现实的匹配情况，属于典型的分类树问题。

分类决策树从根节点开始，通过不断判断产生分支，实现对数据进行分组。当对某数据分组不再具有意义时，即分组类别间的异质性不再具有明显差异时，决策树的生长过程结束。分支成为决策树生长的主要过程，分支的意义在于从众多输入变量中找到最佳的分类变量，并借此寻找最佳的分割点。分支结束的依据是使输出变量异质性下降的速度最快。常见的分类型输出变量异质性测度指标有 Gini 系数、信息熵和信息增益。下文研究中，一个重要的输出变量是养老居住意愿与居住现状是否一致，是典型的二项布尔模型，输出分类较少，因此选择 Gini 系数测度输出变量间的异质性更为合适，其具体计算过程如下：

$$p(j, x) = N_{(j, x)} \Big/ N_j \tag{1}$$

公式（1）中，$p(j, x)$表示节点x训练样本数据输出结果分类为j的联合分布概率，其是节点x包含的分类为j的样本输出量$N_{(j, x)}$和全部节点分类为j的样本输出量N_j的比值。

$$p(j/x) = p(j, x) \bigg/ \sum_j p(j, x) \tag{2}$$

公式（2）中，$p(j/x)$表示在节点x训练样本数据输出结果分类为j的条件概率，其是节点x训练样本数据输出结果分类为j的联合分布概率$p(j, x)$与节点x其他全部分类结果联合分布概率和$\sum_j p(j, x)$之比。

$$Gini(x) = 1 - \sum_{j=1}^{k} p^2(j/x) \tag{3}$$

$$Gini(x) = \sum_{i \neq j} p(j/x) p(i/x) \tag{4}$$

公式（3）和公式（4）分别为基尼系数的两种不同计算方式。可见，当输出结果只有一个时，即决策树不存在分支必要时，输出变量间的异质性最小，Gini系数为0；反之，当输出结果存在多个且分布概率相等时，输出变量间的异质性最大，Gini系数也最大。

$$\Delta Gini(x) = Gini(x) - \frac{N_r}{N} Gini(x_r) - \frac{N_l}{N} Gini(x_l) \tag{5}$$

公式（5）表示决策树异质性下降的程度，即决策树上级节点Gini系数与下级节点Gini系数间的差额。$Gini(x_r)$、N_r和$Gini(x_l)$、N_l分别表示下级节点中右分支的Gini系数和输出样本量以及左分支的Gini系数和输出样本量。决策树生长过程中，当$\Delta Gini(x)$达到最大值时，生长的最佳分组和最佳分割点即会确定。

预测误差与模型的适用性间存在一定的矛盾。决策树在允许充分生长的过程中，训练数据集的预测误差会随着决策树深度的不断增强而减小，但出于一般适用性的原因，验证数据集的预测误差会随着决策树深度的不断增强先减小随后又增加。当验证数据集预测误差出现拐点时，决策树既能保证一定的预测精度也能保证一定的一般适用性，即可实现决策树在充分生长过程中的剪枝。如果将剪枝过程看成决策树预测精度的一种损失，则决策树剪枝过程的损失可以表示为：

$$R_\alpha(T) = R(T) + cp|N_T| \tag{6}$$

公式（6）中，$R_\alpha(T)$表示由整个剪枝过程给决策树带来的损失，其由两部分组成：一是由剪枝过多导致决策树复杂度降低，致使训练数据集的预测误差降低引起的损失。式中$R(T)$表示决策树在验证数据集上的预测误差，即分类树预测的误差率。二是由剪枝过少导致决策树过于复杂而产生的模型一般适用性的损失，式中N_T表示决策树T的叶节点数，cp为决策树中的复杂度参数，其值大小与决策树的复杂程度成反比，$cp|N_T|$表示随着决策树节点增加给模型验证数据集一般适用性带来的损失。基于最小代价复杂度原则，决策树中间节点损失大于其分支的损失，则该分支的存在使得整个决策树损失减少，应予以保留。该准则可以表示为：

$$cp < \frac{R_\alpha(T) - R_\alpha(t)}{N_T - 1} \tag{7}$$

公式（7）中，$R_\alpha(T)$表示中间节点在剪枝过程中的损失，$R_\alpha(t)$表示中间节点分支在剪枝过程中的损失。$\dfrac{R_\alpha(T) - R_\alpha(t)}{N_T - 1}$越小，说明决策树生长过程中，随着节点的增加损失在不断增长，此时进行决策树的剪枝是合适的。

（3）关联规则算法的介绍

关联分析是数据挖掘的核心技术之一，目的是从大量数据中发现项集之间的有趣关联或相互关系，而这些关系并没有在数据中直接表示出来。其中，Apriori算法在关联规则分析领域具有很大的影响力，是一种最有影响的挖掘布尔关联规则频繁项集的算法。其核心是基于两阶段频繁项集思想的递推算法。该关联规则在分类上属于单维、单层、布尔关联规则。它利用频繁项集性质的先验知识，通过逐层搜索的迭代方法，利用频繁 k-1 项集生成频繁 k 项集，直到无法生成新的频繁项集为止。先找到频繁 1-项集集合 L_1，然后用 L_1 找到频繁 2-项集集合 L_2，接着用 L_2 找 L_3，直到找不到频繁 k-项集，找每个 L_k 需要一次数据库扫描。

Apriori 算法的主要步骤如下：

首先，Apriori 以连接步和剪枝步为核心思想。连接步是保证与前 k-2 项相同，并按照字典顺序连接的原则进行自连接。剪枝步是使任一频繁项集的所有非空子集也必须是频繁的。反之，如果某个候选的非空子集不是频繁的，那么该候选肯定不是频繁的，从而可以将其从 C_K 中删除。在连接过程中，首先选定 L_k，通过 L_{k-1} 与自己连接产生候选 k-项集的集合，该候选 k 项集记为 C_k。

L_{k-1} 中的两个元素 L_1 和 L_2 可以执行连接操作 $l_1 \bowtie l_2$ 的条件是：

$$(l_1[1] = l_2[1]) \wedge (l_1[2] = l_2[2]) \wedge \cdots \wedge (l_1[k-2] = l_2[k-2]) \wedge (l_1[k-1] < l_2[k-1])$$

C_k 是 L_k 的超集，即它的成员可能不是频繁的，但是所有频繁的 k-项集都在 C_k 中。因此可以通过扫描数据库，计算每个 k-项集的支持度来得到 L_k。为了减少计算量，可以使用 Apriori 性质，即如果一个 k-项集的（k-1）-子集不在 L_{k-1} 中，则该候选不可能是频繁的，可以直接从 C_k 删除。

关联规则算法主要用于寻找数据集中项之间的关联关系。它揭示了数据集中项之间的未知关系，基于样本的统计规律进行关联规则挖掘。根据所挖掘的关联关系，可以从一个属性的信息来推断另一个属性的信息。当置信度达到某一阈值时，就可以认为规则成立。

1.3.3　个案研究设计

在人文社会科学研究中，绝对的"客观性"与量化手段对于社会现象的解释具有一定局限性，应深入研究对象的细节，研究社会文化的影响，整体呈现研究对象的共性与特性。在质性研究中，那种绝对的"客观性"是不可取的，而应深入被研究者的细节，探究他们复杂的内心世界，领会其中如空气一般影响他们的因人而异的因素。

质性研究是人文社会科学中重要的研究方法之一，在理论取向上存在三种不同的张力（陈向明，2008）。其一，质性研究强调在一定情境下以研究者为研究工具对研究对象深入展开的整体性研究，以互动的方式对研究对象的行为意义进行解释性理解。在质性研究中，个体的思想、行为以及日常社会生活的正常运行与他们所在其中的社会文化背景密不可分（Bogdan 和 Biklen，1982）。其二，质性研究具有后实证取向，以经验主义对研究对象展开研究，通过定性研究可在很大程度上保留研究结果原本的真实性与可靠性。以问卷等方式收集资料的过程中，对研究对象在许多方面有着干扰，鉴于此，研究者通过对研究群体资料的收集和理论文献的积累，具备更为整体性的观察视角，实现对研究问题进行真实的、可靠的记录。其三，质性研究关注社会文化与社会规范对个体的影响，以后现代的批判视角展开研究，对推动社会建构与社会变革有着重要的积极作用。本书在探索性量化分析之前，立足后实证取向，以一定社会时空背景下的个案研究，作为定量研究的理论思路与支撑。

个案研究作为一种常用的定性研究方法，二百年来在人文社会科学领域的应用范围最广。个案研究强调在自然情境中展开，是质性研究的重要类型，通过个体微观的表达最真实、直接地反映社会现象。经验研究是历史的见证者，通过记录与描述将个案放置于具体的时空背景当中。本书在对城市第一代独生子女父母的基本状况进行描述性统计分析的基础上，以个案研究关注独子养老时代来临的社会背景下的第一代独生子女父母，将研究对象置于复杂的社会文化、动态的社会场景中，侧重描述个体微观层面的态度与感受——代际居住意愿与养老支持选择，强调代际视角下养老议题研究的时代背景，通过质性研究，将城市第一代独生子女家庭代际居住模式、代际关系与理想养老支持的深层关系和相互作用机理置于变动的家庭角色丛中，通过理解性的深入解读，在详细阐释过程中生成或者显现社会关联，以此作为本书下一步探索性研究的起步工作。

1.4 研究内容与框架结构

1.4.1 研究的内容

社会转型是家庭转变的宏观背景，20世纪70年代末开始实行的以控制人口数量为宗旨的计划生育政策的调控作用日益显著，至2015年年底独生子女政策终结时，城市地区已形成了规模庞大的独生子女家庭，值得关注的是，老龄化趋势不会由于独生子女政策的终结而得以很大改观，且已经步入老龄阶段的独生子女父母正逐步从"低龄"向"高龄"过渡，根据联合国的预测[①]，到2050年中国60岁及以上老年人口将超过4亿人，其高龄化规模将进一步扩大，其中独生子女父母将成为重要组成部分。

根据家庭生命周期理论，截止到2017年调查期，中国第一代独生子女已经陆续进入"上有老下有小的双重压力阶段"，独生子女原

---

① 中国老年人口年龄预测来自联合国经济与社会事务部2015年发布的《世界人口展望2015修订版》。

生家庭正逐步走向老化，越来越多的城市第一代独生子女父母进入"空巢"阶段或者准"空巢"阶段。在此背景下，围绕独生子女家庭属性的话题逐步从教育领域转向家庭关系的探讨领域，"代际关系""养老困境""居住模式""养老支持"等话题不断展开。

在现有研究中，城市第一代独生子女家庭问题表现出显著的普遍性与交织性特征，截止到 2017 年调查期，中国城市第一代独生子女父母多处于低龄养老阶段①，关于养老困境的阐释多为前瞻性探讨，但是如果将少子化现实困境分解出来，相关研究将变得更为清晰。本书从代际双重视角展开，以城市第一代独生子女家庭为研究对象，通过滚雪球抽样方法展开问卷调查，辅以个案访谈，聚焦城市第一代独生子女家庭的代际生活模式。首先，从主客观两个方面描述独生子女家庭的代际居住模式、代际居住意愿以及短期与长期代际居住关系的稳定性，描述城市第一代独生子女家庭"空巢"期的显著结构特征；其次，通过建立分类决策树模型，研究影响城市第一代独生子女家庭代际居住意愿的社会人口特征；最后，由于代际居住模式作为养老方式的重要组成部分，与养老的其他方面具有显著关联性，通过关联规则算法，对于代际居住模式与理想养老支持、代际养老供需间的关联性进行探索性研究，并通过进一步思考，阐释转型期新型代际关系桥梁的断裂与重构。

1.4.2　研究的框架结构

严谨的社会变迁研究，应该进行涉及多代人的比较研究，以突显社会变迁在个体层面的影响。在人口的世代更替过程中，由计划生育政策衍生出的中国第一代独生子女家庭的"两代人"，随着子

---

①　根据概念界定，部分第一代独生子女父母尚未年满60周岁，但是已经进入退休养老生活。

代成年后，家庭生命周期进入新阶段，代际交往方式通过影响中观家庭进而影响微观个人。代际居住模式作为代际关系的重要体现，不仅反映着青年一代的群体文化，更在很大程度上影响着进入老年阶段的城市第一代独生子女父母的生活质量。特定的社会文化对个体的社会角色具有一定的形塑作用，日渐式微的老年群体，可能会成为快节奏都市生活的失语者。鉴于此，本书围绕"两代人，一个问题，多个模式"展开研究，以代际居住模式为切入点，从代际双重视角展开，将城市第一代独生子女父母的养老生活与居住置于现实的社会时空背景的"银色浪潮"之中。

第一，在阐释代际理论的基础上，通过国内外综述，对处于不同生命周期的城市第一代独生子女家庭问题展开国内外文献综述，为后文奠定较为扎实的研究基础。第二，利用滚雪球抽样的方法展开问卷调查，通过详细描述城市第一代独生子女家庭结构的基本情况、代际社会人口特征、代际居住现状与意愿的基本情况，勾勒出现阶段城市第一代独生子女家庭的基本形象。第三，在描述性统计分析的基础上，分别聚焦两代人的居住意愿，通过建立分类决策树模型，细致刻画城市第一代独生子女家庭在不同代际居住意愿下的群体特征。第四，以利他主义理论为基础，在个案阐释的基础上，通过建立关联规则，探索性挖掘城市第一代独生子女家庭代际居住现状与居住意愿的关联性。第五，聚焦处于低龄养老阶段的城市第一代独生子女父母，在上述量化分析的基础上，进一步探索性研究城市第一代独生子女父母居住意愿与代际养老支持的关联性。第六，以代际居住模式为契点，在探究当代城市第一代独生子女家庭代际关系特征以及独子时代养老代际支持可能存在的问题的基础上，结合国内外实践经验，有针对性地提出建设性对策建议。

本书的框架结构如图1-1所示。

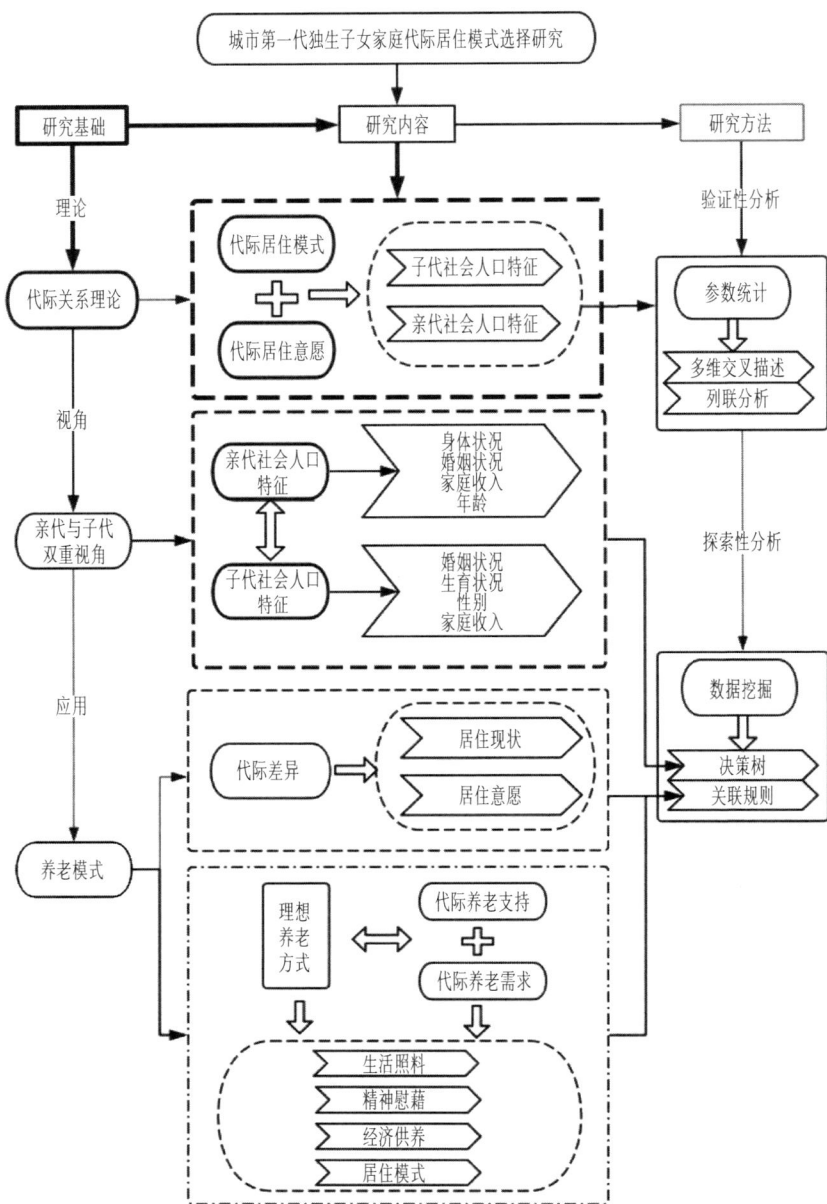

图 1-1　本书的框架结构

2

综述

2.1 代际理论综述

2.1.1 费孝通的"反馈模式"

我国社会学家费孝通（1948）认为，中国社会子代对亲代的赡养主要受儒家文化中孝道观念影响，在孝文化的支撑下，甲代抚育乙代，乙代赡养甲代，乙代抚育丙代，丙代又赡养乙代，下一代通过回馈的方式与上一代连接起来。他将中国这一代际关系类型归纳为"反馈模式"。以子代"反馈"为核心、以经济基础与文化内涵为支撑，通过"抚养—赡养""哺育—反哺"实现代际间的交换与转移，构建了我国传统家庭养老理论模式，体现了代际递进构成的维系家庭共同体延续的纽带，又通过主流的社会意识形态对这一代际关系加以巩固和维持，避免了家庭组织内部存在分配不均的隐忧。

费孝通（1983）认为，在中国，代际关系是整个社会结构中的基本关系，是人类社会生活的核心，是人类绵续后代的保证。他将个体生命划分为老、壮、幼三个阶段，其中只有第二阶段个体可以自己养活自己，因而抚养幼儿与赡养老人是社会必须解决的问题。

费孝通（1998）在《乡土中国生育制度》一书中阐释其家庭社会学基本思想，提出社会结构中基本三角的稳定性与延伸性，即在父母的抚育下，孩子终将长大，世代间的隔膜是客观存在的，与此同时，在原有家庭的基础上会分裂出新的家庭三角，亲子间的继替必然发生，这是人种传递的新陈代谢规律。他认为，传统的乡土社会结构中，在社会成员的继替过程中，长幼有序成为社会成员继替过程中非常重要的一个原则。

基于费孝通提出的中国养老"反馈模式"，诸多学者对这一理论进行了修正与延展。2000 年后，随着老龄化的加剧，基于代际框架下的养老问题的探讨不断延展。2008 年，学者王跃生以"抚养—赡养关系"为基础，提出"抚养—交换—赡养"模式。他认为，抚养与赡养行为两者之间间隔时长较长，代际之间资源交换行为发生的前提条件是在子代成年后，特别是子代进入婚姻状态之后。在"抚养—赡养"模式中，代际之间在子代未成年时期以抚养为主，而在壮年时期则是以子代赡养亲代为主。传统意义上的抚养与赡养由于主体不同而不可算作交换，但交换也是代际之间重要的支持模式，鉴于交换与"抚养—赡养"行为的并存特征，因此提出"抚育—交换—赡养"以期完整阐释中国代际支持模式。

20 世纪 90 年代以来，随着人均预期寿命的不断延长以及少子化趋势的不断加剧，不断拉长着养老的时间节点，学者们开始研究"逆反哺"的代际关系模式。1990 年，学者车茂娟针对中国社会"啃老"等社会现象，提出"逆反哺"模式代际关系。"逆反哺"模式既不同于西方"传递"模式，又有别于我国传统的"抚养—赡养"模式，是新型赡养关系。在这种模式中，在子代成年后，亲代会定期贴补其家用，甚至资助其高档的消费；在子代结婚时，亲代会为子代筹备婚礼，从高额的固定资产到低价消费品，以及婚礼的相关费用，大部分都是由亲代承担；在子代孕育子女后，亲代会承担起隔代养育下一代的责任。这一代际模式较早出现于城市当中，但农村家庭中也日益普遍。1994 年，学者吴谅谅指出，我国城市家庭中代际双向交换的平衡已逐步被打破，形成"双向型不平衡代际交换"模式。具体来说，亲代承担了越来越多对于子代的照料和子二代的抚养责任，而子代对于亲代的赡养责任与赡养行为正逐渐减少。2005 年，学者刘桂莉指出，我国家庭代际关系倾斜严重，不利于培养青年人的健全人格，更为严重的是，这种代际关系倾斜深刻冲击了当代家庭中老年人的养老生活，构建尊老爱幼、代际融洽的和谐家庭已经成为解决养老问题的迫切需求。

值得说明的是，"逆反哺"模式让社会对"养儿防老"的传统观念产生怀疑，但"逆反哺"模式实质上仍然是以"养儿防老"为基础的，又在此基础表现出更复杂的形式，即老人对成年子女继续给予经济上的帮助，其实质是为了获取子女更多的、更高层次的赡养，即生活照料和精神安慰等非经济的服务性赡养。

2.1.2　代沟理论

自20世纪60年代以来，随着西方社会的飞速变迁与代际对立的冲突，引起了学术界对于代际关系的讨论。"老龄化重新激活了代际冲突的威胁"，新一代与上一代关系的对立，成为集体意识一部分，也构成了对于家庭的现代陈述（Attis-Donfut 和 Wolff，2000）。在这种背景下，代际关系演变为一个涉及多学科的议题。

人类学家更关注代际关系中的文化传承与冲突，关注代与代之间在意识形态、价值观念等多方面的差异和分裂，并强调情感、声望、仪式等方面的交换在代际关系中的作用。玛格丽特·米德在1970年出版的《文化与承诺——一项有关代沟的研究》中，通过独创的"三塑理论"，以代际间文化的传承与发展变化趋势，从文化传承角度系统阐释了代际冲突。她认为文化传承包括三种类型：后塑文化、同塑文化和前塑文化。1975年，在《未来的重思》中，玛格丽特·米德以20世纪70年代社会的变化形式，将这一理论修正完善，强调三种类型的文化传承体现了三种代际关系：控制、疏离和对话。

玛格丽特·米德（1970）认为，"后塑文化"即现在所称的"青年文化"，是指祖辈或前辈向后辈学习社会文化的一种文化模式，未来是后辈把握与创造的。米德在其代沟理论中独创的部分，也是代沟理论中最为重要的部分。代际关系是一种文化关系，后辈在创造无以借鉴的全新思想和行为模式的同时，把与长辈之间的代际冲突融入其中，创造出了全新的文化模式。在米德看来，后塑文化中出现的不稳定性和非延续性，不仅阻碍了祖辈的价值观念和生活方式的有效传递，也造成了长辈与后辈之间的裂痕。在这种变迁中，长辈与后辈之间产生了距离，而这种距离便是社会不断发展、快速发展过程中的冲突和对立。因此，"代沟"切实展示了社会文化变迁中旧文明的凋零与新文明的孕育之间、文化的真空与文化传递的断裂。

20世纪80年代，我国学术界对代沟理论展开了深入研究。费孝通利用"世代之间的隔膜"这一概念形容亲子关系之间难以契合所产生的冲突。在快速发展的现代社会，有序的权力分层机制不断被挑战，均衡互惠下的平等交换逻辑不断被打破，两者的脆弱性共存使得代际冲突再次进入公众视野，传统代际关系模式被打破，代际隔膜以更为激烈的表现形式引起学术界广泛关注。鉴于此，有学者在前人研究的基础上，质疑"代沟"的普遍性。葛道顺（1994）基于中国工业化进程下代际关系的变迁，提出"相倚性代差"理论，认为在社会发展进程中代际互动中的差异性日渐显著，但与代沟并非同类，不能混为一谈。

2.1.3 基于利他主义的代际关系理论

经济社会学家贝克尔（1974）以微观经济为视角，以"理性选择"作为对家庭行为分析的主要理论基础，揭示了效用最大化、理性人假设在家庭内部场域中对个体行为的影响。根据贝克尔的相关理论，家庭成员之间尤其是跨代之间具有利益同质性，作为一个合作群体，子女要得到更多的财富，就必须努力为家庭的整体利益努力，这样才能保证跨代间的抚养—赡养关系得以顺利实施。

1974年，贝克尔在"社会相互作用理论"中指出，根据理性经济人假设，在家庭组织内部，存在利他主义行为、资源转移支付以及资源优化配置等良性互动关系。通过"家长"对家庭整体资源的控制，每一位家庭成员的利益均作为变量纳入"家庭效用函数"，核心成员对其他家庭成员的爱护与照料具有模范作用，所有家庭成员也会因此以自身的能力照顾家庭每一位成员，通过统一规划配置，以期达到家庭整体利益最大化目标。正是由于利他主义者主动承担家庭责任，甚至牺牲自身利益来改善他人处境，因而即便是崇尚利己主义的家庭成员，也会在家庭组织内部的约束下，考虑家庭的生产剩余，并主动将自身外部资源内化，改善或提高家庭整体的福利水平。当然，家庭组织中利他行为存在内部问题，即"坏孩子定理"。具体而言，在家庭中，当某一成员的收益减少，那么家长将提高对于这一成员的施予，在资源有限的情况下，家长通过减少对其他成员的支持，甚至会通过减少自身的消费来减缓这一成员面临的困境，实际上这种利他行为是将家庭中一位成员的困境均分给家庭的每一个人。

1979年，贝克尔与托马斯提出第一个代际收入传递的分析模型，将子代的收入与增值的来源分为三个方面，分别是父母对其的人力资本投资、个人禀赋和市场中的就业机遇。其中，父母对其的人力资本投资是以家庭整体效用最大化为基础的，是父母当前给予自身的消费与给予子女人力资本投资的理性选择结果。

首先，利他行为在家庭中能够存在的基础在于理性经济人的收益计算，即家庭整体对于家庭效用最大化的追求。在家庭中，当成员以牺牲整个家庭为代价获得的利己行为收益，小于利他行为产生的收益时，家庭成员更倾向于采取利他行为。由此可见，贝克尔所强调的家庭中的利他主义，也是以经济人假设为出发点力图效用的最大化，利他行为尽管对他人有好处但并非绝对的无私奉献。因此，家庭中利他行为的产生实现了个体与家庭整体效用最大化。

其次，对于亲代而言，孩子是家庭最重要的"产品"。贝克尔不仅赋予了家庭传统意义上的消费功能，也兼顾了"产品"生产功能。按照经济学概念，"产品"一定会带来收益但同时产生成本。一方面，家庭中亲代生育子代会增加家庭的经济福利，并且使父母成为最大的受益者。贝克尔（1981）指出，子代对于绝大多数的亲代而言会产生两方面的收入，即心理收入与货币收入，其中心理收入主要是一种为人父母的满足感或幸福感。基于以上特征，家庭中的子代既是消费品又是生产品。另一方面，贝克尔论述了亲代养育子代的成本，包括经济成本与风险成本。在子代的成长过程中，经济成本不仅包括日常生活的直接成本，也包括由于照料、陪伴而影响自身收益的间接成本。风险成本体现在家庭中经济负担过大、女性由于生育存在失去工作机会和影响职业升迁等风险。此外，亲代对子代的生产和培养则体现为一种投资行为，包括经济投入、情感投入。经济投入主要体现为对子代人力资本培育的经济支出，而情感投入则是基于血缘情感的付出。但值得说明的是，"父母为帮助孩子所做的牺牲或孩子为帮助父母所做的奉献，以及维系夫妻之间彼此的爱心等，这些家庭内部崇高的人际关系的'指示器'，从来不为厂商和其他组织所共同具备"①。

最后，在贝克尔对"家长"的定义中，家长与性别、年龄无关，而是具有利他主义倾向的家庭成员。家庭组织的结构便是由一位"家长"，与一群利他主义倾向较弱的群体形成的相对稳定的结构。家庭与生产厂商的区别在于，生产厂商的生产要素配置是由订单契约和其中利益确定，而家庭内部的资源配置由利他主义以及夫妻关系、亲子关系中的义务与责任确定。家长由于关心其他家庭成员，而自愿将自

---

① 贝克尔. 家庭论 [M]. 王献生，王宇，译. 北京：商务印书馆，1998.

身的购买力转移给其他家庭成员，以谋求整个家庭中的效用最大化，这种购买力的转移不仅包括亲代抚育子代，还包括亲代对子代成年后的经济支持、人力资本投入、社会资本支持，以及子代给予亲代的经济赡养与精神慰藉等。贝克尔（1981）认为，家长的利他主义行为是在资源有限的情况下，对家庭购买力做出的理性选择，并且这一行为得到家庭中其他成员的认可。

2.1.4 基于交换主义的代际关系理论

社会学研究代际关系的基本前提是代际公平与代际交换，即公共配置与社会资源的共享应该保持基本的利益均衡，如"抚养"与"赡养"的交换，不然就会导致代际冲突，从而使得社会交换论成为对于代际关系研究的最通用解释框架。当代社会学家以经济学中的"交换"概念为出发点，以"给予-获得""成本-报酬""奖赏-惩罚"等对立概念为理论基础，提出了社会交换理论。

社会交换中的报酬可以分为四种不同等级，从小到大排列分别为金钱、社会赞同、尊重或尊敬、服从（特纳，2001），人们通过社会交换获得的最高报酬为服从，服从背后是权力和权威利益，最低报酬则是金钱等物质利益。在社会交换理论的解释框架下，亲代与子代间的资源流动和分配是双向的支持与交换，"这种代际交换中的公平逻辑维系着血缘纽带连接的家庭、宗族及以此为基础的传统社会结构"（郭于华，2001）。值得说明的是，社会交换理论的实质是以经济学中的"供求法则"作为基石的，这种适用于市场经济的法则是否可以应用于探讨家庭这一复杂的社会关系，其本身是具有一定争议的。

1）库克斯的"时间-金钱"交换模式

库克斯（1987）以社会交换理论为基础，提出以互助为核心的代际交换模式，其中"时间-金钱"交换模式最为普遍。在库克斯看来，社会中普遍存在子女与父母、护工与老人、邻居与老人等通过交换维持的双向关系，但在家庭内部，以回报与责任为纽带的亲子互助关系最为普遍。家庭组织内部各成员之间以互助为目的提供帮助，从而实现代际财富的转移，即收入较低的成员通过劳务换取其他成员的资金支持，或收入较高的成员通过金钱换取其他成员的劳务。

首先，库克斯认为，代际支持者与接受支持者的收入正相关。代际之间的家庭财富转移是以交换服务为目的，并非以消费为目的。在家庭组织内部，步入老年的亲代对于子代的金钱支持是以子代对其的照料与支持为交换的，亲代对于这些照料与支持需求是刚性的；而子代对亲代的照料与支持，可能也是以亲代对子二代的抚养服务为交换的，这一观点与贝克尔的利他主义截然相反。

其次，家庭中"时间-金钱"交换模式不仅发生在代际之间，在子代之间也是普遍存在的，例如收入较高的子女通过向收入较低的子女转移财富，来交换其对亲代的照料服务。值得说明的是，随着市场的不断完善，交换服务也可能发生在市场中，最终导致家庭代际转移逐步衰落，甚至消失。

2）贝海姆的遗产交换模型

伯恩海姆（1985）在《战略性遗产动机》一文中第一次提出"遗产交换模型"。该模型认为，父母将自己的遗产留给子女或者在世时给予子女物质上的帮助，其实并不是因为对子女的关心与爱护，而是为了用遗产和物质财富来换取在世时子女对他们的生活照料和精神慰藉。这一理论的前提是父母更偏向于子女照顾而非家庭照顾。

在这一模型中，父母的物质支持和遗产是对子女日常照料与帮助的补偿，随着父母收入的增加，收入转移的数量也会增加；并且父母越是看重子女的关心，他们所提供给子女的转移收入数量就越多。

2.2　文献综述

2.2.1　国外文献综述

1）社区居家援助式养老模式研究

工业革命以来，西方社会家庭小型化与日益庞大的老年群体，加剧了养老资源供给不足的现状。在 21 世纪初，随着西方社会市场化机制的日益完备，家务劳动高度市场化和社会化，老人的养老服务可由社会或社区提供，一定程度上缓解了老龄化带来的社会压力。

国外学者十分关注老年人的养老生活质量，其中社会学与老年学等领域针对养老满意度，从日常起居、医疗照料、家庭支持、经济水平等不同方面展开研究（Hall，1976；Farquhar，1995；Michalos，Hubley，Zumbo，等，2001；Wen，2017）。V. Brown（1995）通过对长期贫困的老年人的居住满意度与主观幸福感进行调查，以老年人自身特征作为中间变量，研究居住环境、健康情况、情感状况与养老的主观幸福感之间的关系。Y. Amy（1998）以意大利老年人为例，运用量化方法，针对如何构建养老满意度的指标与如何将养老满意度分级评判展开进一步研究。研究表明，社会需要对年龄较高的老年人提供更多的健康支持，以达到更高的养老生活满意度（Jang，2004；Glass，Leon，Bassuk，等，2006；Jin，2018）。Y. A. Momtaz，T. A. Hamid，S. Yusoff 等（2012）通过对马来西亚 400 名失能老年人实证分析发现，如果老年人得不到充分的非正式照顾，会在一定程度上加剧老年人的死亡风险，所以社区应提供基础性的养老服务，以提高老年人的生活质量。

此外，关于社区组织对于居家援助式养老影响的研究得到广泛关注。有学者认为，社区组织通过对居家养老的老人提供综合评估方案、综合社会护理与病例管理等，以提高普通老人或自理能力下降的老人居家养老质量，通过居家养老替代昂贵的养老院（Stuck，Aronow，Steiner，等，1995；Bernabei，Landi，Gambassi，等，1998；Mignon，2022）。

2）居家养老的代际支持研究

代际支持是指在家庭内部中，父辈与子辈或孙子辈之间的资源流动，这种资源不仅包括经济资源，也包括劳务、照顾、精神关怀等非经济资源（Morgan 和 Hirosima，1983；Silverstein，1998）。

随着研究的深入，学者开始通过多维角度展开对代际支持的影响因素的研究。Zimmer 和 Kwong（2003）发现随着子女数的增多，父母获得的子女的经济支持也会相应增加，但是子女数量的边际效应是递减的。Oliveri（2016）通过使用 CHARLS 2011 数据发现，子女数量越多，父母也会相应获得更多的养老支持。也有学者从性别视角展开，研究居家养老中的代际支持。例如，由于女性通常被固化为家庭的照料者（McDowell，1999；Yu 和 Chau，1997；Loveys Kate，2022），同时扮演着家庭情感交流的主要提供者，较新的研究发现女儿提供的照料可能多于儿子（Friedman 和 Seltzer，2010；Grigoryeva，2014），家庭养老支持"女儿化趋势"明显。值得说明的是，近年来也有学者对于代际支持的效用保持审慎态度。例如，Herrera M. Soledad（2022）的研究表明，家庭中成年子女对父母的代际支持相对较多，但家庭成员之间，包括子女对父母的代际支持，都需要把握程度，支持不足或支持过多都会对家庭成员产生消极影响。

在此基础上，还有学者对影响子女代际支持程度的可能性因素展开研究，如价值观、受教育程度、收入水平，居住模式等。首先，思想观念对代际支持转移的影响。家庭价值观是思想观念的重要方面，子代家庭代际支持决策很大程度上受到家庭价值观的驱动（Silverstein 等，1995）。当父母处于弱势时，子代在受到传统家庭价值观的影响后，有极大可能对父母给予支持和帮助（Silverstein 等，2006）。其次，受教育程度对代际支持转移的影响。有研究表明，代际支持转移受到受教育程度的影响，受教育程度高的子女，更倾向于给予父母物质方面的支持，而忽视对父母情感方面的支持（Qin，1998；Strauss，2010；Shimkhada，2022）。最后，收入水平对代际支持转移的影响。收入水平同样是影响代际支持的重要因素。国外学者研究表明，高收入子女的时间转移成本高于经济转移成本（Claire，2008），因此他们为父母提供更多的经济支持；而低收入的子女则恰恰相反，他们更多的是提供生活上的照料和情感上的支持（Lee，1994；Rank，2002）。

3）影响代际居住模式的因素研究

家庭居住模式一直在学术界备受关注，大量文献从跨文化的角度讨论不同文化背景下居住模式的异同，并用文化、历史或经济发展等因素来解释这些异同（Laslett，1972；Hajnal，1982；Ruggles，2007）。Kobrinand 和 Goldscheider（1982）也认为，人口特征、经济水平以及文化规范等是影响老年人养老居住模式的主要因素。

第一，通过文献研究发现，老年人的自身特点在一定程度上对老年人的居住模式产生影响。首先，老年人的性别与其晚年居住模式相关联。学者 Logan 和 Bian（1999）发现当老年人生活处于困境时，女性老年人更愿意与子女同住，而男性老年人则相反（Yount 和 Khadr，2008）。Zimmer（2003）通过研究发现当女性老年人身体状况变差时，较之男性老年人其选择与子女同住概率更高。其次，老年人的受教育程度也在影响着其自身居住模式的选择。Brown 和 Liang（2002）通过对日本老年人居住安排的相关研究发现，对于受教育程度不同的老人而言，具有独立居住意愿的老人的数量随着受教育程度的升高而升高。其他学者的相关研究也证实了这一点（Hemalin 和 Yang，2004）。最后，老年人的身份地位对于老人居住模式也有影响。Zimme 和 K. Wong（2003）发现老年人退休前的社会地位越高，其越不可能和子女共同生活。

第二，子女因素与老年人的居住模式也存在相关性。子女作为居家援助式养老模式的关键支持者，通过共同居住模式为父母提供了更多的养老支持，满足父母在经济与心理等方面的需求（Hemrhan 等，1996），甚至成为老年人获取养老资源的主要方式（Marco 和 Enrico，2010）。从代际共同居住的可行性来看，A. Talamo 和 M. Camilli（2017）便提出，通过调整老人的家庭环境、生活习惯，可以使得成年子女和父母同住，并实现对父母日常的照料。

第三，宏观经济因素对老人居住模式也存在影响。Pensieroso 和 Sommacal（2010）提出代际居住安排和经济发展之间相互作用的理论，经济的增长会使亲子同住转变为独自居住。

第四，文化因素对于居住模式的影响总是备受争议。Kamo 等（1994）的研究发现在美国的老年人中，扩展家庭在华裔和日裔群体中的受欢迎程度明显高于西班牙裔的白人，在子女处于已婚状态时这种现象更为明显。这一现象表明文化因素对所移民国家的居住安排的影响作用仍然存在。Logan 和 Bian（1999）指出由于现实情况的限制，实际的居住安排通常与理想中的居住安排有所差距。其中学者Chu 等（2011）的研究发现个人的资源限制可能会导致其行为背离传统文化规范。

4）代际居住距离与养老问题研究

20世纪60年代，社会的工业化发展与城市化进程的加剧，冲淡了传统的家庭伦理观念（Goode，1963），子女为适应更快的生活节奏、追求更高独立性而选择离开原生家庭去往更大的城市生活。自20世纪90年代，子女与父母的居住距离与养老支持的关联性的研究逐渐增多。

首先，影响代际互动的最重要因素是代际居住的距离。Litawak和 Kulis（1987）利用经验数据对面对面互动频率和电话互动频率受代际居住距离的影响状况进行了分析。结果发现，随着代际居住距离逐渐增加，两种互动方式的频率均逐步降低，只不过面对面互动频率对于代际居住距离更为敏感。其他学者的研究也证实了代际居住距离与代际互动的负相关关系（Crimmins 和 Ingegneri，1990； Bian 等1998； Lawton 等，1994）。与此同时，由于距离带来的阻碍，居住距离越远的父母获得成年子女的代际支持就越少（Rossi 等，1990）。然而需要注意的是，当使用代际居住距离为自变量预测代际互动时，代际居住距离是一个内生变量（Wolf，1994），因为代际居住距离和代际互动可能同时被双方的代际支持欲望和家庭观念所决定。Greenwell 与 Bengtson（1997）对代际居住距离的研究表明，控制和调整代际居住距离因素后，电话互动并未因代际距离而产生影响。

其次，父母与子女之间的居住距离也是影响代际支持的重要变量（Eggebeen 和 Hogan，1990； Hoyert，1991； Montgomery 和 Hirshorn，1991）。Crimmin 和 Ingegneri（1990）认为代际间居住距离较近，一方面促进亲子间的相互支持，特别是在日常照料方面，另一方面会增加代际交往和感情亲近。Rossi 等（1990）研究发现居住距离比较近的子女与父母之间亲密度更高。Lawton 等（1994）的研究表明了居住距离对代际支持的间接作用，亲子间情感的增进有助于增加代际支持，居住距离通过影响代际间的社会互动频率和代际情感，进一步对代际支持产生作用。年龄、受教育程度等社会人口因素对代际居住距离的影响，同样间接影响了成年子女对老人的代际支持（Spitze 和 Logan，1990；Martin，1990；Whyte，2005）。最后，也有学者对于居住距离的影响保持中立态度。Hogan（1993）认为，在子女具备一定经济能力的基础上，居住距离的远近对日常照料或家庭聚会的多少产生影响，但对于经济支持与情感支持的影响并不明显（Hogan 等，1993）。也有学者通过对南欧地区的研究发现，子女和父母同住并没产生子女对父母的明显的代际转移和帮助，更多是父母对子女的代际转移和帮助（Kohli，Knermund，Vogel，2005）。

2.2.2 国内文献综述

1）居家养老的代际支持研究

21 世纪开始，国内学者针对居家养老模式展开了多样性的研究工作。龚静怡（2004）认为，居家养老是一种最符合中国国情的城市居民养老模式。社区提供的养老服务一方面是在老年人熟悉的环境中，并不会割裂老年人的社会网络，另一方面会减轻家庭养老负担。

首先，对代际关系的研究，学者关注的重心在于代际关系中的经济支持。例如王跃生（2008）将抚养成本与赡养成本进行比较发现，一个家庭中的抚养成本明显高于赡养成本，即父母对子女的付出多于子女对父母的回馈。其次，代际间情感的复杂性为学者研究当代家庭中的矛盾心境（石金群，2014）提供了研究方向。例如学者沈奕斐提出的最好的居住距离是"一碗汤"，这便是代际间矛盾心境的真实写照。一方面子女仍然希望父母给予自己帮助，另一方面要求个人独立空间，子女与父母间矛盾的情感塑造了双方的行为和观念。因此，关注代际矛盾情感对于代际关系的研究是必需的。黄叶青（2022）认为尽管代际关系不是养老安排的直接影响因素，但代际关系中的情感亲近程度以及经济支持的流向会通过影响养老观念这一中介变量进而影响独生子女老人的养老安排。

2）家庭因素对家庭代际支持的影响研究

（1）父母的社会人口特征对家庭代际支持的影响研究

现有研究发现，代际支持对于老年人尤其是城市老年人的生活质量的各个方面都有一定影响。张震（2002）对家庭代际支持与老年人寿命的关联展开深入研究，一方面，老年人的自理能力受代际支持是否充足影响显著，当子女给予父母的照料与支持不足时，父母自理能力更易下降；另一方面，代际支持的效果与老年人的性别无显著相关。子女或后代的广泛支持，有助于老人身体健康，而代际支持的缺乏会导致死亡率的上升和身体素质的下降。老年人对晚年生活质量的感受与主观评价，与代际关系和亲子间的亲密程度十分相关。当子女为父母提供适度的情感支持时，父母的身体与精神状况均十分良好，而当代际关系紧张甚至破裂时，父母的痛苦情感也会影响身体状况。杨晶晶（2010）总结了代际支持对父母老年生活的影响，老人以代际支持作为老年生活质量评价的主要方面，而代际关系对老人的健康自评、生活满意度、主观幸福感、自尊等方面的影响十分重要。

（2）子女的社会人口特征对家庭代际支持的影响研究

学者王树新（1995）对北京市家庭代际养老的调查研究表明，子女的收入水平将会影响家庭关系的和谐稳定。具体而言，子女的收入水平与代际支持正相关，并且随着父母相对收入升高而升高（陈皆明，1998；朱冬梅，2008；刘岚，2020）。随着高等教育的普及，子女受教育程度对于代际支持的影响情况便纳入我国学者的研究领域中。徐勤（1996）认为，在家庭中子女的受教育程度是影响子女对父母提供代际支持的重要因素之一。刘爱玉（2000）的研究进一步表明，父母的受教育程度也影响着其所获得代际支持的多少，文化水平较低的父母，无论是物质方面还是情感方面获得的代际支持往往多于文化水平较高的父母。

现有研究表明，我国当前养老责任的主要承担者仍然为子女，而子女数量也一定程度上影响了父母所获得的经济支持、日常照料与精神慰藉的水平（刘晶，2004）。子女性别也在一定程度上影响家庭代际支持的情况。2002 年中国老年人口健康状况跟踪调查数据表明，在我国家庭中，儿子仍然是父母老年生活中经济支持的主要供给者（郭志刚和刘鹏，2007）。陈卫和杜夏（2002）发现儿子与女儿在养老责任的负担上存在明显的分工，儿子对于父母的代际支持体现在居住方式和经济供养方面，而女儿体现在生活照料方面。

随着城镇化脚步的加快、劳动力跨地区流动等，也有证据表明儿子与女儿在养老责任上的差别正在日益缩小。在打工经济盛行的影响下，男性子代外出务工不仅增加了代际支持的空间距离，也使得父母被动选择减少对"养儿防老"的依赖（唐灿等，2009），而女性子代外出务工后更多选择给予父母经济补贴，为父母提供更多的养老经济支持。由此可见，子女性别对于老年父母经济支持的差异在缩小（宋璐和李树茁，2008）。

近年来，我国"儿子出钱、女儿出力"的农村养老模式已经成为现阶段子女赡养父母的主要模式（许琪，2015），城市中子女对于养老主体为儿子的传统观念已经明显弱化（王跃生，2012）。女儿在家庭代际关系中扮演着积极的角色，并满足随迁父母的赡养需求（靳小怡等，2015）。熊瑞祥和李辉文（2017）指出由于当代女性家庭地位提高且外出务工率较低等，女性对家庭代际支持的作用越来越大。

（3）子女数量对家庭代际支持的影响研究

子女数量对于家庭代际支持的影响效用并没有得到广泛支持。谢桂华（2009）利用2006年全国社会综合调查的抽样数据，指出子女数量与老人从子女获得的代际支持并不存在相关性。计划生育政策使得独生子女家庭养老问题成为学术界关注的焦点。宋健、黄菲（2011）利用2009年全国城市抽样调查数据，以独生子女属性和生命历程状态为研究重点，探讨开始逐渐步入自己人生轨迹的青年子女与其父母之间的代际互动关系。王学义等（2013）通过回归模型对独生子女及其家庭的量化分析，认为独生子女家庭与非独生子女家庭相比较，子女数量并非对父母养老压力有显著影响。耿德伟（2013）进一步研究表明，子女数量多甚至会对父母自我健康评价产生负面影响。因此，提高子女质量才能真正改善老年人的福利状况（石智雷，2015）。贾洪波（2022）探讨了子女数量和社会保障供给对代际转移方向的影响，得出子女数量对经济代际转移方向和照顾代际转移方向均有正向显著影响的结论。伍海霞（2022）分析了独生子女、多子女老年人的养老意愿及其影响因素，城乡超过40%的老年人有入住养老院的意愿，拥有独生子女的老年人半数以上预期会入住养老院，远高于拥有2孩及以上的多子女老年人。

3）独生子女家庭的养老问题研究

独生子女家庭作为特定的社会存在，其养老问题的探讨目前存在三种观点：其一，独生子女家庭较多子女家庭而言，所面临的显性或隐性养老风险更多（王苹，2007；原新，2004；人口研究编辑部，2004；桂世勋，1992）。其二，从无子女到有子女体现了独生子女家庭赡养老人的门槛效应，老人晚年时子女是否存活也是独生子女家庭养老的一大挑战（原新，2004；穆光宗，2004；郭志刚，2002；人口研究编辑部，2004；夏传玲，麻凤利，1995）。其三，独生子女家庭同样拥有积极效应，子女数量减少为父母储备更多养老积蓄提供了空间，因此独生子女父母应拥有比多子女父母更强的养老能力（王树新，2004）。

蒋月萍（2019）的研究指出，第一代独生子女大多已婚恋育子，独生子女父母也步入老年阶段，独生子女家庭养老俨然成为当下我国亟待解决的难题，人口快速老龄化背景下独生子女家庭的养老问题日益显著。

（1）独生子女家庭的养老困境研究

"四二一"模式下的独生子女家庭，子女将面临更为沉重的家庭负担，不仅要履行赡养父母与配偶父母的责任，还要兼顾抚育下一代的重要使命（朱国宏、卢元，2001）。当前，独生子女不仅要考虑父母的生活照料和精神慰藉问题，还要支付老人部分物质消费和医疗保健消费。更为重要的是，双独家庭导致一方独生子女父母家庭成为"空巢"家庭，甚至由于某些原因任何一方都成为"空巢"家庭，由此进一步加剧独生子女家庭的养老困难。风笑天（2006）认为现实社会已经失去了传统中国家庭养老模式的客观基础，独生子女难以承担起父母养老的重任。因此，独生子女家庭处于更为深刻的养老困境当中。桂世勋（2005）指出，随着时间的推移，当独生子女的父母大踏步迈入高龄老龄化阶段后，由于"少子少孙"而产生的家庭养老与社会养老的双重压力才会彻底爆发。随着全面二胎政策的实施，风笑天（2015）认为"四二一"家庭结构带来的养老压力及社会问题主要会发生在2020—2040年这20年中，同时由于全面开放"二胎"政策，催生了"四二二"家庭结构，将会加重独生子女赡养父母的经济与精神压力。

对于独生子女父母而言，包蕾萍等（2005）人对上海市"独生父母"的研究指出，独生子女父母对自身的经济依赖明显高于非独生子女父母，并且受到独生子女父母身份的显著影响，独生子女父母比非独生子女父母在事业与孩子的选择上，更易选择事业而放弃孩子。刘鸿雁（1996）等学者预测，到 2035 年，在 1986—1990 年出生的人口中，双独家庭占 70% 以上，双独家庭面临更为严重的养老问题。虽然独生子女父母拥有了各种优势，但是在养老问题上，他们遇到的问题也是多于非独生子女父母的，"四二一"家庭模式使得独生子女父母的养老负担日益沉重（管华，2006）。穆光宗（2007）认为，独生子女家庭的老年"空巢"化随着时间的推移必然加剧，而"空巢"后的独生子女父母精神赡养将要面临更严峻的考验。陆凯欣等（2016）根据对江苏省三市的调查问卷的分析，发现独生子女父母关心的问题多为子女的工作与生活是否顺利，自己患病时是否能得到子女的照顾，以及由于缺少生活资金来源，正常生活得不到维持等方面。宋雅君（2017）认为目前第一代独生子女父母养老困境集中于其经济需求、日常照料需求与精神慰藉等问题，进一步影响独生子女父母对养老模式的选择，"9073"计划并非十分完备的独生子女父母养老计划。徐俊（2016）认为精神慰藉方面的困难也与日俱增。

独生子女家庭在养老方面面临严峻挑战，而经济问题仍然是首要难题。此外，生活照料和精神支持的困境不容忽视，但许多学者依然对独生子女及其家庭的养老能力充满信心。风笑天（1991）认为，一方面，独生子女父母未来所拥有的经济能力将会为自身提供更为全面的养老保障与生活照料，甚至其生活水平较之当前有明显的提升。另一方面，独生子女在老人日常起居照料方面的任务虽然重于非独生子女，但不会像"四二一"的看法那么严重。董小苹（1998）的调查结果表明，第一代独生子女道德水平相对较高，并且具备一定的家庭责任感，对于承担父母赡养义务具有更积极的态度，从而会减轻国家、社会及单位的负担。另外，还有学者原新（2004）对独生子女的赡养意识和赡养能力进行了分析，认为以往研究存在对独生子女家庭养老困境夸大的现象，而独生子女同样具备赡养父母、照料老人的意识，可以承担起子女养老的职责。

（2）独生子女家庭风险研究

夏辛萍（2011）指出独生子女家庭中的养老模式呈现出"一点对多点"的支撑特点，即赡养父母的义务只能由子女一人独立完成，因此独生子女家庭养老的风险与负担更为集中。风笑天、徐俊（2012）认为独生子女的唯一性、稀缺性和不可替代性是促使其家庭成为风险家庭的根源。李卓（2022）从完善政策法规、健全社会化养老体系、引入公益力量等三个方面提出保障对策，指出，在我国老龄群体中，独生子女家庭是其中较为特殊的一个群体，其存在和发展也面临着特殊风险，如养育风险、养老风险、失独风险等，因此应该加强对独生子女家庭的保障。

独生子女家庭养老风险包含经济因素和非经济因素两方面（宋健，2013；穆光宗，2014）。首先，独生子女家庭养老风险主要集中于经济方面。宋健（2013）指出，由于"四二一"家庭的结构稳定性较弱，子女的异地求学、结婚、生育等事件容易对原生家庭结构产生影响，因此父母养老在经济支持、生活照料以及精神慰藉三方面都面临诸多风险。穆光宗等（2014）指出，独生子女家庭养老的风险可进一步划分为经济风险与非经济风险，其中非经济风险主要体现在精神赡养、日常照料、维护健康等方面。由于独生子女家庭结构单一，面对失独、"空巢"和贫困等风险时的抵御能力明显弱于多子女家庭。通过进一步研究，穆光宗（2015）指出，独生子女家庭所特有的失独风险可分为内源性与外源性两类。失独会对独生子女家庭带来机构残缺、情感痛缺和老年照料空缺的损害。谢勇才等（2015）认为，独生子女家庭中最大风险无疑是子女死亡。

其次，独生子女家庭养老风险包含更多非经济因素（徐俊、风笑天，2012；伍海霞，2017；邵希言、赵仲杰，2017）。Cantor（1980）的研究表明，代际间情感的紧密程度会给子女在为父母提供照料时带来压力，并且压力随着情感的强烈而逐步增加。独生子女因和父母联系紧密而面临更多养老压力。Zarit、Reever 和 Bach Peterson（1980）认为，来自家庭系统中其他成员的支持会减缓子女照料父母的情感压力，当亲戚与父母经常走动交流时，子女的养老压力便有所降低。家庭结构的变化、"孝道"观念衰退、老龄化加剧、社会养老已成为大势所趋（郭志刚，1999；李沛良，2001；罗楠，张永春，2012）。

（3）独生子女家庭养老担心度问题研究

通过文献梳理可知，早期学术界对独生子女父母养老担心度的研究寥寥无几。2008 年，张戈对 2006 年北京、淄博和吉林三市独生子女家庭养老保障需求状况调查资料展开研究，通过量化分析显示，独生子女父母对于养老问题态度相对乐观，多处于"不太担心"与"一般担心"之间。而在具体的养老问题中，重病照料成为独生子女父母最为关心的养老问题，独生子女父母普遍呈现担心状态。王树新、张戈（2008）之后再次利用该调查资料，描述了独生子女父母养老担心度的总体情况，分析了不同特征独生子女父母在养老担心度方面的差别，结果发现家庭经济状况自评水平、身体健康状况自评水平、医疗保险满意度和有无配偶等都会对独生子女父母的养老担心度产生显著影响。风笑天（2010）对全国五大城市 1 005 名准老年人的调查资料展开研究，结果显示，与多子女家庭相比，城市第一代独生子女家庭对生病照料的担心程度明显较高。对精神慰藉、生活照料等的迫切需求，给独生子女家庭带来更严峻的风险和兆战，加深了两代人养老困惑（徐俊，风笑天，2011；王琼，2016）。

张惠（2022）采用健康促进生活方式中文修订版量表和简版老年抑郁量表对 129 名独生子女老年父母进行问卷调查，发现独生子女老年父母健康促进生活方式与抑郁度密切相关。

近几年，国内学者在前人的研究基础上，对独生子女父母进行了更加细致深入的研究。徐俊（2016）通过对比研究第一代独生子女父母与同龄的非独生子女父母的养老心态，结果显示，在农村已婚的第一代独生子女的父母养老心态较为消极，普遍具有养老问题的忧虑。但在经济支持、赡养、生病照料等方面，独生子女父母的态度比非独生子女家庭更为乐观，而亲子关系、子女婚姻状况、居住模式等方面对养老态度存在显著影响。郝静等（2017）利用2015年5省市调查数据对城市第一代独生子女父母展开研究，近一半独生子女父母担心自己未来的养老生活，最担心的问题则集中于生活照料和经济来源两方面，只有少数父母最担心老年生活的孤独寂寞。同时，子女的性别、婚配情况、经济支持、居住距离等对于养老支持作用大小有所不同。

（4）影响独生子女家庭养老方式因素的研究

独生子女家庭中的养老方式是由子女与父母两方的基本条件共同决定（洪娜，2013）。一方面，子女的性别、年龄、受教育程度、家庭收入、居住条件、就业地的选择等对于独生子女父母的养老方式有明显影响（王树新，张戈，2008；徐小平，2010；伍海霞，2018）。李薇、谢敏（2013）发现，子女婚姻状况对于独生子女家庭的养老方式的影响情况不能一概而论。在经济方面，已婚的独生子女有助于提高独生子女家庭的经济支持。在日常照料方面，婚姻不顺的子女则会不利于对父母的日常照料。在精神慰藉方面，已婚使得独生子女对父母的精神慰藉功能下降。陈卫、杜夏（2002）在对中国高龄老人养老与生活状况的影响因素研究中发现，女儿的存活数对于老年人晚年的生活水平的影响是十分重要的，因为女儿身上的女性特质是儿子所无法替代的。徐安琪（2003）认为在我国的独生子女政策和女性地位提高的双重影响下，影响家庭养老方式的主要因素向女性倾斜的趋势明显。然而，另一部分学者研究发现，个人特征中性别因素对城市独生子女家庭养老模式的选择无明显影响（尚潇滢，2014；宋雅君，

2017）。此外，在农村中，独生子女家庭也相当普遍，子女的婚姻状况、代际关系、子女婚后支持变化、居住情况及生活满意度等变量均可能影响独生子女父母的养老心态（徐俊，2016）。

另一方面，独生子女父母的收入、职业、年龄、养老保险金等对其选择何种养老方式有重要影响（王树新等，2009；单芳，2016）。目前，城市第一代独生子女父母的家庭养老支持水平处于"自立"状态，并且子女给予父母的经济支持随着子女的受教育程度与收入能力的提高而升高。除客观条件之外，独生子女与父母的养老观念也是影响独生子女家庭养老的重要因素。风笑天（2006）最早提出独生子女父母的养老观念要由"依靠子女养老"转变为"自己独立养老"[①]。张波（2018）的研究表明，目前社会中对养老责任认知的变化趋势明显，人口特征、区域、制度、文化和子女等因素均对养老责任认知具有显著性影响。近一半的独生子女父母基于生活习惯、代沟、经济能力等因素，未来有入住养老院的打算，但亲子同住丰富了父母的精神慰藉，并降低了独生子女父母入住养老院意愿（郝静，2017）。

（5）解决独生子女家庭养老困境对策的研究

21世纪初期开始，面对日益严重的养老困境，社会养老体系的建设是我国学者关注的焦点，而社会养老体系的建设离不开家庭、社会、国家的共同努力（丁杰，2010；夏辛萍，2011；李淑云等，2014；尚潇滢，2014；赵仲杰，2016；陈社英，2017）。

乐章（2000）对于中国所面临的独生子女家庭养老难题，提出我国应重视社会养老体系的建设，鼓励老人自我保障。首先，有学者从独生子女父母和家庭方面入手，试图提供解决独生子女家庭养老问题的建议。例如原新（2004）认为，独生子女家庭的老年人赡养应该由

---

① 风笑天. 从"依赖养老"到"独立养老"——独生子女家庭养老观念的重要转变[J]. 河北学刊，2006（3）：83-87.

家庭和社会共同负责，每个独生子女家庭都有自己的任务。此后，王回澜（2006）通过对青岛市部分城市独生子女家庭进行调查，倡导全社会应当尽早重视独生子女家庭养老问题。与此同时，对于独生子女的养老责任方面，风笑天（2006）一方面号召全社会尊老、爱老、养老，另一方面主张对独生子女家庭的父母进行教育和宣传，使独生子女父母转变养老观念。独生子女父母应树立独立养老的观念，以"依靠自己"代替"依赖子女"。夏辛萍（2011）也赞同独生子女父母要"独立养老""自主养老"。此外，众多学者开始关注独生子女家庭内部，并对其养老问题进行了深入的探索和研究。例如，王树新与赵智伟（2007）指出，家庭养老作为第一代独生子女父母的首选养老方式，与其子女的养老支持力度相矛盾，重点体现在生活照料和精神慰藉方面，提出了建立和完善社区服务、政府建立辅助制度以及加强独生子女父母自身养老意识等建议。赵仲杰等（2013）和李淑云等（2014）认为独生子女父母的需求很大一部分集中于精神慰藉方面，独生子女就近居住不仅可以为父母提供更多、更方便的日常照料，而且对父母的精神养老是一种支持。单芳（2016）认为，独生子女应进一步关注父母的精神养老生活，通过就近居住等方式对父母进行精神赡养。伍海霞（2017）倡导子女需要提高对父母的生活照料与精神照料，同时鼓励独生子女父母积极参与社会活动。

其次，在社会养老体系的建设中，国家和政府的责任不容忽视。丁杰等（2010）倡导政府扮演好在独生子女家庭养老问题中的角色，积极推进改革，建立健全社会保障体系。同时，解决独生子女家庭养老问题，不能单靠政府力量，全社会都要参与其中。李淑云等（2014）通过对独生子女家庭的调研，认为政府应发挥宣传职能，鼓励老年人参与更多社会活动，实现自身社会价值，积极进行再就业，参与商业保险，降低养老风险，同时政府应当给予独生子女家庭相应的优惠政策。尚潇滢（2014）运用 Logistic 模型分析了独生子女家庭的个体特征，建议构建政府、社区、家庭三方共同参与的更为多元化的居家养老服务体系，提升养老服务体系的专业化、个性化与创新能力。罗杰（2015）认为国家应当建立计划生育补偿机制和设立独生子女家庭的救助机制。

最后，社会作为一种多元化力量，必须积极参与社会养老体系的建设。赵仲杰等（2016）提出国家、社会和独生子女家庭应当共同承担养老责任，构建"互相补充、共同承担"的养老模式，重点培养社会的养老服务能力，整合社会优质养老服务资源。单芳（2016）提出，在着力构建与积极培育老年社区的同时，要关注社区中专业护理人员的培养。陈社英（2017）提出借鉴美国等发达国家的经验与方法，在构建社区养老方面要注重环境要求、社交条件以及个人生活常规性等。伍海霞（2017）认为，应着眼于独生子女父母养老需求的特征与差异性，兼顾老年人的经济状况与健康状况，通过引入市场竞争机制，全面提升社区养老服务水平，建设更多经济养护型养老机构。

另外，对于"失独家庭"这一群体，有学者（丁志宏，祁静，2013）提出了具体解决"失独家庭"困境的原则和方式。李月英（2014）提出建立有针对性的"失独家庭"养老机构，完善有关"失独家庭"的社会保障制度，成立专门的"失独家庭"心理救助机构。冯伟（2021）指出，目前我国对于"失独老人"的社会保障还不够完善，他们尚面临着养老就医困难、无精神寄托、贫困无助等一系列问题，并从相关部门制定相应的法律法规、政府出台帮扶措施、营造全社会的关爱环境等方面，探索破解"失独老人"养老保障诸多难题的路径。

4）老龄化背景下代际居住问题研究

（1）养老的代际居住模式研究

徐安琪（2001）通过对上海家庭的调查研究指出，由于房屋资源紧缺，其中约三分之一的家庭是由直系家庭或联合家庭形成的三代同堂，但仍然有百分之九十以上的成年子女表示与父母分开居住是更为理想的居住方式。尽管在社会主义市场经济下房屋可自由交易，但高房价仍旧阻碍了普通家庭对房屋资源的获取，代际共同居住并非完全自愿，更是一种迫不得已。王梁（2006）在通过对江苏四市老年人生活状况的调查研究指出，老年人的理想居住模式主要受观念因素、经济因素和体制因素的制约。其中，文化程度是观念因素的直接体现，个人月收入和职业则是经济因素和体制因素的直接体现，观念因素比经济因素对于老年人居住意愿的影响作用更深。肖结红等（2006）认为，家庭中子女与父母由于年龄差异和文化背景差异而产生观念、生活方式差异，也对代际之间相互独立居住产生了直接影响。有学者认为，基于中国传统的文化，子女与父母的代际关系具有"分而不远""疏而不离"的特点（康風，2009）。

基于资源和国家政策的限制，家庭中子女与父母共同居住仍然是当今社会中较为普遍的代际居住模式（赵勇，2011）。刘汶蓉等（2012）研究表明，代际共同居住的家庭中，较多老人是因为子代经济能力有限、子代生育后精力有限、照料老小时间有限等，为缓解子代压力而选择以"临时主干家庭"的模式共同居住（沈奕斐，2013；许琪，2013；姚俊，2012）。

代际间的居住模式是家庭养老的重要影响因素。虽然社会文化不断变迁，但子女普遍秉承赡养父母的传统观念，而与父母同住是报答父母养育之恩的最有效途径（王跃生，2014；许琪，2013）。沈奕斐（2013）针对上海家庭的研究表明，由于资源有限而选择与子女同住的家庭中，家庭矛盾也是影响代际关系与养老问题的重要因素，即便是夫妻和睦，但婆媳之间的矛盾始终难以调和。

（2）代际居住模式与养老支持的关系研究

风笑天（2009）认为，无论独生子女家庭或同龄的非独生子女家庭，都存在"空巢"家庭，同样面临着养老风险。在"空巢"家庭中，父母与其子女在空间距离上的间隔，阻碍了子女对父母的情感慰藉与日常照料，因此"空巢"家庭存在老人陷入生无着落的风险（张文娟，2005）。鄢盛明等（2001）的研究显示，居住方式显著影响了日常照料、经济支持、情感支持三方面，与子女距离较远的"空巢"老人获得代际支持的可能性最小。曹杨等（2016）以2014年中国老年社会追踪调查数据为例，通过"空巢"老人和与子女同住老人群体间的比较表明，"空巢"老人中的高龄群体、农村群体等，普遍对代际支持需求较大，但其普遍处于代际支持较弱的困境之中。杨帆等（2016）提出，共同居住的父母与子女之间代际支持较多，相互的依赖程度更强。

我国计划生育政策的贯彻落实，使得独生子女家庭成为了一个普遍的群体，正是因为一子的关系，两代人代际互动更加频繁，关系更加紧密（郭康健，1994；风笑天，1997）。然而，随着社会文化的多元发展，家庭结构的变化，独生子女对个人空间的追求，以及父母经济的相对独立性，城市第一代独生子女父母的代际居住意愿发生显著变化。"有分有合，分而不离"已经成为当代独生子女家庭所普遍遵循的互动原则（徐安琪，2001）。事实上，独生子女家庭并不存在"分家"这一概念（高永平，2006）。即使是选择数代同住的独生子女家庭，也并不是因为老一代需要年轻一代的帮助和照料，而更多的是年轻一代对父母照料的需求（王树新，2004）。

（3）养老的居住意愿研究

老年人的主观意愿是影响养老居住模式的重要因素。在现有的研究里，针对城市与农村老年人的现实境况，学者们从老年人视角出发，研究其养老居住的主观意愿。曾毅（2004）通过对中国家庭的父母居住安排的变化分析得出，大部分高龄老人更倾向于和成年儿子一同居住，而在城市中的父母选择与女儿共同居住的比例明显高于农村的父母。

一方面，从研究结论来看，杨恩艳（2012）利用2008年CHARLS数据分析发现，对于不同年龄段的老年人，伴侣是否健在、身体情况和自理能力的高低均对老年人的居住模式产生显著影响，而经济收入（含养老金）对居住模式无明显影响。张丽萍（2012）认为老年人的自理能力对其养老居住意愿有很大程度的影响，生活不能自理的城市老年人多选择机构养老，而具备自理能力的老年人优先选择居家养老。张莉（2016）依据2011年CLHLS数据把我国高龄老人划分为不同子群体进行研究，发现生活不能自理且收入较高的高龄老年人与家人同住的可能性更大。吴帅等（2018）通过随机森林对老年人的居住偏好进行了预测，结果表明老年人居住偏好具有一定复杂性，自身情况、健康状况、家庭环境和社区环境等是主导因素，并通过相互作用共同影响老年人的居住偏好。

另一方面，从研究方法来看，我国学者多采用二元或多元Logistic模型分析法，将研究群体进行划分，展开实证研究。城市老年人居住意愿的研究中，陆杰华（2008）通过对我国四个直辖市的老年人居住意愿的研究，发现人口基本情况、健康状况和个人经济收入均会对老年人的居住意愿产生显著影响。许海风（2013）发现健康情况、受教育程度对城市老年人居住意愿影响较小，经济收入则有一定程度影响。身体状况差、丧偶的老年人更愿意居家养老。曲嘉瑶（2014）发现超过半数的中国城市老年人的居住意愿为独居，尤其是在中低龄老年人群体中所占比例更高。这将导致城市老年人的"空巢"比例持续上升。魏宁等（2017）的研究表明，老年父母的居住意愿不仅受家庭价值观念的影响，也受交换理论的影响，在两种因素的共同作用下，居住意愿呈现两极化发展，即更倾向于与子女同住和更倾向于独立居住。孙鹃娟等（2017）以个体、家庭与社区三种不同规模的组织结构对城乡老年人居住意愿进行分类，清晰描绘出城乡老年人居住意愿的差异。王跃生（2018）通过对已故和健在老年父母的居住方式及意愿的研究发现，城市中老年父母在晚年居住方式上与当代西方社会趋同，"空巢"与"解体"增多，其中丧偶老人居多，子女与老人分居，并扮演协助者或照料者角色。

在对农村老年人居住意愿的研究中，田北海（2012）发现农村老年人养老意愿的影响因素呈多元化特征，其中农村老人的年龄、收入、生活开支的主要来源、是否与子女居住都对老年人的居住意愿产生显著影响。高敏（2016）探究了农村老年人居住意愿与现实居住选择的差异，发现农村老年人居住意愿与现实相符合，基本都是与子女居住，但男性与无配偶的农村老年人容易出现居住意愿与现实之间的差距。

2.2.3　相关研究述评

首先，纵观独生子女的国内外研究，国外学者的研究开始于19世纪末20世纪初，相关研究多从心理学、教育学领域展开，学者们更关注独生子女幼儿时期这一重要节点，聚焦独生子女的性格、社会交往等诸多方面反映的心理问题，以及日常行为等教育结果方面，并通过与非独生子女的对比，探讨该群体是否具有特异属性。中国学者对于独生子女的研究始于20世纪80年代，主要集中在独生子女的幼年及青年时期，对于发展社会化阶段的相关研究较为单薄。研究的内容主要围绕独生子女的成长、人格发展、受教育、社会化以及家庭教养方式等问题展开，并逐渐延展至家庭和社会的广泛互助关系的范畴上来。随着讨论的日趋成熟，以1990年为分水岭，研究更倾向于正向结论。

其次，少子化是养老问题研究的宏观背景，在西方发达国家，尽管在个人主义影响下家庭对个人的影响较弱，但是家庭以及家庭成员同样是养老资源与养老支持的主要来源。鉴于此，国外研究多以微观视角展开，通过质性研究探讨某种具体的养老模式或养老政策效果，相关研究缺乏一定的系统性，难以进行区域间或群体间的横向比较。与发达国家相比，发展中国家的人口结构要相对年轻，但是高速的老龄化发展速度，使得近年来部分发展中国家将面临与发达国家相似的养老问题，与之相对应的却是更为薄弱的社会基础。国内学者多从单一视角展开，将步入老年阶段的群体作为统一整体，宏观研究家庭养老的困境，且对处于"中青年"阶段的独生子女父母的关注相对较少，忽视现实背景下城市第一代独生子女父母养老问题研究的情境意义。然而，随着时间的推移，城市第一代独生子女父母作为历史先河中的特殊群体，正稳步从青壮年时期步入老年阶段，随之延伸出的社会问题不断引起焦点性思考，成为人口学、社会学、社会保障等相关学科领域的新议题。

最后，对于居住模式的研究，多从老年群体的单一视角出发，通过建立传统统计模型，关注影响养老居住模式的相关因素，基于调查口径的不同，相关研究结论难以达成广泛一致。

综上，对城市第一代独生子女家庭的研究不能脱离社会变迁的整体背景，作为一种社会事实，该群体被赋予多重社会属性特征。现有研究多从单一学科展开，对于社会变迁视野下独生子女家庭的研究尚未充分展开。例如，社会学界主要关注家庭结构、亲子关系、家庭社会化等对家庭成员产生的影响；人口学界更多地以人口预测模型为基础，探讨独生子女的大量存在给家庭结构、代际关系以及未来宏观人口结构带来的影响；社会保障学界更关注养老主体的居住模式以及相关养老政策的实践性。由于相关研究受限于学科的属性特征，对于体现代际居住意愿的现实需求、家庭代际支持对老龄化问题的影响等的讨论普遍存在延展性不足。

3

城市第一代独生子女家庭的基本状况

"家庭"通常被定义为一个基本的社会单位，由具有血缘关系和共同生活的成员组成。在中国人的主观意识里面，同父或同祖的亲属群体，即使并不同户，也没有任何明显的共同收支，仍然会被认为一家人[①]。家庭概念的第二种含义是指由同居的和在经济上有供养关系的人们所组成的单位。这时候的家庭就不仅是指关系，而且是指实体[②]。

西方曾有学者认为，家庭这一社会单位是以亲属关系的形态来展示的，就是通过出生和婚姻关系将人们联结起来的，出生和婚姻关系的联结是探讨亲属关系和家庭关系的基础。同时，家庭在发挥着"新一代"的生与育功能，以及对"老一代"的赡养功能。"世代同堂""儿孙环绕"作为一种理想的家庭生活，成为一种历史中的生活场景描述，而纵横延展形成的大家庭是在我国历史中普遍存在的一种家庭结构形式。冯友兰在《新事论》[③]中指出，以往的中国社会是以家为本的，家庭是社会的基本组成单位。家庭的组织形式具有工具理性特征，为"老有所靠"与"家庭供养关系"的形成与延续奠定了坚实的基础。

3.1 城市第一代独生子女家庭结构与代际关系现状

3.1.1 城市第一代独生子女家庭结构现状

在唐代，三代同堂的主干家庭居多；而自宋代开始，这种直系主干家庭主要围绕"中间一代"展开，这种"宋型"家庭结构对于传统

---

① COHEN M L. House united，house divided：the Chinese family in Taiwan [M]．New York：Columbia University Press，1976．
② 谢维杨．周代家庭形态 [M]．北京：中国社会科学出版社，1990：268．
③ 代云．冯友兰论中国传统孝道——以《新事论》为中心 [J]．湖北工程学院学报，2014，34（4）：10-13．

的家庭养老的适用性得到学者的广泛认可。社会学家古德（1963）提出了"家庭趋同理论"，指出从家庭结构向核心家庭变迁的普遍趋势，断定所有社会中的家庭将逐渐演变为向核心家庭变迁的普遍趋势，并断定所有社会中的家庭将逐渐演变出统一的核心家庭制度。

家庭养老资源通常是通过生育所积累的人力资源的一种转化，生育率持续下降的结果是平均家庭规模的缩小，子女数的减少使得家庭养老支持的回旋余地变小。一般来说，家庭结构涵盖了家庭中成员的构成及其相互作用、相互影响的状态，以及由这种状态形成的相对稳定的联系模式，包含两个基本方面：家庭人口要素和家庭模式要素。前者指家庭规模的大小，后者指家庭成员之间的相互联系，即横向和纵向关系相统一的组合形式[①]。历次全国人口普查数据显示，我国家庭结构的变迁从量上体现出家庭规模小型化的基本特点，2010年第六次全国人口普查数据显示，家庭平均人口数为3.1人（见表3-1）。

表3-1　　　　　　　　我国家庭平均人口数　　　　　　单位：人

年份	家庭平均人口数
1953	4.33
1964	4.43
1982	4.41
1990	3.96
2000	3.44
2010	3.1

数据来源：历次全国人口普查资料汇总整理所得。

杨菊华（2014）在研究总结了我国家庭规模小型化特征的基础

---

① 邓伟志，徐新. 家庭社会学导论 [M]. 上海：上海大学出版社，2006.

上，进一步指出，家庭结构变迁呈现出"代数减少化、形式稳定化以及居住模式多样化"的特点，家庭结构的简化及多元化的生活方式，为代际居住模式的多元化变迁奠定了重要基础。

根据家庭的代际数量和亲属关系特征，家庭结构分为以下五种类型：①核心家庭，即父母与未婚子女组成的家庭。②夫妻家庭，只有夫妻两人组成的家庭。③主干家庭，由两代或两代以上夫妻组成，每代最多不超过一对夫妻且中间无断代的家庭。一般来说，基于家庭关系网络搭建的大家庭具有自身的复杂特性，在分家析产的基础上，父母如果选择与某个子女生活，即形成新的纵向延展的扩展性家庭。④联合家庭，即家庭中有任何一代含有两对或两对以上夫妻的家庭。⑤其他形式的家庭，包括单亲家庭、隔代家庭、同居家庭、单身家庭等。

"空巢"阶段是家庭生命周期中普遍要经历的一个阶段。谭琳（2002）通过对中国城市第一代独生子女父母进行研究，提出在社会流动的背景下，城市第一代独生子女父母在50岁已经逐步进入"空巢"阶段，当人均预期寿命为70岁时候，城市第一代独生子女父母的"空巢"期为25年左右。潘金洪（2006）通过对比独生子女父母与非独生子女父母，提出独生子女父母要度过更长的"空巢"期。

调查结果显示，随着家庭人口容量的不断缩小，其原生家庭结构变迁在"质"上主要表现为结构简单化，家庭结构由主干家庭向核心家庭转变，核心家庭成为最主流的家庭组织结构类型（核心家庭占88.33%，主干家庭占11.67%）。

根据生命周期理论，在第一代独生子女处于婚育高峰期时，其核心家庭形式呈现出多元化特征，分为"空巢"家庭和未"空巢"家庭，其中"空巢"家庭所占比重最大，占调查总体的82.56%（见表3-2）。

表 3-2　城市第一代独生子女家庭结构状况统计分布表

原生家庭结构类型			百分比	累计百分比
核心家庭	未"空巢"家庭	完整形式核心家庭	5.34	5.77
		不完整形式核心家庭（如单亲家庭）	0.43	
	"空巢"家庭	子女已婚空巢家庭	67.37	82.56
		子女未婚空巢家庭	15.19	
主干家庭		主干家庭	11.67	11.67
合计			100	100

3.1.2　城市第一代独生子女家庭代际关系现状

早在秦汉时期，我国的法律就对子孙对于老人的赡养责任进行规范，从唐代到清末时期，各朝代对法律条文进行系统化，通过专门细则确认了"子孙"作为法定赡养人的责任与义务，《大明律》与《大清律》均在具体细则中规定，对于"供养有缺"的子孙处以"杖刑一百"的法律惩治。男权社会在私人领域的表征即体现在对家庭财产的继承权方面，而权利与责任是相统一的，"子"与"孙"法定赡养责任的确立与"孝子贤孙"的思想相吻合，值得说明的是，这种责任是不会考虑"子孙"的赡养能力的。儒家倡导的孝文化，从观念上保障和巩固了反馈模式能够得以进行，这也使得中国的代际关系与西方具有文化上的本质区别。道德规范可以促进老年人和其他人群的关系，并在社会关系网络中获得必要的尊重以及支持，家庭是初级群体的主要形式，为养老支持构建基本安全网。

代际关系有四种类型：独立型关系是指老年人与其他家庭成员之间在一定的时间单位里不发生经济和日常生活照料支持方面的互动；

供养型关系是指其他家庭成员给老年人提供各种支持，而老年人不给其他家庭成员各方面的支持；扶助型关系是指其他家庭成员得到老年人的各种支持，但老年人没有得到其他家庭成员相应的支持；互惠型关系是指在一定时期里老年人与其他家庭成员之间存在互相支持的行为。①中国城市第一代独生子女成长的三十多年间，与同期成长的非独生子女一起，共同经历了中国社会的急剧变革、经济的快速发展、社会结构的剧烈转型、思想观念的多元发展等。

本书主要先从城市第一代独生子女父母的视角，从养老评价与重大事务话语权两个方面，研究城市第一代独生子女家庭的代际关系。调查结果显示，对于独生子女家庭而言，"对子女是否孝顺"的评价中，首先55.48%的父母认为子女"非常孝顺"，所占比重最多；其次为"比较孝顺"的，占总体的40.42%。这说明城市第一代独生子女父母对子女养老评价普遍较高，具体如图3-1所示。

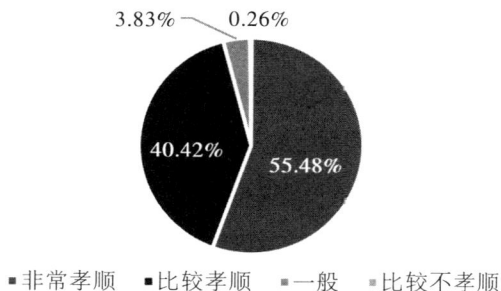

图3-1　城市第一代独生子女对父母"孝顺"状况饼状图

费孝通在《生育制度》中曾指出，世代是分别亲属的一种原则，生者与被生者即为亲子，分成相衔接的两个世代……文化不只是绵续，并须不断的变化……亲子间的爱和憎，平行地存在，交替地显隐，正因为社会结构的本质中有着这条漏缝。②

————————
　　①　刘爱玉，杨善华. 社会变迁过程中的老年人家庭支持研究［J］. 北京大学学报（哲学社会科学版），2000（3）：62.
　　②　费孝通. 乡土中国 生育制度 乡土重建［M］. 北京：商务印书馆，2011：261-286.

调查研究表明，城市第一代独生子女家庭的代际关系较和谐，85.77%的独生子女父母认为家庭"无矛盾"，9.57%认为家庭"有矛盾"，4.66%认为家庭"略有矛盾"（见表3-3）。

表3-3　　城市第一代独生子女家庭代际关系的统计分布表

家庭代际关系	有矛盾	无矛盾	略有矛盾
百分比	9.57	85.77	4.66

值得说明的是，从城市第一代独生子女父母的角度来看，在子女"离巢"前的成长阶段，城市第一代独生子女父母让渡了多数的家庭资源，使得独生子女父母自身的养老储备能力大大弱化，但自养能力不足所带来的养老风险并未完全凸显，对于代际关系的维系并未形成严重危机。

从城市第一代独生子女的角度来看，与农村不同的是，城市第一代独生子女与第三代之间并未出现"留守现象"，但是城市家庭对于子女接受教育投入的重视度不断提升，高质量与高标准养育子女的压力不断提升，独生子女父母在第三代培育中的参与度不断升高。代际间生育观念的差异，进一步加深了代际关系的多维影响，并最终对代际关系模式发生重要影响。这一影响将在下文，从代际居住模式视角进行深入讨论。

3.2　城市第一代独生子女父母的基本状况

在20世纪90年代，杨善华（1994）曾指出，家庭成员的职业、收入、社会地位和价值观念等方面均会对家庭关系及家庭功能产生影响。截止到2017年调查期，中国城市第一代独生子女父母多处于退休、半退休状态。描述性统计分析结果显示，被调查的城市第一代独生子女父母从性别分布来看，女性（56.23%）比例略高于男性。以下将通过对城市第一代独生子女父母的年龄状况、婚姻状况、身体状况、职业状况、受教育程度等方面的统计分析，多维展示城市第一代独生子女父母的社会人口特征。

3.2.1　城市第一代独生子女父母的年龄状况

从年龄状况来看，城市第一代独生子女父母多处于"低龄"老龄化阶段，其中，56~65岁年龄段人数最多，占总体的72.87%；55岁及以下年龄段人数次之，占总体的19.68%；66岁及以上年龄段人数最少，占总体的7.45%（如图3-2所示）。多数父母处于"初老"阶段。

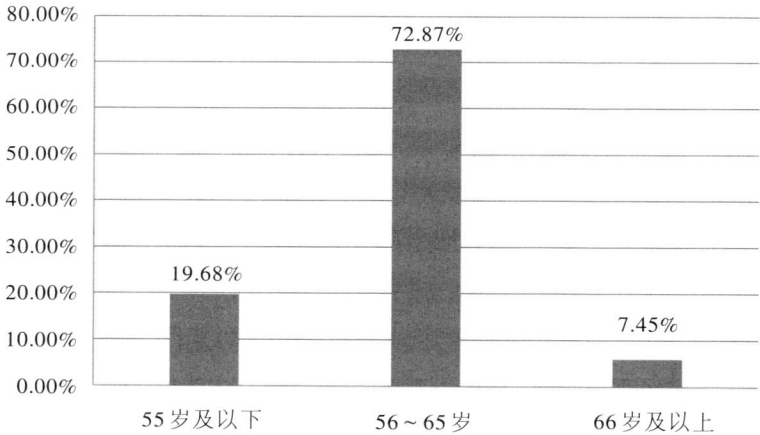

图3-2　城市第一代独生子女父母年龄分布柱状图

3.2.2　城市第一代独生子女父母的婚姻状况

从婚姻状况来看，已婚的占93.01%，丧偶及离婚的分别占2.28%和2.81%（如图3-3所示），尚有个别是非婚同居。由此可见，虽然在政策影响下家庭规模有缩小趋势，但城市第一代独生子女父母对家庭的认知并未减弱，存在传统的婚姻观念。

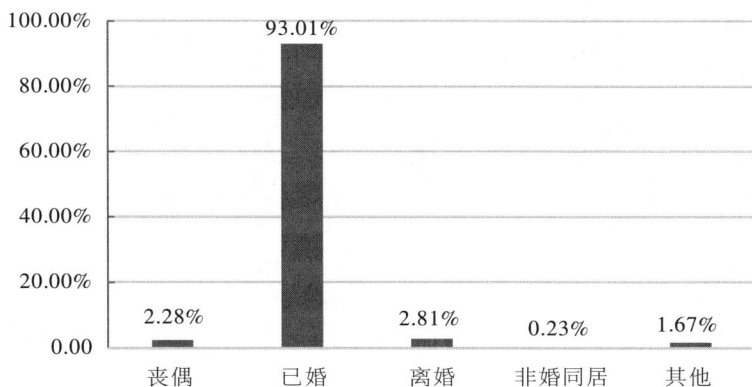

图3-3　城市第一代独生子女父母婚姻状况柱状图

3.2.3　城市第一代独生子女父母的身体状况

穆光宗（2002）提出"健康资源"是养老的首要资源，身心健康是老年人独立养老最重要的前提条件，更是"老年发展"的第一条件。随着人口的急速老龄化，带病期的延长影响着老年人的养老生活质量。老年群体生理功能的老化和心理脆弱状况难以被忽视，从而使城市第一代独生子女父母的特征刻画意义更为深刻。

一般来说，老年人的身体状况很难用绝对标准来衡量，更多的是相对良好的状态。调查结果显示（如图3-4所示），首先，城市第一代独生子女父母的身体状况普遍较好，身体状况"良好"的占73.97%，"有慢性疾病"的占24.43%，"生活不能完全自理"和"其他"状况的失能、半失能者分别占1.33%和0.27%。

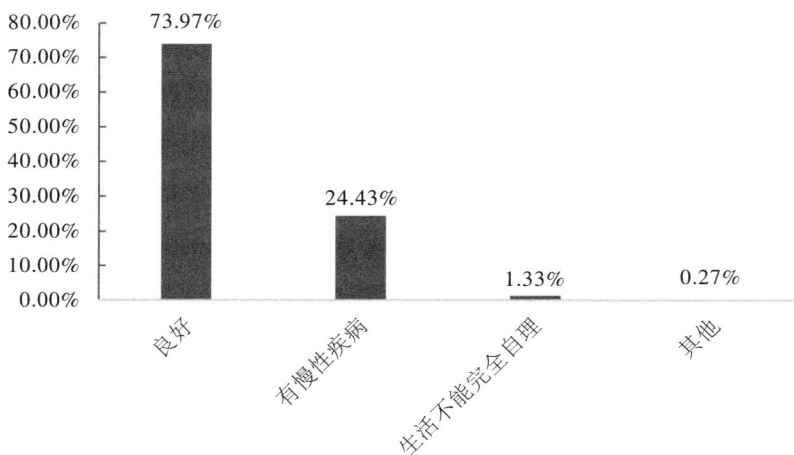

图 3-4　城市第一代独生子女父母身体状况柱状图

其次，对被访独生子女父/母的配偶身体状况的调查结果显示，身体状况"良好"的占 65.95%，24.30% 的"有慢性疾病"，"生活不能完全自理""卧床""其他"状况的分别占总体的 1.60%、0.13%、8.02%（如图 3-5 所示）。

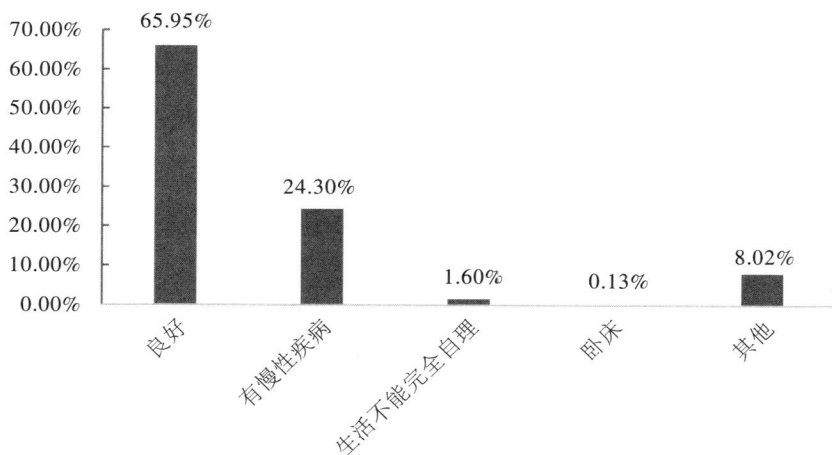

图 3-5　城市第一代独生子女父/母的配偶身体状况柱状图

3.2.4 城市第一代独生子女父母的受教育程度

从受教育程度来看，城市第一代独生子女父母的受教育程度呈现正态分布特征，高中或中专人数最多，占 30.55%，接受过高等教育人数占 29.18%（如图 3-6 所示）。

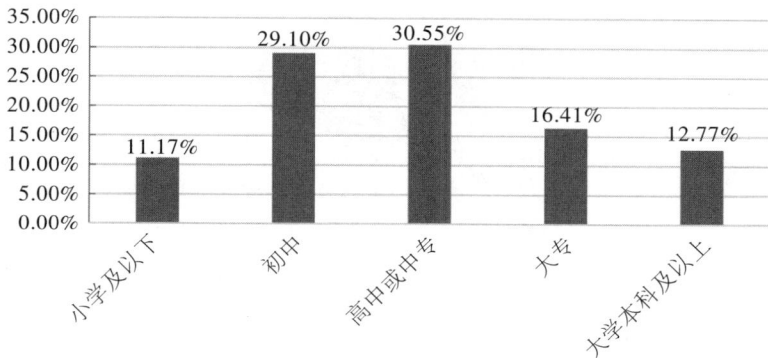

图 3-6 城市第一代独生子女父母受教育程度柱状图

3.2.5 城市第一代独生子女父母的职业状况

对退休前的职业性质调查的结果显示，总的来说，城市第一代独生子女父母中正规就业群体所占比重较大。具体来说，政府部门或事业单位的占 29.46%；国有企业的人数次之，占 24.70%；而私人企业和个体工商户的分别占 15.72% 和 15.46%；此外，私营业主、外资企业和其他的人数相对较少，分别占 6.61%、0.92% 和 7.13%（如图 3-7 所示）。

3.2.6 城市第一代独生子女父母的收入状况

目前，我国城市第一代独生子女父母的主要经济来源有三种：一是工资性收入（退休金收入）或经营性收入；二是子女提供的赡养

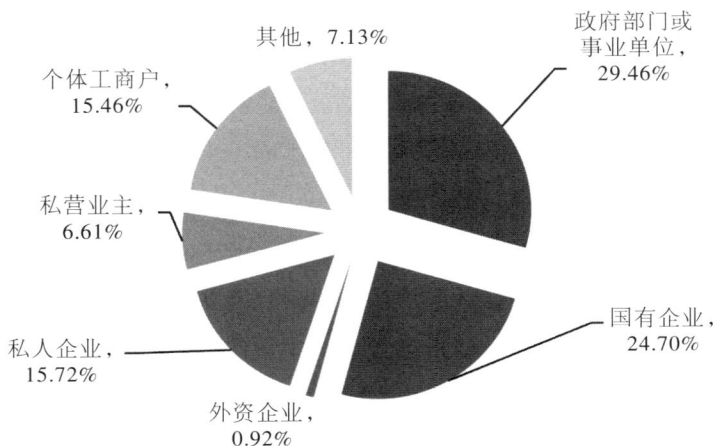

图 3-7　城市第一代独生子女父母职业状况饼状图

费；三是以前的积蓄等。调查结果显示，城市第一代独生子女父母的收入来源以工资/退休金收入为主，占总体的 67.28%；收入来源以经营性收入为主的父母，占总体的 19.30%；此外，有一些父母是通过储蓄、配偶支持、子女帮助和其他方式作为自己的主要收入来源，分别占 3.65%、2.35%、4.30% 和 3.12%（如图 3-8 所示）。

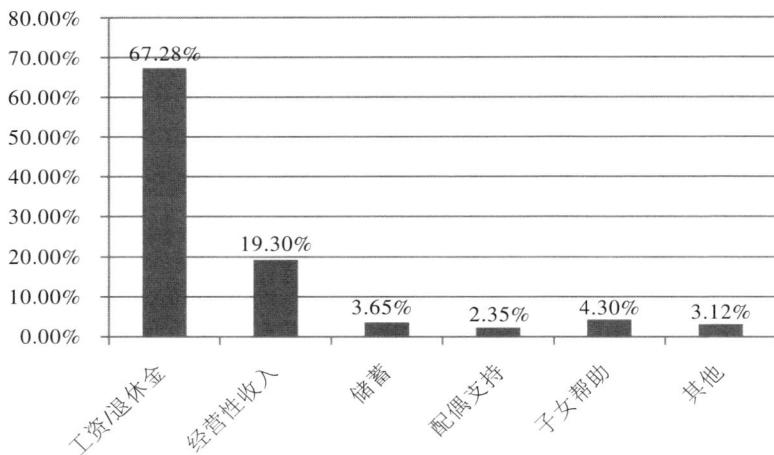

图 3-8　城市第一代独生子女父母收入来源情况柱状图

从家庭月收入来看，家庭月收入在5 000元以下的占61.18%，家庭月收入在5 000元以上的占38.82%，其中，家庭月收入在"4 000～5 000元"的群体所占比重最大，占总体的28.20%（如图3-9所示）。

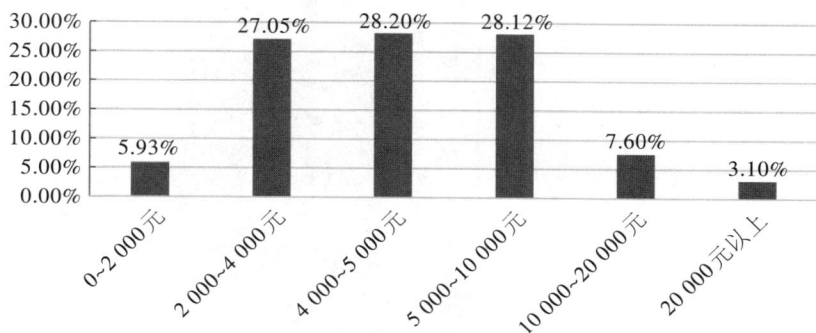

图3-9　城市第一代独生子女父母家庭月收入情况柱状图

3.3　城市第一代独生子女的基本状况

关注老龄问题的学者熊必俊（1999）提出："生育子女并把他们抚育成劳动力所需要的劳动产品是父母用自己的必要劳动生产出来的；没有父母的抚养投入，年幼的子女就无法生存和成长。"[①]在社会流动的空间变动下，经济结构的变动使得青年一代在职场竞争过程中拥有更多优势，这一优势逐渐延伸到社会生活的方方面面，为青年一代争取了更大的生存空间。与此同时，社会文化的变迁在不断冲击着传统代际关系中的行为规范乃至角色模式。

3.3.1　城市第一代独生子女的性别状况

被调查的城市第一代独生子女中，男性与女性所占比重分别为

---

① 熊必俊.养老育幼是通过代际经济交换实现的［J］.人口研究（增刊），1999：23-347.

42.66% 和 57.34%。

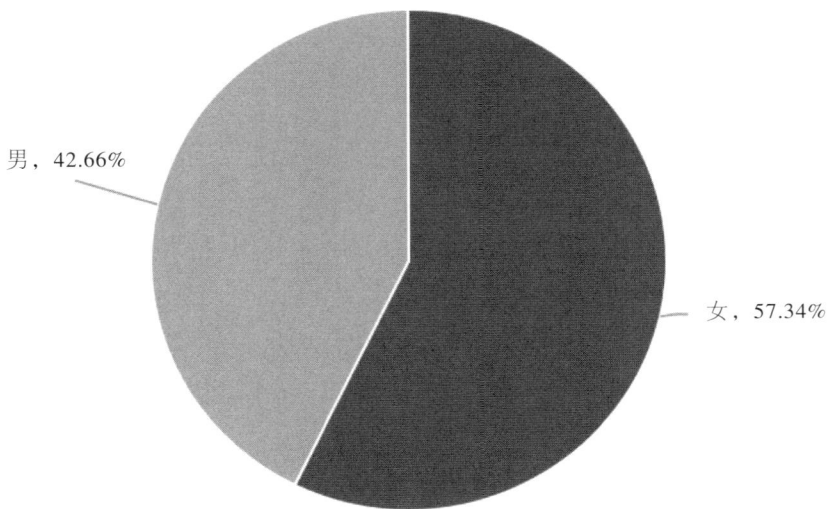

男，42.66%

女，57.34%

图 3-10　城市第一代独生子女性别分布饼形图

3.3.2　城市第一代独生子女的婚姻状况

婚姻状况指当前所处的婚姻状态，其对个人的家庭关系、生活方式具有深刻影响。调查结果显示，被调查的城市第一代独生子女中，已婚的占 76.67%，单身的占 20.21%，1.44% 处于离婚状态（如图 3-11所示）。

3.3.3　城市第一代独生子女的受教育程度

调查结果显示，被调查的城市第一代独生子女受教育程度普遍较高，其中接受过大专教育的占48.94%，接受过大学本科及以上教育的占19.38%（如图3-12所示）。

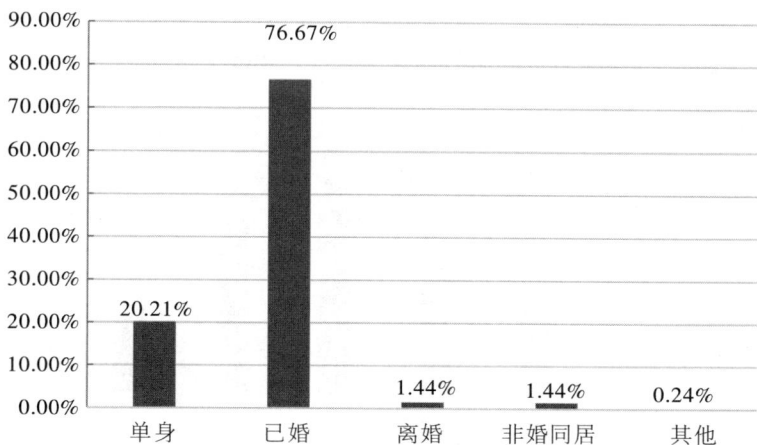

图3-11　城市第一代独生子女婚姻状况柱状图

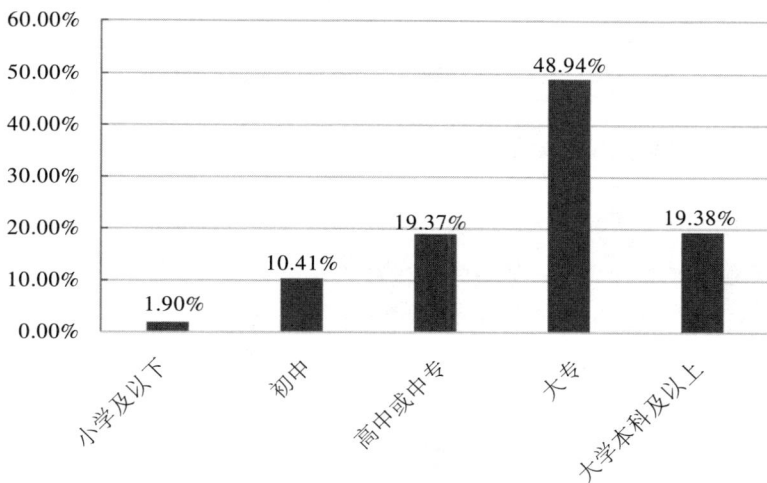

图3-12　城市第一代独生子女受教育程度柱状图

3.3.4　城市第一代独生子女的月收入状况

调查结果显示，我国城市第一代独生子女的家庭月收入呈现正态分布态势，6 000～8 000元的占比最高，达24.54%；8 000～10 000元的占比次之，达23.18%；10 000～20 000元的占19.45%；4 000～

6 000 元的占 17.86%；2 000 元以下和 2 000～4 000 元的分别占
3.80% 和 10.49%（如图 3-13 所示）。①

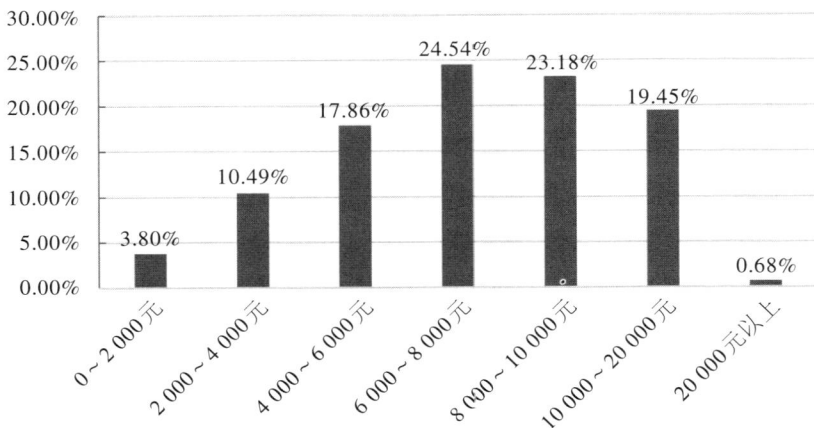

図 3-13　城市第一代独生子女家庭月收入状况柱状图

3.3.5　城市第一代独生子女的生育状况

生育是与婚姻状态相关联的。调查结果显示，城市第一代独生子
女普遍进入生育状态，其中尚未生育子女的占 29%；生育一个子女的
人数最多，占 63.00%；生育两个子女的仅占 7%；生育两个及以上子
女的仅占 1%（如图 3-14 所示）。

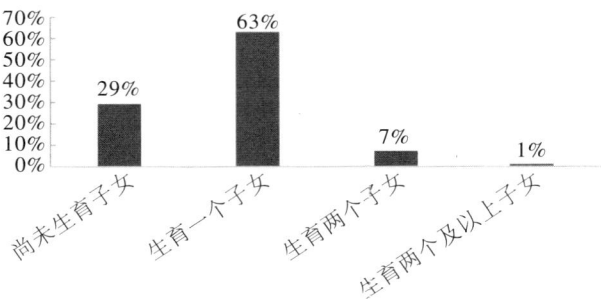

図 3-14　城市第一代独生子女生育状况柱状图

---

① 家庭月收入调查过程中，对于已婚群体，以家庭为单位进行调查，对于未婚或其
他单身群体，仅调查个人月收入状况。

3.4　本章小结

本章旨在通过对城市第一代独生子女家庭的结构特征、社会人口基本状况进行统计描述，为研究代际居住模式及关联性因素提供数据支撑。具体来说，通过统计描述反映城市第一代独生子女父母年龄状况、婚姻状况、身体状况、受教育程度、职业状况以及收入状况等方面的社会人口特征，来反映独生子女父母面对养老生活自身所具备的基本条件。

首先，随着社会流动的加剧，"空巢"成为城市第一代独生子女家庭的主要结构特征。调查结果显示，"空巢"家庭占被调查的城市第一代独生子女家庭的82.56%，以小型化、核心化和少子化为特征的城市第一代独生子女家庭已成为常态。"空巢"老人的概念是随着独生子女的异地求学逐渐产生的，高等教育的普及化促进了青年群体向大城市流动，从而形成了城市"空巢"老人这一显性社会群体。世代更替的人口生产使得处于婚育高峰期的城市第一代独生子女成为家庭支持中的着力点，随着"空巢"阶段的群体逐渐老化，代际关系面临时代变革。

其次，对城市第一代独生子女父母基本状况的调查结果显示，从年龄构成来看，城市第一代独生子女父母多处于"低龄"老龄化阶段，其中56~65岁的人数最多，占72.87%；从婚姻状况来看，已婚的占93.01%；从身体状况来看，73.97%的被调查独生子女父母身体状况良好；从受教育程度来看，高中或中专的人数最多，占30.55%；从收入状况来看，家庭月收入在2 000~4 000元、4 000~5 000元和5 000~10 000元的人数较多，分别占27.05%、28.20%和19.45%；从职业状况来看，较多职业为国企事业单位员工或公务员，具有相对稳定的经济来源。

最后，为更好地了解独生子女家庭的整体状况，本章进一步对城市第一代独生子女年龄状况、婚姻状况、受教育程度、月收入状况、生育状况等方面的社会人口特征进行统计描述。结果表明，城市第一代独生子女中，男性与女性所占比重分别为 42.66% 和 57.34%；婚姻状况为已婚的最多，占 76.67%；受教育程度普遍较高，其中接受过大专教育的占 48.94%；家庭月收入呈现正态分布态势，6 000～8 000 元的占比最高，达 24.54%；生育一个孩子的最多，占总体的 63.00%。

4

城市第一代独生子女家庭代际居住现状

基于家户结构的居住方式安排，是老年人个人福利的实现程度以及社会支持安排可获得性的决定因素，对老年人的晚年生活具有特别重要的意义。

4.1 城市第一代独生子女家庭的住房状况

杨菊华等（2009）通过研究发现，亲子居住关系影响着亲子间的情感联络和代际支持。居住距离对于亲代对子代的经济支持、日常照料和情感联络的影响最为显著，但是子代对亲代的经济支持受此影响较小[①]。

4.1.1 城市第一代独生子女父母的住房现状

1）城市第一代独生子女父母居住地点

有研究（王学义等，2013）表明，家人数量对养老方式的选择的影响并不十分显著，独生子女父母养老方式更多受到子女就业地点、自身养老保障情况的影响[②]。一般来说，相对熟悉的生活环境可以给生活提供更多便利，有益于老年人更好地融入社区生活，产生更强的归属感与认同感。调查结果显示，从居住的客观状态来看，城市第一代独生子女父母的居住常态为"定居"，主要居住地点均为户籍所在地或工作所在地。

2）城市第一代独生子女父母居住面积

对住房面积的调查结果显示，首先，独生子女父母住房面积为71～90平方米的，占35%；其次，独生子女父母住房面积为91～110平方米的，占26%；再次，独生子女父母住房面积为111～130平方

① 杨菊华，李路路. 代际互动与家庭凝聚力——东亚国家和地区比较研究 [J]. 社会学研究，2009，24（3）：26－53.
② 王学义，张冲. 农村独生子女父母养老意愿的实证分析——基于四川省绵阳市、德阳市的调研数据 [J]. 农村经济，2013（3）：75－78.

米的，占 13%；最后，独生子女父母无住房的仅占 1%（如图 4-1 所示）。

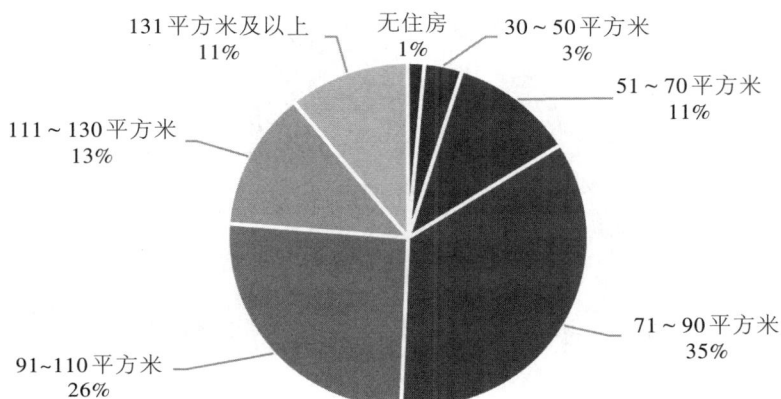

图 4-1　城市第一代独生子女父母住房面积状况

4.1.2　城市第一代独生子女的住房现状

1）城市第一代独生子女居住地点

本章将城市第一代独生子女与父母在同一城市且共同居住定义为同城共同居住，将独生子女与父母在同一城市但分开居住定义为同城分开居住，将独生子女与父母在不同城市居住的定义为异地居住，将独生子女与父母身处不同国度居住的定义为异国居住。通过分析样本可知，第一代独生子女家庭中子女在求学与就业过程中存在大规模的社会流动，而父母与子女的异地生活甚至异国生活在一定程度上影响着独生子女家庭的代际关系。与父母同城分开居住的独生子女最多，占 69%（如图 4-2 所示）。

2）城市第一代独生子女居住面积

对独生子女的住房面积调查结果显示，面积为 91～110 平方米的所占比重最大，为 28.30%；其次为 71～90 平方米的，占 22.60%；再次为 111～130 平方米的，占 19.30%；最后为无住房的，占 4.20%，

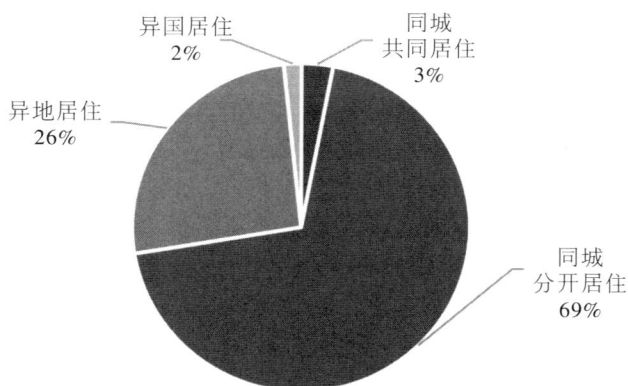

图4-2 城市第一代独生子女家庭代际居住地点情况

具体如图4-3所示。

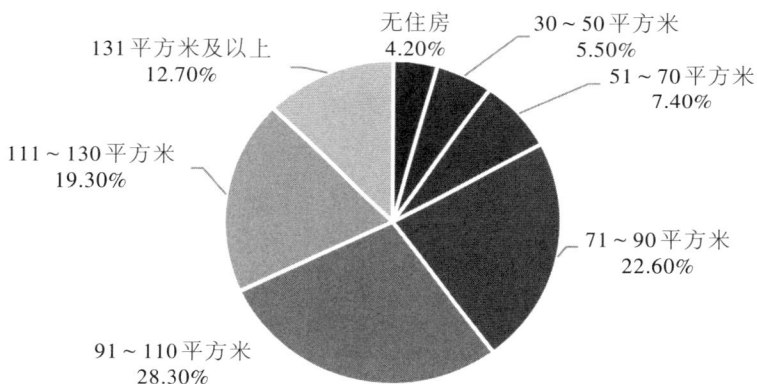

图4-3 城市第一代独生子女住房面积状况

4.2 城市第一代独生子女家庭代际居住模式现状

居住安排是家庭结构的重要方面，代际居住模式选择是一个互动的过程。随着独生子女父母身体状况的变化、家庭价值的弱化，以及独生子女"代际倾斜"等问题的出现，现实的代际居住模式在未来

10年是否会有较大变化？这种变化是否会改变老年人的养老模式？这些是本部分研究的主要问题。

4.2.1　城市第一代独生子女父母的居住模式

在中国的现实国情下，"居家式"养老模式是最符合广大老年群体意愿的养老居住模式，城市第一代独生子女父母目前的居住模式主要划分为①单独居住、②与配偶同住、③非婚同居、④与子女同住、⑤与父母同住、⑥养老院居住、⑦其他共7种类型。其中，①～⑤属于"居家式"养老模式。本书根据"居家式"养老模式中子代与亲代的居住方式，将①单独独居、②与配偶同住、③非婚同居3种划分为"独立居住"，将④与子女同住划分为"共同居住"。

对城市第一代独生子女父母目前的居住模式的总体现状进行描述性统计（见表4-1）。首先，独立居住群体所占比重最大，其中与配偶同住（"偶居"）的占77.0%，成为现阶段城市第一代独生子女父母最主要的居住模式；其次，与子女同住的占16.3%，成为"独立居住"模式之外的重要选择。

表4-1　　城市第一代独生子女父母居住模式的统计分布表

第一代独生子女父母的居住模式		百分比
独立居住	单独独居	5.1
	与配偶同住	77.0
	非婚同居	0.1
共同居住	与子女同住	16.3
与父母同住	与父母同住	1.1
养老院居住	养老院居住	0.4
合计		100

综上，许多城市第一代独生子女父母虽然已经步入老龄化但仍处于老龄化的"低龄"阶段，身体状况与精神状态相对健康，具有一定的社会价值与自我认同感，"独立居住"与"共同居住"便成为城市第一代独生子女家庭父母养老生活现阶段的主要居住模式。为更好地了解处于不同居住状态的老年群体的社会人口特征，现将上述两种老年群体筛选出来，进一步研究处于不同居住模式下的老年人的社会人口特征。

1）城市第一代独生子女父母居住模式与年龄的单因素方差分析

单因素方差分析结果显示（见表4-2），仅考虑年龄单个因素的影响，F统计量为1.344，对应的概率p值为0.247，即在0.05显著性水平下，概率p值大于显著性水平，应接受原假设，说明在不考虑其他因素的前提下，年龄对城市第一代独生子女父母居住模式未产生显著影响。

表4-2　　　　　　**城市第一代独生子女父母居住模式**

与年龄的单因素方差分析

居住模式	样本量（个）	父母平均年龄（岁）	父母年龄极值（岁）	
			最大值	最小值
独立居住	1 011	61.34	78.00	46.00
共同居住	305	60.60	81.00	42.00
显著性检验	$F=1.344$，$df=29$，$p=0.247$			

2）城市第一代独生子女父母居住模式与身体状况的交叉分析

一般而言，城市第一代独生子女家庭中亲代与子代的空间距离决定了父母可获得的养老资源，而老年人的养老需求受到身体状况的影响。交叉分析结果显示（见表4-3），首先，在身体状况健康的城市第一代独生子女父母中，74.95%的父母具有"独立居住"意愿，

69.50%的父母具有"共同居住"意愿；其次，在身体状况较差的独生子女父母中，25.05%的父母具有"独立居住"意愿，30.50%的父母具有"共同居住"意愿。城市第一代独生子女父母居住模式与身体状况的卡方检验结果显示（见表4-3），在自由度为1、显著性 α 为0.05的情况下，概率 p 值为0.112，大于显著性 α，因此应接受原假设，说明在不考虑其他因素的前提下，身体状况与城市第一代独生子女父母居住模式无显著性差异。

表4-3　　　　　城市第一代独生子女父母居住模式
与身体状况的卡方检验表

居住模式　　身体状况	独立居住（0）	共同居住（1）
身体状况健康（0）	74.95%	69.50%
身体状况较差（1）	25.05%	30.50%
合计	100%	100%
显著性检验	$\chi^2=1.23$，$df=1$，$p=0.112$	

3）城市第一代独生子女父母居住模式与受教育程度的交叉分析

受教育是"80后"青年群体社会流动加剧的重要因素，"父母在，不远游"的思想被彻底打破。城市第一代独生子女在成年后离家主要有两个动因：一是工作；二是结婚。城市第一代独生子女成年后离家独立生活使得城市第一代独生子女父母的"空巢"期逐渐拉长。

城市第一代独生子女父母居住模式与受教育程度的交叉分析结果显示（见表4-4），当受教育程度在大专以下时，44.83%的父母"独立居住"，39.87%的父母与独生子女"共同居住"；当受教育程度为大专时，33.79%的父母"独立居住"，29.49%的父母与独生子女"共同居住"；当受教育程度在本科及以上时，21.38%的父母"独立居住", 30.64%的父母与独生子女"共同居住"。城市第一代独生子女父母的居住模式与受教育程度的卡方检验结果显示（见表4-4），在自由度为2、显著性 α 为0.05的情况下，概率 p 值为0.086，大于显著性 α，因此应接受原假设，说明在不考虑其他因素的前提下，受教育程度与城市第一代独生父母居住模式无显著性差异。

表4-4 城市第一代独生子女父母的居住模式
与受教育程度的卡方检验表

居住模式 受教育程度	独立居住（0）	共同居住（1）
大专以下	44.83%	39.87%
大专	33.79%	29.49%
本科及以上	21.38%	30.64%
合计	100%	100%
显著性检验	$\chi^2=4.900$，$df=2$，$p=0.086$	

4）城市第一代独生子女父母居住模式与家庭月收入状况的交叉分析

在前文对于城市第一代独生子女父母家庭月收入描述性分析的基础上，将家庭月收入的测量层次进行重新划分，并进一步将居住模式与家庭月收入进行列联分析下的卡方检验。交叉分析结果显示（见表4-5），家庭月收入5 000元以下的独生子女父母中，独立居住的占79.91%；家庭月收入5 000~10 000元的独生子女父母中，独立居住的占80.19%；家庭月收入在10 000元以上的独生子女父母中，独立居住的占85.71%。城市第一代独生子女父母的居住模式与家庭月收入的卡方检验结果显示（见表4-5），在自由度为2、显著性 α 为0.05的情况下，概率 p 值为0.457，大于显著性 α，因此应接受原假设，说明在不考虑其他因素的前提下，城市第一代独生子女父母的居住模式与家庭月收入没有显著相关性。

表4-5　　　　　城市第一代独生子女父母的居住模式
与家庭月收入的卡方检验表

庭月收入　　居住模式	5 000元以下	5 000~10 000元	10 000元以上
独立居住	79.91%	80.19%	85.71%
共同居住	20.09%	19.81%	14.29%
合计	100%	100%	100%
显著性检验	χ^2=1.567，df=2，p=0.457		

4.2.2　城市第一代独生子女的居住模式

通过问卷试调查发现，城市第一代独生子女多处于青壮年时期，大多数已经结婚生子，随着社会文化的变迁，代际间价值观念的差异，这一中国改革开放后最早的独生子女群体，对独立空间的要求更高，从而在避免代际摩擦和矛盾的同时，兼顾了生活的私密性与更为独立的话语权。在一定的家庭背景下，未婚、已婚未育、已婚已育等不同的婚姻生活状态，是考查处于不同生命周期阶段代际居住模式的"分"与"合"的重要视角。鉴于此，在问卷设计过程中，将城市第一代独生子女目前的居住现状分为单独居住、与配偶同住（包括子女）、与父母（或配偶父母）居住、非婚同居、其他（如多代居）5类。其中，考虑到代际关系问题，将单独居住、与配偶同住（包括子女）、非婚同居归为"独立居住"，将与父母（或配偶父母）同住、其他（如多代居）归为"共同居住"。

对城市第一代独生子女居住模式的总体进行描述性统计分析的结

果显示（见表4-6），随着独生子女"离巢"高峰期的到来，从独生子女的视角出发，现有代际居住模式为"独立居住"的所占比重最大，为79.1%，其中，"与配偶同住（包括子女）""单独居住""未婚同居"分别占65.5%、12.1%和1.5%；与父母（或配偶父母）共同居住的占20.9%。值得关注的是，对于青年群体而言，居住模式更加多元化，非婚同居也成为稳定的居住模式之一。在社会转型的宏观背景下，社会文化正在发生着深刻的转变，婚恋观正在被重塑，未婚同居成为婚恋观多元发展下的一种践行。国外研究表明，非婚同居成为第二次人口转变过程中典型的社会现象，比如，根据普查数据，2010年，全美同居男女已经达到760万对（U.S. Census Bureau，2010）。非婚同居是一种具有松散的结构特征的家庭关系，通过"试婚"生活提前感知家庭角色转变，或沟通适应，或选择退出，为未来婚姻生活增加情感体验，并通过角色认知塑造两性平等文化。

表4-6　　　　城市第一代独生子女居住模式的统计分布表

独生子女视角下的代际居住模式		百分比
独立居住	单独居住	12.1
	与配偶同住（包括子女）	65.5
	非婚同居	1.5
	合计	79.1
共同居住	与父母（或配偶父母）同住	20.9
合计		100

1）城市第一代独生子女居住模式与性别的交叉分析

交叉分析结果显示（见表4-7），在仅考虑城市第一代独生子女性别时，当子女与父母共同居住时，23.96%的为男性子女，21.85%的为女性子女，共同居住的男性子女占比略高于女性；当子女独立居住时，76.04%的为男性子女，78.15%的为女性子女，独立居住的女性子女占比略高于男性。城市第一代独生子女的居住模式与子女性别的卡方检验结果显示（见表4-7），在自由度为1、显著性α为0.05的情况下，概率p值为0.490，大于显著性α，因此应接受原假设，说明性别与城市第一代独生子女的居住模式无显著性差异。

表4-7　城市第一代独生子女的居住模式与性别的卡方检验表

居住模式 ＼ 性别	男	女
共同居住	23.96%	21.85%
独立居住	76.04%	78.15%
合计	100%	100%
显著性检验	$\chi^2=0.474$，$df=1$，$p=0.490$	

2）城市第一代独生子女的居住模式与婚育状况的交叉分析

城市第一代独生子女婚育状况是影响其家庭居住模式的重要因素，许多家庭也因此改变了以往的居住模式。包蕾萍等（2005）通过研究已婚生子的第一代独生子女，结果表明，约有一半为代际分开居住，形成新的原子家庭，约有一半是与一方父母共同居住，当然，这一研究所处的时间背景决定了第一代独生子女还未完全进入婚育高峰期。婚后居住方式是个人生活方式的一种具体表达，现通过卡方检验，验证生育子女数是否会影响婚后居住方式的分布。传统的代际居住模式的一个显著变化，是随着第一代独生子女进入婚姻生活，在与独生子女父母共同居住的家庭中，体现了新型的两性平等特征，即"从夫居"与"从妻居"的现象处于一种均衡的状态。为了更好地了解这种生活状态的原因，本书进一步筛选群体，将婚后独生子女分为生育与未生育两种类型，通过列联分析，研究处于两种婚姻状态的独生子女的居住状况。

交叉分析结果显示（见表4-8），在仅考虑城市第一代独生子女生育状况时，在与父母共同居住的独生子女中，27.21%的未生育孩子，21.41%的生育了1个孩子，16.36%的生育了2个孩子，未有生育3个孩子的；在独立居住的独生子女中，72.28%的未生育孩子，78.59%的生育了1个孩子，83.64%的生育了2个孩子，有生育3个孩子的情况。由此可见，独生子女与父母目前多为相互独立的居住方式。城市第一代独生子女的居住模式与生育子女数的卡方检验结果显示（见表4-8），在自由度为5、显著性α为0.05的情况下，概率p值为0.350，大于显著性α，因此应接受原假设，说明生育子女数与城市第一代独生子女的居住模式无显著性差异。

表4-8　　　　　　**城市第一代独生子女的居住模式**

与生育子女数的卡方检验表

生育子女数 居住模式	0个	1个	2个	3个
共同居住	27.21%	21.41%	16.36%	0.00%
独立居住	72.28%	78.59%	83.64%	100.00%
合计	100%	100%	100%	100%
显著性检验	$\chi^2=6.017$，$df=5$，$p=0.350$			

3）城市第一代独生子女的居住模式与受教育程度的交叉分析

交叉分析结果显示（见表4-9），在处于共同居住的城市第一代独生子女中，24.02%的为大专以下，16.97%的为大专，23.26%的为本科及以上；在处于独立居住的独生子女中，75.98%的为大专以下，83.09%的为大专，76.74%的为本科及以上。城市第一代独生子女的居住模式与受教育程度的卡方检验结果显示（见表4-9），在自由度为 2、显著性 α 为 0.05 的情况下，概率 p 值为 0.253，大于显著性 α，因此应接受原假设，说明在不考虑其他因素的前提下，受教育程度与城市第一代独生子女的居住模式无显著性差异。

表 4-9 **城市第一代独生子女的居住模式**

与受教育程度的卡方检验表

受教育程度 居住模式	大专以下	大专	本科及以上
共同居住	24.02%	16.97%	23.26%
独立居住	75.98%	83.09%	76.74%
合计	100%	100%	100%
显著性检验	$\chi^2=2.752$, $df=2$, $p=0.253$		

4）城市第一代独生子女的居住模式与收入水平的交叉分析

经济收入水平对于居家养老模式都起到了积极的正向作用（尚潇滢 2014；宋雅君，2017）。本书在前文对于城市第一代独生子女家庭月收入描述性分析的基础上，将家庭月收入的测量层次进行重新划分，并进一步将居住模式与家庭月收入进行列联分析下的卡方检验。交叉分析结果显示（见表 4-10），收入 6 000 元以下的独生子女中，独立居住的占 68.91%；收入在 6 000~10 000 元的独生子女中，独立居住的占 82.71%；收入在 10 000 元以上的独生子女中，独立居住的占 83.67%。城市第一代独生子女的居住模式与家庭月收入的卡方检验结果显示（见表 4-10），在自由度为 2、显著性 α 为 0.05 的情况下，概率 p 值为 0.000，小于显著性 α，因此应拒绝原假设，说明在不考虑其他因素的前提下，城市第一代独生子女的居住方式与家庭月收入有显著相关性，即收入越高，独立居住的概率越大。

表4-10　　　　　　　城市第一代独生子女的居住模式
与家庭月收入的卡方检验表

家庭月收入 居住模式	6 000元以下	6 000~10 000元	10 000元以上
独立居住	68.91%	82.71%	83.67%
共同居住	31.09%	17.29%	16.33%
合计	100%	100%	100%
显著性检验	χ^2=18.892，df=2，p=0.000		

4.3　城市第一代独生子女家庭代际居住模式的稳定性分析

居住安排能体现家户结构，以及家庭成员之间的固定性联系。快节奏的社会生活加剧了城市第一代独生子女的地域流动，为了更好地描述城市第一代独生子女家庭的代际居住模式的稳定性，现以城市第一代独生子女父母的视角，将居住模式分为短期和长期，将未来5年有改变计划的划定为短期，将未来5年以上有改变计划的划定为长期。

4.3.1　城市第一代独生子女家庭的代际关系与居住模式的交叉分析

通过前文的描述性统计分析，分别从亲代与子代视角出发，对于代际间的居住现状进行阐释，本节将在之前的基础上，以代际间居住现状为切入点，研究第一代独生子女家庭的代际关系。

频数分析结果显示（见表4-11），对于共同居住的城市第一代独生子女家庭，40.31%的家庭由"父母掌握主动权"，31.42%的家庭由"协商决定"，28.27%的家庭由"子女掌握主动权"；对于独立居住的城市第一代独生子女家庭，46.24%的家庭由"子女掌握主动权"，

38.21%的家庭由"协商决定",15.55%的家庭由"父母掌握主动权"。

表4-11　　　　城市第一代独生子女家庭代际居住模式

与主动权的列联表

代际居住模式 ＼ 居住模式主动权	子女掌握主动权	父母掌握主动权	协商决定	合计
共同居住	28.27%	40.31%	31.42%	100%
独立居住	46.24%	15.55%	38.21%	100%

　　在不同居住现状下,进一步从代际关系出发,对代际居住模式与代际关系进行交叉分析。频数分析结果显示(见表4-12),对于共同居住的城市第一代独生子女家庭,34.73%的家庭代际间"有矛盾",31.86%的家庭代际间"无矛盾",33.41%的家庭代际间"略有矛盾";对于独立居住的城市第一代独生子女家庭,32.98%的家庭代际间"有矛盾",33.70%的家庭代际间"无矛盾",33.32%的家庭代际间"略有矛盾"。

表4-12　　　　城市第一代独生子女家庭代际居住模式

与代际关系的列联表

代际居住模式 ＼ 代际关系	有矛盾	无矛盾	略有矛盾	合计
共同居住	34.73%	31.86%	33.41%	100%
独立居住	32.98%	33.70%	33.32%	100%

4.3.2　城市第一代独生子女家庭短期居住模式的稳定性分析

　　描述性统计分析结果显示,被调查的城市第一代独生子女父母中,预计无变化(5年内无变化)的独生子女父母占8.31%,基于照看第三代发生变化的所占比重最大,为27.32%,其次为子女意愿,占21.27%，再次为自身观念及身体状况，分别占17.04%与16.48%（如图4-4所示）。

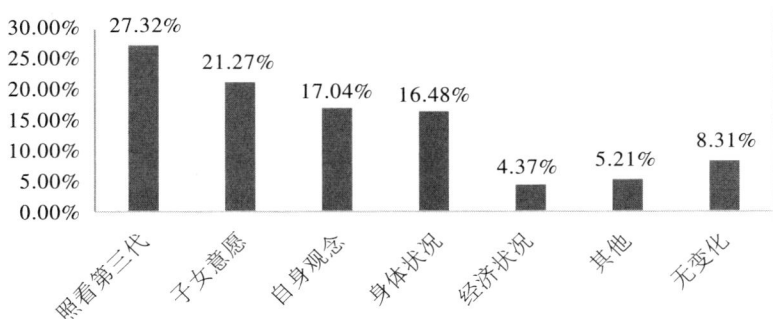

图4-4　城市第一代独生子女父母近5年居住模式变化原因的柱状图

将城市第一代独生子女父母居住模式与近5年变化原因进行交叉分析，结果显示（见表4-13），在独立居住家庭的近5年居住变化原因中，75.37%的父母为"照看第三代"；83.96%的父母为"子女意愿"；86.39%的父母为"自身观念"；87.95%的父母为"身体状况"；77.27%的父母为"经济状况"；65.38%的父母为"其他"；72.94%的父母为"无变化"。在共同居住家庭的近5年居住变化原因中，24.63%的父母为"照看第三代"；16.04%的父母为"子女意愿"；13.61%的父母为"自身观念"；12.05%的父母为"身体状况"；22.73%的父母为"经济状况"；34.62%的父母为"其他"；27.06%的父母为"无变化"。随着第三代年龄的增长，隔代抚育功能弱化，成为代际居住现状发生改变的主要原因。城市第一代独生子女父母居住模式与近5年变化原因的卡方检验结果显示（见表4-13），在自由度为6、显著性 α 为0.05的情况下，概率 p 值为0.004，小于显著性 α，因此应拒绝原假设，说明在不考虑其他因素的前提下，城市第一代独生子女父母居住模式与近5年变化原因有显著相关性。

表4-13 　　　　　　城市第一代独生子女父母居住模式

与近5年变化原因的卡方检验表

居住模式	近5年居住模式变化原因						
	照看第三代	子女意愿	自身观念	身体状况	经济状况	其他	无变化
独立居住	75.37%	83.96%	86.39%	87.95%	77.27%	65.38%	72.94%
共同居住	24.63%	16.04%	13.61%	12.05%	22.73%	34.62%	27.06%
合计	100%	100%	100%	100%	100%	100%	100%
显著性检验	$\chi^2=19.192$，$df=6$，$p=0.004$						

4.3.3 城市第一代独生子女家庭长期居住模式的稳定性分析

描述性统计分析结果显示，预计近10年不会改变居住模式或由于其他原因改变居住模式的占比较小，分别是0.41%和3.08%；随着年龄的增长，考虑到身体状况呈现出的衰弱趋势，36.46%的父母会因为自身或配偶的身体状况选择改变未来的居住模式，其次为照看第三代，占27.88%（如图4-5所示）。

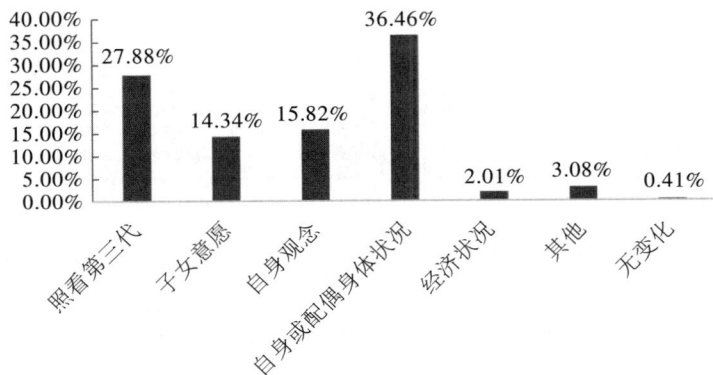

图4-5　城市第一代独生子女父母近10年居住模式变化原因柱状图

将城市第一代独生子女父母居住模式与近10年变化原因进行交叉分析，结果显示（见表4-14），在独立居住家庭的近10年变化原因中，84.48%的父母为"照看第三代"；68.09%的父母为"子女意愿"；75.00%的父母为"自身观念"；88.34%的父母为"身体状况"；80.00%的父母为"经济状况"；58.06%的父母为"其他"；75.00%的父母为"无变化"。在共同居住家庭的近10年变化原因中，15.52%的父母为"照看第三代"；31.91%的父母为"子女意愿"；25.00%的父母为"自身观念"；11.66%的父母为"身体状况"；20.00%的父母原因为"经济状况"；45.16%的父母为"其他"；25.00%的父母为"无变化"。城市第一代独生子女父母居住模式与近10年变化原因的卡方检验结果显示（见表4-14），在自由度为6、显著性 α 为0.05的情况下，概率 p 值为0.000，小于显著性 α，因此应拒绝原假设，说明在不考虑其他因素的前提下，城市第一代独生子女父母居住模式与近10年变化原因有显著相关性。

表4-14　　　　　城市第一代独生子女父母居住模式

与近10年变化原因的卡方检验表

居住模式	未来居住模式变化原因						
	照看第三代	子女意愿	自身观念	身体状况	经济状况	其他	无变化
独立居住	84.48%	68.09%	75.00%	88.34%	80.00%	58.06%	75.00%
共同居住	15.52%	31.91%	25.00%	11.66%	20.00%	45.16%	25.00%
合计	100%	100%	100%	100%	100%	100%	100%
显著性检验	$\chi^2=33.883$，$df=6$，$p=0.000$						

4.4 本章小结

研究城市第一代独生子女家庭代际关系问题，不仅涉及个体生命周期的阶段性特征，也涉及家庭生命周期。生命周期理论有助于剖析独生子女家庭的阶段性特征。由家庭生命周期来看，现阶段城市第一代独生子女父母处于这样的生活状态：孩子离家生活，接纳家庭成员的分离和加入；重新审视二人世界的婚姻系统；在成年子女和父母之间发展出成年人间的关系；调整角色集，接受子女的配偶、孙辈及姻亲的进入；直接面对生理上的衰老，维持自己及伴侣的功能和兴趣，为扮演更核心的一代提供支持，应对配偶、兄弟姐妹的丧失。

本章旨在通过对城市第一代独生子女家庭代际居住现状的具体阐释分析，为后文的探索性研究提供基本的数据支撑。调查结果显示，总的来说，在中国的现实国情下，考虑到目前中国的经济发展水平和人民生活水平，以户籍所在地为主要养老地点，"定居"成为城市第一代独生子女父母居住模式的常态化特征；不管是独立居住还是与子女共同居住，均直观反映了"居家式"养老模式；通过家庭养老与社会化养老功能的有机结合，很好地兼顾了更深层次文化与社会因素，积极地回应了独生子女父母的现实需求，具体来说：

第一，从住房现状来看，35%的城市第一代独生子女父母住房面积为71～90平方米，仅2%的独生子女父母无住房；28.3%的子女住房面积为91～110平方米，而4.2%的子女无住房。

第二，从代际双重视角考察城市第一代独生子女家庭居住模式。首先，从城市第一代独生子女父母居住现状来看，"独立居住"的约占82.2%，"与子女同住"的约占16.3%。1.1%的独生子女父母与其父母居住，便于承担养老责任。其次，从城市第一代独生子女居住现状来看，"独立居住"的约占 79.1%，与父母"共同居住"的约占20.9%。进一步的交叉分析结果显示，家庭月收入与城市第一代独生子女的居住现状显著相关，家庭月收入越高，越倾向于独立居住。

第三，对城市第一代独生子女家庭代际关系的研究表明，从居住主动权来看，"共同居住"的家庭中"父母掌握主动权"的比重最大，为 40.31%；"独立居住"的家庭中"子女掌握主动权"的比重最大，为 46.24%。从代际关系来看，不管是"共同居住"还是"独立居住"，"有矛盾""无矛盾""略有矛盾"的家庭所占比重较为接近。

第四，以时间为划分标准，对影响代际居住模式稳定性的因素展开的研究表明，从短期来看（近5年），代际居住模式与居住模式变化原因显著相关，其中"照看第三代"这一因素所占比重较大，成为影响短期代际居住模式的重要动因；从长期来看（近10年），代际居住模式与居住模式变化原因显著相关，其中"自身或配偶身体状况"与"照看第三代"这两个原因所占比重较大，成为影响长期代际居住模式的重要因素。

5

城市第一代独生子女家庭的代际居住意愿现状

5.1 城市第一代独生子女父母的居住意愿现状

居住意愿是独生子女父母对于未来养老生活中居住模式的期望，而居住意愿的最优选择是多种因素交叉影响的结果，可被理解为一种居住的"偏好"，是独生子女父母在进入老年阶段、展开养老生活之前，一种建立在自身主观意愿倾向之上的选择。居住意愿的调试和满足是提高独生子女父母养老生活质量、保障养老需求的重要前提，也是独生子女父母养老精神诉求的现实基础。

本书中城市第一代独生子女家庭的居住意愿主要体现为，当独生子女步入婚育期后，其原生家庭中代际之间对于居住模式选择的主观意愿，包括子代与亲代各自对居住模式的要求和期望，代际之间居住模式的差异性方面也是居住意愿的重要体现。鉴于此，本书针对城市第一代独生子女家庭的居住意愿，从独生子女家庭中父母与子女双重视角展开，关注个人在居住中主观意愿的两个维度，即"在哪居住"与"和谁一起居住"。

5.1.1 城市第一代独生子女父母居住意愿的总体状况

调查结果显示，首先，目前城市第一代独生子女父母倾向于独立/与配偶居住的约占75.4%，而愿意与子女共同居住的独生子女父母仅占23.1%。由此可见，城市第一代独生子女父母无论是居住现状还是居住意愿，多倾向于独立居住。其次，有小部分独生子女父母选择与自己的父母或与配偶父母居住，虽然仅占总体的0.2%，但这表明独生子女父母仍承担着养老责任，更加剧了独生子女父母养老的现实困境。此外，基于经济因素或受传统观念影响，仅有1.3%独生子女父母具有在养老院居住的养老意愿（见表5-1）。

表5-1　　城市第一代独生子女父母居住意愿的统计分布表

父母的居住意愿	百分比
独立/与配偶居住	75.4
与子女居住	23.1
与父母居住	0.2
在养老院居住	1.3
合计	100

当前的城市第一代独生子女父母多属于"低龄"老人，导致独生子女父母多选择独立居住的因素可以试图从客观、主观两个方面进行解释。一方面，从客观因素角度来看，大多数独生子女父母仍然比较健康且有社会保险作为经济支撑；另一方面，从独生子女父母的心理状况（主观因素）角度来看，许多独生子女父母是为了避免与子女共同居住所产生的矛盾且希望拥有各自的独立空间。因此，独立/与配偶居住便成为独生子女家庭父母未来养老生活的主要居住模式。随着生活水平的提高及现实的需要，去养老院成为独生子女父母日后养老的备选方案，但是由于养老院的花费较高，此方案受到独生子女父母及其子女的经济状况的限制。还有一部分独生子女父母受到传统观念的影响，对于去养老院这一养老模式有一定的忌讳和抗拒。因此，只有很小部分的独生子女父母的养老意愿是去养老院。

5.1.2　城市第一代独生子女父母的居住意愿与社会人口特征的交叉分析

1）城市第一代独生子女父母的居住意愿与年龄的交叉分析

描述性统计分析结果显示，独立居住的城市第一代独生子女父母的平均年龄是59.11岁，共同居住的城市第一代独生子女父母的平均年龄是61.84岁。单因素方差分析结果显示（见表5-2），在自由度为29、显著性 α 为0.05的情况下， F 值等于1.823，对应的概率 p 值为0.060，大于显著性 α ，因此应接受原假设，说明在不考虑其他因素的前提下，城市第一代独生子女父母居住意愿与年龄没有显著性差异。

表5-2　　　　城市第一代独生子女父母居住意愿
与年龄的单因素方差分析表

居住意愿	样本量（个）	平均年龄（岁）	年龄极值（岁）	
			最大值	最小值
独立居住	1 011	59.11	78.00	42.00
共同居住	305	61.84	81.00	52.00
显著性检验	F=1.823, df=29, p=0.060			

2）城市第一代独生子女父母的居住意愿与身体状况的交叉分析

由于城市第一代独生子女父母的身体状况与其养老需求和居住需求具有紧密关联，因此需要考察不同健康状态下独生子女父母的居住意愿。一般而言，当父母身体状况不佳时，尽管目前处于独立居住状态，但大都渴望子女近身照料或共同居住。

交叉分析结果显示（见表5-3），在身体状况健康的独生子女父母中，具有独立居住意愿的占总体样本的76.91%，具有共同居住意愿的占总体样本的23.09%；在身体状况较差的独生子女父母中，具有独立居住意愿的占总体样本的18.29%，具有共同居住意愿的占总体样本的81.71%。在仅考虑身体状况因素下，身体健康的独生子女父母较多具有独立居住的意愿，而身体状况较差的父母较多具有共同居住意愿。城市第一代独生子女父母居住意愿与身体状况的卡方检验结果显示（见表5-3），在自由度为1、显著性 α 为0.05的情况下，概

率 p 值为0.038，小于显著性 α，因此应拒绝原假设，说明在不考虑其他因素的前提下，身体状况与居住意愿显著相关，不同身体状况下的城市第一代独生子女父母居住意愿具有不一致性。

表5-3　　　　城市第一代独生子女父母居住意愿
与身体状况的卡方检验表

身体状况 父母居住意愿现状	健康（0）	较差（1）
共同居住（1）	23.09%	81.71%
独立居住（0）	76.91%	18.29%
合计	100%	100%
显著性检验	$\chi^2=1.05$，$df=1$，$p=0.038$	

3）城市第一代独生子女父母的居住意愿与受教育程度的交叉分析

交叉分析结果显示（见表5-4），在仅考虑受教育程度因素时，当受教育程度在大专以下时，独生子父母具有独立居住意愿的占总体样本的68.52%，具有共同居住意愿的占总体样本的78.37%；当受教育程度为大专时，独生子父母具有独立居住意愿的占总体样本的17.53%，具有共同居住意愿的占总体样本的10.82%；当受教育程度为本科及以上时，独生子父母具有独立居住意愿的占总体样本的13.95%，具有共同居住意愿的占总体样本的10.81%。在仅考虑受教育程度因素下，独生子女父母较多具有独立居住的意愿，但在具有共同居住意愿的父母中，当受教育程度相对较低时父母的共同居住意愿较强。城市第一代独生子女父母居住意愿与受教育程度的卡方检验结果显示（见表5-4），在自由度为2、显著性 α 为0.05的情况下，概率 p 值为0.09，大于显著性 α，因此应接受原假设，说明在不考虑其他因素的前提下，受教育程度与居住意愿无显著性差异，不同受教育程度下的城市第一代独生子女父母居住意愿具有一致性。

表5-4　　　　城市第一代独生子女父母居住意愿
与受教育程度的卡方检验表

受教育程度＼居住意愿	独立居住（0）	共同居住（1）
大专以下	68.52%	78.37%
大专	17.53%	10.82%
本科及以上	13.95%	10.81%
合计	100.00%	100.00%
显著性检验	$\chi^2=1.05$，$df=2$，$p=0.09$	

5.2　城市第一代独生子女的居住意愿现状

5.2.1　城市第一代独生子女的居住意愿总体状况

城市第一代独生子女居住意愿的统计分布见表5-5。调查发现，城市第一代独生子女的居住意愿主要分为独立居住、与配偶居住、与自己父母居住、与配偶父母居住4类。首先，在独生子女的居住意愿中，73.6%倾向于与父母分开居住，即选择独立居住或与配偶居住；其次，有与父母共同居住意愿的占比较小，大约23.6%的独生子女选择与自己父母共同居住；最后，有2.8%的独生子女有与配偶的父母共同居住的意愿，且以男性居多。

城市第一代独生子女的居住意愿显示，很大一部分独生子女选择独立居住或者与配偶居住，表明大多数独生子女更愿意选择与自己的

表 5-5　　　　　城市第一代独生子女居住意愿的统计分布表

子女的居住意愿	百分比
独立/与配偶居住	73.6
与自己父母共同居住	23.6
与配偶父母共同居住	2.8
合计	100

父母分开居住。多数独生子女已经组建自己的小家庭，选择离开自己的原生家庭既有客观原因也有主观原因。一方面，经济压力，抚育下一代的重担等现实要求决定很多独生子女不能兼顾父母与自己的小家庭。另一方面，第一代独生子女大多受过良好的教育，受西方自由主义的熏陶，传统的家庭观念受到极大冲击。独生子女更加关注隐私性，且关注焦点及资源更倾向于流向下一代，这在一定程度上避免了因为共同居住所导致的代际冲突。因此，绝大多数被调查的独生子女的居住意愿为独立居住或者与配偶居住。随着经济的发展及生活水平的提高，基于现实需要和父母情感交流等原因，有部分独生子女的居住意愿是选择与自己父母或配偶父母共同居住。

5.2.2　城市第一代独生子女的居住意愿与社会人口特征的交叉分析

1）城市第一代独生子女的居住意愿与性别的交叉分析

20世纪之前，法律并没有规定女性对于父母的赡养义务。在男权社会背景下，女性处于从属地位，缺乏在法律和家庭中的"独立"人格，由于缺乏在原生家庭中的财产继承权，相对地也无须承担对于父母的赡养责任。自20世纪初期，女性主义思潮的兴起催化了社会文化的变迁，法律开始对于女儿在赡养老人中的责任进行规定。比如，在清末编纂成的《大清民律草案》中，第134条明确指出，直系宗亲的兄弟姐妹对于老人具有赡养义务，对于妻子的父母，女婿也具有赡养义务，即女子在出嫁之后，对于父母依然具有赡养的责任。尽管这一法律基于特殊的历史原因没有得到有效实施，但是这种基于法律控制的家庭责任明晰化，在一定意义上可作为女儿在原生家庭中的一种价值体现。

描述性统计分析结果显示，被调查的城市第一代独生子女中，男性与女性分别占总体的47.66%和57.34%。随着成年后的独生子女社会流动的加剧，为更好地了解文化变迁对于代际居住意愿的影响，现对子女的居住意愿与性别进行列联分析下的卡方检验。交叉分析结果显示（见表5-6），当独生子女的性别为男时，选择独立居住的占72.78%，选择共同居住的占27.22%；当独生子女的性别为女时，选择独立居住的占71.60%，选择共同居住的占28.40%。城市第一代独生子女居住意愿与性别的卡方检验结果显示（见表5-6），当自由度为1、显著性 α 为0.05的情况下，概率 p 值为0.720，大于显著性 α，因此应接受原假设，说明在不考虑其他因素的情况下，城市第一代独生子女的居住意愿与性别没有显著相关性。

表5-6　　城市第一代独生子女居住意愿与性别的卡方检验表

子女居住意愿 ＼ 性别	男	女
共同居住	27.22%	28.40%
独立居住	72.78%	71.60%
合　计	100%	100%
显著性检验	$\chi^2=0.128$，$df=1$，$p=0.720$	

2）城市第一代独生子女的居住意愿与生育状况的交叉分析

为更好地了解城市第一代独生子女的居住意愿与生育状况的相关

性，现对城市第一代独生子女的居住意愿与生育子女数进行列联分析下的卡方检验。交叉分析结果显示（见表5-7），没有孩子的独生子女中，选择独立居住的占78.66%，选择共同居住的占21.34%；拥有一个孩子的独生子女中，选择独立居住的占69.41%，选择共同居住的占30.59%。城市第一代独生子女居住意愿与生育子女数的卡方检验结果显示（见表5-7），在自由度为5、显著性α为0.05的情况下，概率p值为0.085，大于显著性α，因此应接受原假设，说明在不考虑其他因素的情况下，城市第一代独生子女的居住意愿与生育子女数没有显著相关性。

表5-7 城市第一代独生子女居住意愿与生育子女数的卡方检验表

生育子女数 子女居住意愿	0个	1个	2个	3个
共同居住	21.34%	30.59%	29.58%	50.00%
独立居住	78.66%	69.41%	70.42%	50.00%
合 计	100%	100%	100%	100%
显著性检验	χ^2=9.669，df=5，p=0.085			

3）城市第一代独生子女的居住意愿与受教育程度的交叉分析

现对城市第一代独生子女的居住意愿与受教育程度进行列联分析下的卡方检验。交叉分析结果显示（见表5-8），受教育程度为大专以下的独生子女中，选择独立居住的占69.23%，选择共同居住的占30.77%；受教育程度为大专的独生子女中，选择独立居住的占78.00%，选择共同居住的占22.06%；受教育程度为本科及以上的独生子女中，选择独立居住的占80.83%，选择共同居住的占19.17%。城市第一代独生子女居住意愿与受教育状况的卡方检验结果显示（见表5-8），当自由度为2、显著性α为0.05的情况下，概率p值为

0.019，小于显著性α，因此应拒绝原假设，说明在不考虑其他因素的情况下，城市第一代独生子女的居住意愿与受教育程度呈现显著相关性。

表5-8　　　　　城市第一代独生子女的居住意愿
与受教育程度的卡方检验表

受教育程度 子女居住意愿	大专以下	大专	本科及以上
共同居住	30.77%	22.00%	19.17%
独立居住	69.23%	78.00%	80.83%
合　计	100%	100%	100%
显著性检验	χ^2=7.937，df=2，p=0.019		

5.3　本章小结

本章旨在通过独生子女家庭中父母与子女的双重视角对代际居住意愿展开研究，为后文的探索性研究提供基本的数据支撑。

首先，中华民族特定的文化在社会变迁中深刻影响着城市第一代独生子女父母的居住意愿。描述性统计分析结果显示，城市第一代独生子女父母中独立居住意愿所占比重最大，占总体的75.4%。此外，列联分析下的卡方检验显示，城市第一代独生子女父母的身体状况与居住意愿显著相关，说明城市第一代独生子女父母的居住意愿既有主观意愿，又有现实考量。总之，在少子化的前提下，城市第一代独生子女父母正逐步调整自己的养老需求，以"不拖累或尽量不拖累子女"为最主要的宗旨，以夫妻之间的相互扶持作为现阶段养老支撑，愿意选择更为独立、理性的居住模式。

其次，高等教育的普及加剧了社会流动，通过为城市第一代独生子女提供有力的人力资本储备，催化了独生子女的异地求学、异地工作、异地定居的趋势。描述性统计分析结果显示，城市第一代独生子女中呈现独立居住意愿的所占比重最大，为73.6%。此外，列联分析下的卡方检验结果显示，城市第一代独生子女的受教育程度与居住意愿呈现显著相关性，即受教育程度越高，城市第一代独生子女的独立居住意愿越显著。

6

影响城市第一代独生子女家庭代际居住意愿的因素分析

任何研究的设计，如果从所谓的"全体"出发，绝非触手可及，而基于一定理论的探索性研究模式，一定离不开个案研究作为起点。在本章，个案研究通过描述环节进行呈现，通过"陈述式"的方式呈现社会要素的相互作用过程，并在相关理论的基础上揭示社会问题的结构特征。

6.1　个案阐释与研究思路

在中国社会中，代沟现象随着人们自我意识的觉醒而逐步受到关注，但代际之间仍然保持着适度的良性沟通。玛格丽特·米德通过独创的"三喻文化理论"，以代际间文化的传递与发展变化趋势，从文化传承角度系统阐释了代际冲突。费孝通利用"世代之间的隔膜"这一概念形容亲子关系之间难以契合所产生的冲突。周怡（1994）认为，代沟是由于时代和环境条件的急剧变化、基本社会化的进程发生中断或模式发生转型，而导致不同代之间在社会的拥有方面以及价值观念、行为取向的选择方面所出现的差异、隔阂及冲突的社会现象。刘少蕾（1996）认为，两代人基于不同的社会现状与社会化活动，更为关键的是两代人在社会中扮演不同社会角色，因此在意识形态、价值观念、行为模式上等存在的明显不同便形成了代沟。

居住意愿是代际关系的主观体现。在已有研究中，学者们多数从老年人视角展开量化研究，强调居住意愿是亲代在生活方式上的一种自我保护，老年人的生活自理能力、婚姻状况、文化水平均对老年人的居住意愿产生不同程度的影响（张丽萍，2012；李斌，2010）。此外，亲代的居住模式还受子女数量、性别等人口特征以及经济收入、住房等经济条件、社会规范的影响（焦开山，2013）。然而随着经济和社会的发展，以及生活观念的现代化转型，以城市第一代独生子女家庭为代表，在代际居住意愿上折射出代际关系的新特征，体现处于特定生命周期的两代人的一种现实需求。鉴于此，本章以代沟关系理论为基础，从城市第一代独生家庭"两代人"的双重视角出发讨论代际居住意愿显得尤为重要。

城市第一代独生子女家庭的居住意愿由子女和父母共同组成。本章为更好地展现两代人居住意愿的具体特点，将以"户"为单位，对城市第一代独生子女及其父母展开关于居住意愿的深度访谈，然后通过文本资料梳理对城市第一代独生子女家庭的居住意愿进行立体呈现，为下文的探索性研究提供思路框架。

1）城市第一代独生子女居住意愿的个案阐释

本部分选取9个典型个案（其中，男性5位，女性4位），针对城市第一代独生子女的居住意愿展开深度访谈，以凸显城市第一代独生子女居住意愿的典型特征：从被访者婚姻状况来看，6位已婚，3位未婚；从其家庭生育状况来看，4位已生育，5位未生育；从受教育程度来看，7位是本科，1位是大专，1位是研究生在读；从收入水平来看，本科的收入水平处于4 000~9 000元之间，研究生在读的收入水平较低，大专的收入水平在3 000~4 000元之间（见表6-1）。

表6-1　　　城市第一代独生子女居住意愿个案基本状况表

社会人口特征 被访者	性别	婚姻状况	生育状况	收入水平（元）	受教育程度
个案1-001	男	未婚	未生育	6 000~8 000	本科
个案1-006	女	已婚	已生育	4 000~6 000	本科
个案1-008	男	已婚	已生育	7 000~8 000	本科
个案1-009	男	未婚	未生育	6 000~8 000	本科

社会人口特征被访者	性别	婚姻状况	生育状况	收入水平（元）	受教育程度
个案 1-010	女	已婚	已生育	1 000 ～ 2 000	研究生在读
个案 1-013	女	未婚	未生育	4 000 ～ 5 000	本科
个案 2-002	男	已婚	未生育	6 000 ～ 9 000	本科
个案 2-005	男	已婚	已生育	4 000 ～ 5 000	本科
个案 2-006	女	已婚	未生育	3 000 ～ 4 000	大专

通过文本梳理，本部分以城市第一代独生子女视角展开，围绕"作为子女你与父母的居住意愿是什么？"这一议题，对家庭代际居住意愿的基本情况及原因展开阐释。

个案 1-001

我跟父母是分开居住的，算是独立居住吧。对于他们以后的养老生活，到底怎么住目前父母还没有态度。我的父母身体状态还不错，作息生活也很规律，如果为了照顾他们住到一起，反而影响了他们的作息时间，可能还要他们反过来照顾我的生活，这样就不是为了养老了。我的工作也比较忙，和父母住在一起也不能照顾他们，见面在一起吃饭的时间也比较少。父母工作了大半辈子，也应该过些悠闲的老年生活了，老人也需要私人空间，独立居住让他们感到自由，也清闲许多，算是退休之后的一种放松吧。

个案 1-006

无论是和父母共同居住还是独立居住我都可以接受。目前我与父母是分开住的，我和我爱人带着孩子住在一起。之前孩子小的时候，公公婆婆过来帮我带了一段时间，现在孩子上幼儿园了，我们的生活也基本恢复正常了。我的父母现在还在工作，周六日偶尔能帮我带带孩子或者我们把孩子送到姥姥家，我的父母很少来我家里，对我的要求也比较少，给我很大的空间让我工作照顾我的小家，并且我的母亲的观念还是比较传统的，认为女儿就应该多和婆婆往来，也是怕我夹在两方家长间难做。父母需要工作再照顾我的家，很忙很累，但和我的父母在一起，我觉得很放松。所以和父母一起住还是单独住我都是可以接受的。

个案1-008

我选择和父母分开居住。作为一个成熟的男人，我已经成家立业了，有了自己的小家庭，一方面，我需要更多的独立空间，需要花更多的时间在我自己的小家里；另一方面，我爱人很反对与我的父母住在一起，她觉得和老人住在一起难免会为一些鸡毛蒜皮的小事吵架，离得远的话则能避免这些事情的发生。另外，在孩子的教育上，"隔代亲"会导致父母对于孩子溺爱，他们在教育上的理念已经不适合时代的发展。还有就是父母忙碌了大半辈子，也应该享受"二人时光"了，出去旅游都是不错的选择。因此，我不选择和父母共同居住。

个案1-009

我现在是和父母分开居住。我刚毕业工作不久，工作地点是离家比较近的邻市。之所以选择这座城市，一方面是因为经济发达，就业机会多、工资高，另一方面就是因为离家近，乘坐高铁只需半个小时左右，开车也只需2个小时左右，方便周末回家照顾父母。毕竟现在父母年纪大了，我也考虑以后他们养老的事，但是为了自己的发展前途，我还是想在这座城市扎根。虽然父母特别想让我回家工作，我还是想在这里生活，为此我和父母发生了好几次争吵，觉得他们不理解我。对此，我十分委屈。我选择独居，还有一个原因是我想摆脱父母的控制，从小到大都是父母说了算，我想在一座新的城市拥有一个自己的小家。

个案1-010

我现在跟父母是分开住的，我也比较倾向于独立居住。我现在面临毕业，所以还是顾眼前的事情，孩子是我的父母在帮着带，我每天的生活主要就是准备毕业论文，这件事情对我的压力很大。刚开始的时候，父母曾尝试跟我一起生活一段时间，但是我的作息时间和他们不同，我都是晚睡，他们也很担心，我和我爱人两个人带孩子可能也有疏忽，所以父母总是生气。后来父母干脆就带着孩子回自己家了，我周末或者有时间就去陪陪孩子和父母。这样也很好，老人的生活也有内容了，我也有效率了，我爱人的负担也轻了许多。父母退休早，身体挺好的，我还没有考虑过他们养老这件事，如果有需要了，我一定会照顾他们。但是，我更倾向于各过各的。

个案1-013

独立居住还是共同居住我都可以接受。我现在跟父母虽然在一个城市，但是是独立居住的，并且住得比较远。因为如果住在家里的话，上班坐地铁可能得需要1～2个小时，所以自己就搬出来住在单位附近了。父母对此还是比较赞同的，尤其是妈妈，她说现在我毕竟是刚刚步入社会，别因为距离，到时候上班总迟到就不好了，而且她不想让我吃太多的苦，所以比较鼓励我单独住。我个人认为，如果不是因为工作的原因，和父母住在一起完全可以接受。我的作息时间很规律，也没有什么恶习，和父母的生活习惯能够融合；目前我还没有结婚，母亲退休了，可以有时间陪陪父母。

个案2-002

我跟父母目前是共同居住，我们刚刚结婚，经济能力也有限，而且父亲的健康状况不太好，需要人照顾。妈妈年纪也不小了，如果他们两个互相依靠，日子就会过得非常简陋。我结婚的时候，为买房子父母出了不少钱，住过来的话我对象也没有什么不高兴，当然我照顾父母多一些，家务什么的我对象做，这样我们之间的生活也没有影响。目前我是想一直跟父母生活，照顾他们方便一些。将来有了孩子，家里就会更热闹了，我觉得我爸妈是愿意和我们一家三口一起享受天伦之乐的。

个案2-005

我和父母选择共同居住，我挺感激父母愿意和我们住在一起的，毕竟他们年纪大了，身体并不是太好，本来可以拿着退休金安度晚年，但因为今年我妻子生了小孩，为了照顾我们的生活，他们主动要求过来陪我们。父母一大部分的退休金都花在我们身上了，也多亏了父母给我们经济上的补贴，我们的生活水平才没有因为一个小生命的降临而下降。另外，父母还帮着带孩子，照顾我妻子的身体，一天到晚变着花样给我们做饭。要不是有父母的照顾，真不知道这日子会不会一团糟呢。

个案2-006

我们的居住意愿为共同居住。说实话，和我父母住在一起，实在是现实所迫。我父母身体都不太好，爸爸有哮喘病，妈妈患有严重的糖尿病，已经瘫痪在床2年多了。我父母就我这么一个女儿，因此照顾老人的重担就落在我身上了，好在我工作比较清闲，时间也比较多，有时间、有精力照顾父母，现在我们靠着爸妈的退休金维持着他们的日常花销和基本的医药费用，日子过得紧紧巴巴。

2）城市第一代独生子女父母居住意愿的个案阐释

本部分是针对9个典型个案，城市第一代独生子女父母的居住意愿展开深度访谈，以凸显城市第一代独生子女父母居住意愿的典型特征。选取个案中，男性3位、女性6位；9位均已婚；9位身体状况均为健康；从工作状况来看，7位退休、2位在工作；从收入水平来看，退休的独生子女父母的退休金在"3000~4000元"之间，工作的工资要高一些；从受教育程度来看，大专是3位，中专是5位，高中是1位（见表6-2）。

表6-2　　城市第一代独生子女父母居住意愿个案基本状况表

社会人口特征 被访者	性别	婚姻状况	身体状况	工作状况	收入水平（元）	受教育程度
个案1-001	男	已婚	健康	退休	3 000～4 000	大专
个案1-002	女	已婚	健康	退休	3 000～4 000	中专
个案1-004	男	已婚	健康	退休	3 000～4 000	中专
个案1-006	女	已婚	健康	工作	4 000～5 000	大专
个案1-007	女	已婚	健康	退休	3 000～4 000	中专
个案1-010	男	已婚	健康	退休	3 000～4 000	中专
个案2-001	女	已婚	健康	退休	3 000～4 000	大专
个案2-004	女	已婚	健康	退休	3 000～4 000	中专
个案2-007	女	已婚	健康	个体	7 000～9 000	高中

本部分以城市第一代独生子女父母视角展开，围绕"您的养老居住意愿是什么？"这一议题，对代际居住意愿的基本情况及原因展开阐释。

个案1-001

和孩子分开住、共同住都是愿意的，目前是分开住。我和老伴现在还年轻，刚刚退休，身体都不错，可以照顾自己，单独住可以多出去走走，享受一下生活；现在年轻人工作压力大，工作也比较忙，基本没有时间回家吃饭，去孩子家住也是老两口在家，除了做饭对孩子帮助也不大，况且生活习惯不一样，在一起住难免磕磕碰碰引起摩擦，与其不愉快还不如分开住，所以独立居住也是可以的。虽然我们嘴上说过自己的生活，要自由，不想去孩子身边，但孩子毕竟是孩子，如果有需要比如结婚、看孩子，我们也愿意共同居住。

个案1-002

我和老伴想与儿子生活在一起，家里就这么一个儿子，很希望他在跟前。我和老伴身体不错，也不需要他照顾做什么，就想着一家人坐在一起说说话、看看电视，其乐融融地度过老年生活，享受一下儿孙满堂的欢乐。但是儿子工作忙，结婚之前自己住在单位旁边，结婚之后还是各过各过的，小两口单独生活。节假日偶尔回来看看，生活上的事也不用我们管，主要都是儿媳妇在管。这也可以理解，毕竟孩子还年轻，在拼事业，我们过去住可能会不大方便。

个案1-004

我更倾向于独立居住在老家生活。我们目前在老家住，没有跟孩子一起生活。我老伴很想跟儿子一起住，帮他打扫打扫屋子、洗洗衣服什么的，可是我觉得，都侍候儿子那么大了，该让他自己好好生活了，她总是不放心孩子，但是儿子三十多岁的人了，马上要结婚了，该学着照顾自己还有老婆了。我觉得现在这样独立居住挺好，爷俩打个电话还觉得挺好的。我在老家住惯了，还有朋友，有地方去，现在也没什么大毛病，旁边就是社区医院，虽然孩子总说条件差，但是头疼脑热什么的都能看，很方便的。我自己是不想在一起住的，连去大城市我也不想，如果能选我就在老家养老了。

个案1-006

虽然和女儿生活在一个城市，但是我更希望独立居住。选择独立居住主要是考虑到她结婚了，又有婆家又有工作，还要照顾自己的孩子，我们就不在她身边给她添负担了。平时周末她能来，也算是一种放松了，在这里不用做饭、不用洗衣服，换个环境还能减减压。我和我爱人也比较享受现在的生活，我们两个人都上班，平时不忙，早八晚五也挺规律的，所以也没有那么需要女儿在我们身边，有时候生病了，她也能回来照顾我们，还是女儿比较贴心，我之前病得重了，她就自己住过来照顾我，这样也好，不耽误女婿和孩子的生活，我觉得这种独居方式住着更适合我们家，婆家娘家都开心。

个案1-007

虽然说现在跟儿子是分开住的，但这是没办法的选择。其实我还是想和儿子住到一起，这样我还能照看孙子。现在孙子大了，上学我还能接送一下，做做饭什么的，孙子跟着他们饮食不规律，对孙子也不好。但是，住在一起儿子整天说没法交流，发生了很多不愉快。我们老两口挺迷糊的，生活习惯也不一样，有时候真是不方便，所以说，分开住就能少点儿事。我是不想分开住的，如果有可能，还是想和儿子住一起。我们老两口从老家来这里，除了儿子这边，就没什么亲人了，没想到来城市了还是"空巢"。

个案1-010

我更喜欢独立居住。分开住各有各的好，距离产生美，现在我们就是分开住的，这样她的负担也轻一些，我们也有事情做，挺好的。别看我们不住一起，但是没耽误我们照看外孙，女儿经常把外孙送到我们这来。我老伴照顾孩子很在行，孩子无论是跟妈妈爸爸还是跟我们，感情都很好。我们身体还行，有些毛病也都很多年了，一直不好不坏的，和老伴互相照顾吧。我们和孩子住一起，女儿还好，女婿多少还有点不自在，特别是晚上应酬回来晚，他总觉得影响我们老人，我们岁数大了，就是睡得轻。

个案2-001

我们很乐意和女儿住在一起，一直在一起生活，所以没有觉得什么不方便或者不习惯，而且现在外孙还小，不能离开人照顾，我和老伴每天的生活就是白天以看外孙为主。看孩子虽然也挺累，但是能常常活动，也有人说话，退休的生活比以前上班还要充实。我跟女儿、女婿都能相处得很好，也没有什么矛盾，住在一起这件事大家都很开心。

个案2-004

目前是和孩子共同居住的，孩子还没有结婚，生活上还需要我们老两口。别看她一天到晚雷厉风行的，其实还是个小孩子呢。既然孩子有需求，我们老两口就尽最大可能满足她的愿望。我们平时也就是给她做做饭、洗洗衣服，也不干太多的活，闲下来就看看电视，去公园遛遛弯，和别的老头、老太太聊聊天。而且和自己的孩子住在一起，双方交流更加密切了，我们都感觉不是那么孤单，其实共同居住挺好的。

个案2-007

我很喜欢和孩子共同居住，虽然和孩子住在一起会有点摩擦，但大多数时候都能一笑了之。我们年纪大了，孩子在身边也给了我们精神上的寄托，比大多数父母不在身边没有说知心话的老人强太多了。我们现在还有劳动能力，平时工作不忙的时候，我和孩子他爸都会给他们打扫打扫卫生、洗洗衣服，还能活络筋骨，就当是一种锻炼身体吧。等以后有了小孙子，我们也能帮帮忙照料一下。总之，和孩子住一起，对我们和孩子都是很有益的。

综上，在社会化转型过程中，社会流动的广泛性促进了文化的多元发展，在变迁与形成过程中对个体与群体的行动造成了一定的影响。这种影响经由量变到质变，从而打破了传统社会中两性的家庭地位与社会价值，淡化了性别的社会属性，并通过不断养成的社会习俗对人们形成新的约制。通过开放式问题的深度访谈与内容梳理，城市第一代独生子女父母在居住意愿上呈现出"与子女共同居住"、"独立居住"以及"两者均可"的居住意愿，在印证世代"隔膜"存在的基础上，体现出不同个体的微观特征及家庭的中观属性。

鉴于此，下文将以"代沟理论"为基础，从代际视角出发，通过建立分类决策树，细致刻画不同居住意愿群体的社会人口特征，以期探究城市第一代独生子女家庭的代际观念的多元差异，明晰影响城市第一代独生子女家庭代际居住意愿选择的主要因素。

6.2 分类决策树模型的确定

明确数据挖掘过程中各主要步骤的目标，成为搭建本书量化分析模型的重要基础。影响因素分析多采用传统的统计模型进行（如一般线性模型、广义线性模型等），此类回归模型需要满足较为严格的分布假设条件，且对于回归过程难以实现细致刻画，基于所用的指标体系不同，得到的结论也难以达成广泛一致性。而分类决策树模型无须严格的分布假设要求，也无须设置研究的假设，在一定程度上可以实现更为深度性的探索。具体来说，以 R 统计分析软件为主要工具，通过合适的分类算法展开决策树分析，建立不同居住意愿独生子女家庭中子女与父母的分类模型，并通过评估预测模型的准确性。下文将根据城市第一代独生子女家庭中子女与父母的社会人口特征，采用决策树分析中典型的分类树问题研究方法，全面解析具有不同特征的两代间在居住意愿上的差异性。

一方面，鉴于被调查独生子女父母"居家式"养老意愿的普遍性，下文不拘泥于传统的研究假设，而是在建立决策树过程中将具有"居家式"养老意愿的独生子女父母筛选出来，将独生子女父母的居住意愿分为独立居住与共同居住，利用决策树算法阐释养老居住意愿的决定过程，刻画具有独立居住意愿和共同居住意愿的独生子女父母的群体特征，辨析影响城市第一代独生子女父母居住意愿的主要因素；另一方面，从独生子女角度出发，利用分类决策树分析方法细致刻画不同居住意愿下城市第一代独生子女的群体特征，辨析影响城市第一代独生子女代际居住意愿的重要因素。

6.3 影响城市第一代独生子女父母居住意愿的因素分析

6.3.1 数据的预处理

在数据预处理阶段，主要做了两项工作：一是对文本资料进行清洗。运用 R 语言中的正则表达式，对所需字段通过查找与替换进行数据清洗，去掉无效噪声数据。二是对变量的分类。具体来说，为了解不同居住现状独生子女父母所具有的社会人口特征，确定分类决策树模型的筛选标准，采用 R 语言中的 gsub 函数对字段中每个元素进行搜索，并替换掉数据中所有匹配的字段，将诸多变量进行归类，以此作为分类树研究的基础，进而生成一列新字段，作为分类决策树模型的输出变量。

为考查城市第一代独生子女父母不同居住意愿的群体特征，运用 gsub 函数将被访独生子女父母的社会人口特征变量进行归类。例如，问卷设计中将婚姻状况分为"丧偶""已婚""非婚同居""离婚""其他"5 种类型，将"丧偶""离婚"归为"无配偶"，将"已婚""非婚同居"归为"有配偶"；将"单独居住""与配偶同住""养老院居住""与父母同住"归为"独立居住"，将"与子女同住"定义为"共同居住"，其中"与父母同住"表示独生子女父母与其原生家庭父母共同居住；将被访者自身身体状况"良好"定义为"身体健康"，将

"有慢性疾病""生活不能完全自理""卧床"等归为"身体不健康";将被访者主要收入来源中"工资性收入""经营性收入""积蓄"归为"有工资",将"配偶支持""子女帮助"与"无收入"归为"无工资"。

6.3.2 输入与输出变量的选择

本部分主要考查在赡养资源减少、两代间价值观念出现差异性的前提下,具有不同社会人口特征的城市第一代独生子女父母的居住意愿。因此,本书构建了一个用于分析独立居住意愿的分类决策树(以下简称决策树1)。

决策树1考查的是城市第一代独生子女父母的主观居住意愿,以"是否选择独立居住模式"为输出变量,以父母的身体状况、婚姻状况以及收入状况构建决策树1的输入变量体系。首先,身体状况是影响老年人生活质量的直接因素。对于身体处于健康状态的老年人,其对自身生活自理能力认可度较强,可能会更期望独立居住,而身体状况陷入"不健康"的独生子女父母对于他人照料存在不同程度的依赖性。由于自身的需求可能影响其居住意愿,所以身体状况成为影响独生子女父母不同居住意愿群体特征的重要因素。将身体"健康"输入变量为"Yes",身体"不健康"输入变量为"No"。其次,婚姻状况是关系到老年人基本养老生活与精神慰藉两方面的重要因素。因此,婚姻状况是影响独生子女父母不同居住意愿群体特征的重要因素。将"有配偶"输入变量为"Yes","无配偶"输入变量为"No"。最后,老年人养老的基本保障来自经济保障,充足的经济来源是支撑老年人自由选择居住意愿的基础因素。因此,收入状况与老年人养老居住意愿有一定联系。将"有工资"输入变量为"Yes","无工资"输入变量为"No"。建立的决策树1中变量设置见表6-3。

表6-3　　城市第一代独生子女父母居住意愿的决策树1变量设置表

模型 变量设置	决策树1
因变量	是否选择独立居住模式
输入自变量	父母的婚姻状况 父母的身体状况 父母的收入状况
使用自变量	有/无配偶 健康/不健康 有/无工资
节点数	4个节点
叶节点数	5个叶节点

6.3.3　分类决策树1的建立

　　决策树算法的核心是通过发现数据中潜在的分类规则，构造一个小规模的决策树。具体来说，决策树的形成主要围绕生长和剪枝两个过程：一方面，决策树的充分生长能够保证较高的预测精度；另一方面，决策树的剪枝作为克服噪声的技术，通过剪掉不具有代表性的节点和分支，使简化后的树变得更为容易被理解，能够保证决策树的一般适用性和解释力。在分析过程中，决策树的输出变量为典型的布尔向量。对于一个合理的决策树分析而言，决策树的生长既不能过于简单，也不能过于复杂。过于简单无法实现较好的拟合，决策规则的置信度不高，对问题的解释缺乏针对性；相反，过于复杂的决策树生长过程则容易出现"过拟合"现象，降低决策规则的一般适用性。

　　本书在建立决策树时，主要通过对不同分组对应的复杂度参数进行检验，以此保障模型的分析精度与一般适用性。图6-1是城市第一代独生子女父母居住意愿决策树1分析的CP值及误差折线图。从图6-1可知，在进行城市第一代独生子女父母养老居住意愿决策树分析过程中，当分支次数达到4次、叶节点数为5时，决策树复杂度参数cp值为0.01，对应的交叉验证的误差达到最小的0.974，决策树生成和剪枝效果达到最佳。

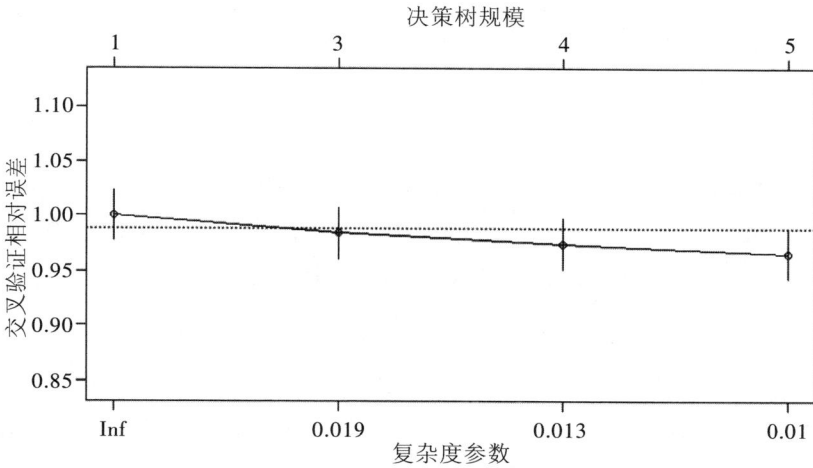

图6-1 城市第一代独生子女父母居住意愿决策树1分析的CP值及误差折线图

本书以图形的形式反映决策树模型的最终分类结果，具体如图6-2所示，最终形成了5个叶节点用以描述具有独立居住意愿的决策规则，将城市独生子女父母的养老居住意愿按照其社会人口特征进行分类。根据决策规则分为5类：一是身体健康、有配偶、有工资的独生子女父母；二是身体不健康、有配偶的独生子女父母；三是身体健康、有配偶、无工资的独生子女父母；四是身体健康、无配偶的独生子女父母；五是身体不健康、无配偶的独生子女父母。其中，前2项是具有显著独立居住意愿的独生子女父母；后3项是具有显著共同居住意愿的独生子女父母。

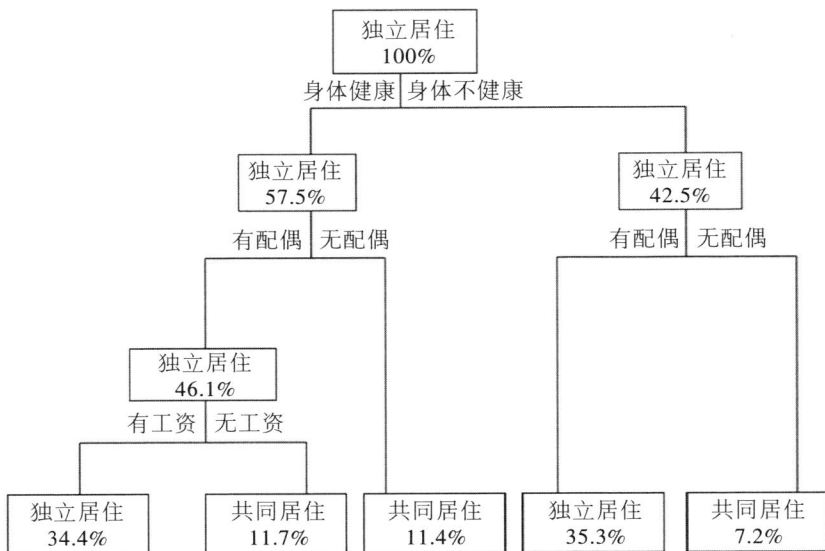

独立居住
100%

身体健康 | 身体不健康

独立居住
57.5%

独立居住
42.5%

有配偶 | 无配偶

有配偶 | 无配偶

独立居住
46.1%

有工资 | 无工资

独立居住
34.4%

共同居住
11.7%

共同居住
11.4%

独立居住
35.3%

共同居住
7.2%

图6-2　城市第一代独生子女父母居住意愿决策树1

　　相应地，具有显著独立居住意愿的独生子女父母，生活照料需求多为相互扶持或身体状况相对良好的配偶承担，即在婚姻状态上"有配偶"成为独生子女父母愿意独立居住的重要表征，配偶间相互照料更为方便。对于具有显著共同居住意愿的独生子女父母，当经济供养不足时，在没有养老保险金和养老储备的状态下，会加重对疾病等危及养老生活的风险因素的悲观预期。独生子女父母生活的安全感下降，增强对子女的依赖感，表现出显著的共同居住意愿。当独生子女父母无配偶陪伴时，对来自配偶以外的其他家庭成员的生活和精神依赖度相对较高，为得到更为现实的养老资源，家庭成员间互惠关系得到了重要体现，子女在对父母的生活照顾方面表现出不可替代的地位。可见"经济条件"与"配偶"均是影响独生子女父母居住意愿的因素。普遍具有"居家式"养老需求的独生子女父母，"有配偶"是独立居住的重要前提，"偶居"也成为最常见的养老居住模式。

6.3.4 分类决策树 1 的效果评估

分类决策树的剪枝，即为控制分类决策树的充分生长。虽然充分生长的决策树能够使样本模型的预测误差达到最低从而达到最佳的预测效果，但过于复杂的决策树往往会使其对训练数据集的模拟过于精确，失去了其对验证数据集分类的一般性，即容易出现数据挖掘中的过拟合现象，从而失去模型的一般适用性。

为了保证城市第一代独生子女父母居住意愿决策分析模型的一般适用性和可靠性，本文对样本数据进行了随机分割，将访谈样本中77%的数据集作为训练样本，另外23%的数据集作为验证样本。经验证数据集的测试，具有独立居住意愿的决策分类准确率达到79.97%，具有共同居住意愿的决策分类准确率达到80.84%，整体决策树的分类平均识别率达到80.41%，分类精度较高，即本书建立的城市第一代独生子女父母居住意愿分类决策规则具有较高的解释力和精确性（见表6-4）。

表6-4　城市第一代独生子女父母居住意愿决策树1准确性评估统计表

测试样本类别	样本类别数	准确率	平均识别率
具有独立居住意愿	753	79.97%	80.41%
具有共同居住意愿	247	80.84%	

6.4　影响城市第一代独生子女居住意愿的因素分析

6.4.1 数据的预处理

决策树2主要考查城市第一代独生子女在不同居住意愿条件下的

群体特征，运用gsub函数会依此将被访者子女的相关特征变量进行归类，对文本资料进行如下预处理：例如，将子女婚姻状况中"单身""非婚同居"归为"子女未婚"，将"已婚""离婚"归为"子女已婚"；将提供帮助归纳为"经济支持""生活支持""帮助照顾第三代"三种类型。

首先，父母是否能帮助子女显著影响了独生子女家庭子女与父母的居住状态。将有帮助输入变量为"Yes"，无帮助输入变量为"No"。其次，在独生子女家庭中，尽管就业、求学等重要事件影响了独生子女家庭的居住状态，然而子女是否进入婚姻是影响独生子女家庭子女与父母的居住状态的显著因素。因此，在考查独生子女居住意愿时，是否进入婚姻状态成为影响独生子女居住意愿的重要社会人口因素。本书将子女婚姻状况分为已婚和未婚两类，已婚状态输入变量为"Yes"，未婚状态输入变量为"No"。再次，独生子女与原生家庭具有更为紧密的支持，因此原生家庭所提供的不同支持在居住意愿中也具有不同的特点。通过对样本资料的整理，这种原生家庭支持主要体现为对子女的经济支持、生活支持以及帮助照顾第三代。虽然城市第一代独生子女已经步入壮年，但来自原生家庭支持的影响依然十分重要。通过访谈资料可知，一方面，对独生子女的经济支持主要包括父母直接给予子女的金钱支持以及间接支持，例如日用品采买、熟食蔬菜采买等；对子女的生活支持主要包括日常做饭和家务。另一方面，帮助照顾第三代成为独生子女原生家庭的主要支持形式。因此，将原生家庭给予的帮助与支持分为经济、生活支持和帮助照顾第三代，原生家庭经济、生活支持输入变量为"Yes"，帮助照顾第三代则为"No"。最后，独生子女父母的婚姻状况不仅影响其自身的居住意愿，成为亲子间居住意愿相互影响的重要因素，也成为第一代独生子女对于父母老年生活质量的重要考量。本次决策树分析关注独生子女父母的真实婚姻状况，将样本中丧偶、离婚状态定义为无配偶，归类为"A"；将已婚、非婚同居、再婚等定义为有配偶，归类为"B"。将"婚姻状况=A"输入变量为"Yes"；"婚姻状况=B"输入变量为"No"。

6.4.2 输入与输出变量的选择

都市快节奏的社会生活冲击着传统家庭的再生产特征，本部分以城市第一代独生子女的居住意愿为主体建立分类决策树，即决策树2，用以考察独生子女在不同居住意愿条件下的群体特征。

决策树2考查的是城市第一代独生子女的主观居住意愿，以"是否选择独立居住模式"为输出变量，从帮助情况、子女婚姻状况、何种帮助、父母婚姻状况四个方面构建决策树2的输入变量体系（见表6-5）。

表6-5　　城市第一代独生子女居住意愿的决策树2变量设置

变量设置　　　　　　　　　模型	决策树2
因变量	是否选择独立居住模式
输入自变量	帮助情况 子女婚姻状况 何种帮助 父母婚姻状况
使用自变量	有/无帮助 已婚/未婚 经济生活支持/帮助照顾第三代 有/无配偶
节点数	4个节点
叶节点数	5个叶节点

6.4.3 分类决策树2的建立

在建立决策树2时，同样先通过对不同分组对应的复杂度参数进行检验，以此保障模型的分析精度与一般适用性。图6-3是城市第一代独生子女居住意愿决策树2分析的CP值及误差折线图。从图6-3可知，在对城市第一代独生子女居住意愿的决策树分析过程中，当分支次数达到4次、叶节点数为5时，复杂度参数cp值为0.0044，对应的交叉验证误差达到最小的0.977，模型的拟合效果最佳。

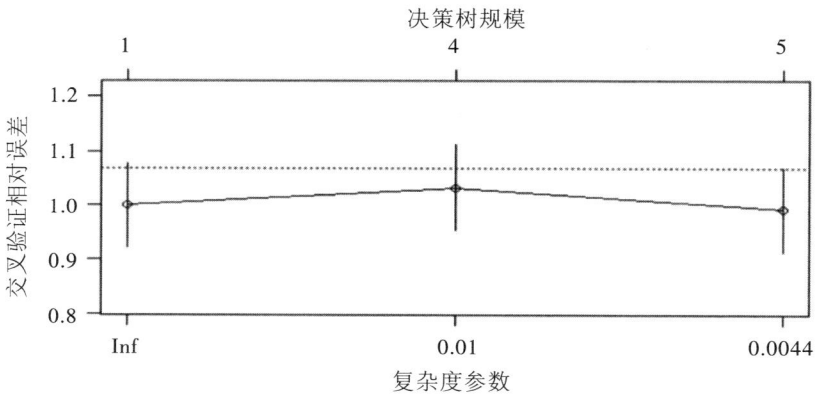

图6-3 城市第一代独生子女居住意愿决策树2分析的CP值及误差折线图

本书以图形的形式反映决策树模型的最终分类结果。由图6-4可知，通过4次节点最终形成了5个叶节点，用以描述具有独立居住意愿的独生子女的决策规则，将城市第一代独生子女的居住意愿按照独生子女原生家庭中父母帮助情况、独生子女婚姻状况、父母婚姻状况、独生子女原生家庭中父母给予的何种帮助进行分类。

根据以上决策规则，最终将具有不同居住意愿的独生子女分为五类：一是无原生家庭支持的子女；二是已婚、有原生家庭支持且为经济、生活支持的子女；三是已婚、父母有配偶、有原生家庭支持且为

独立居住
100%

无帮助 | 有帮助

独立居住
51%

子女已婚 | 子女未婚

独立居住
46%

经济、生活支持 | 帮助照顾第三代

独立居住
33%

父/母有配偶 | 父/母无配偶

独立居住
49%

独立居住
13%

独立居住
31%

共同居住
2%

共同居住
5%

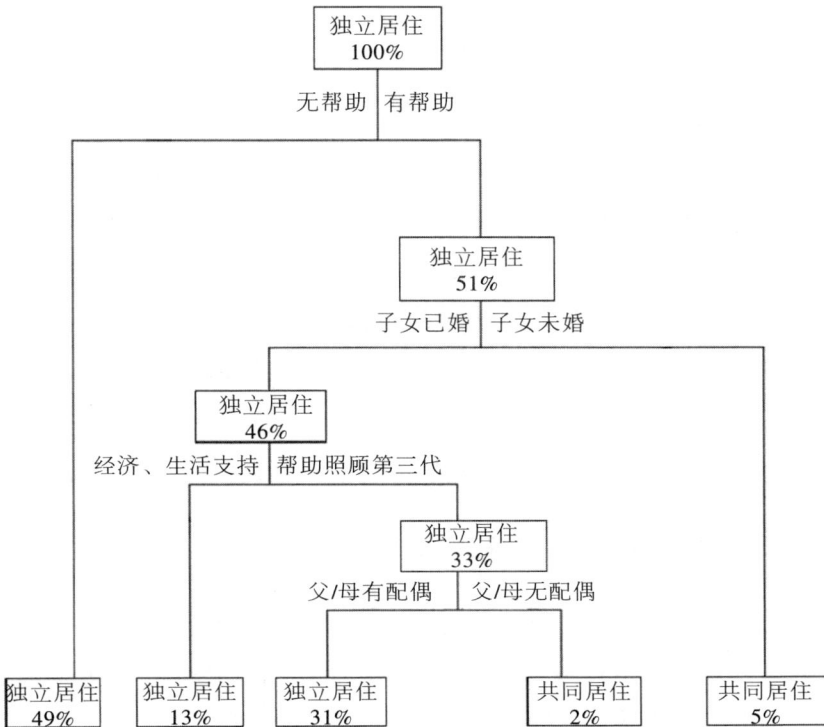

图6-4 城市第一代独生子女居住意愿决策树2

帮助照顾第三代的子女；四是已婚、父母无配偶、有原生家庭支持且为帮助照顾第三代的子女；五是未婚、有原生家庭支持的子女。其中，具有前三类特征的子女具有显著的独立居住意愿，而具有后两类特征的子女则具有共同居住意愿。王磊（2013）指出，居住方式与代际关系之间具有紧密联系。相应地，具有显著独立居住意愿的独生子女，接受原生家庭支持较少，因此对于父母的依赖性更低，即父母给予子女的支持薄弱成为独生子女无论是已婚还是未婚状态下独立居住的显著特征。当父母通过对子女经济、生活支持，使独生子女自身的家庭在独立环境下可以有效运行时，独生子女对于个人生活的诉求较强，呈现较强的独立居住意愿。当独生子女生育子女后，尽管父母提供了照料第三代的帮助与支持，但在父母处于有配偶的情况下，独生子女具有显著的独立居住意愿。对于具有显著共同居住的独生子女而言，其婚姻状况与父母是否有配偶陪伴成为影响其共同居住意愿的重要因素。当独生子女处于单身状态时，为得到父母的帮扶与支持，独生子女呈现与父母共同居住的特征。然而，当子女进入婚姻状态并且已经生育第三代后较多原生家庭父母会给予帮助照顾第三代的支持。当子女考虑到父亲或母亲处于无配偶状态时生活缺少陪伴，并且为给予父亲或母亲更多的养老资源，就会形成互惠互助的家庭生活方式，即父辈减轻子辈接送、照料第三代等负担，而子辈则在父辈身边提供更全面的生活照料以及精神慰藉等。

6.4.4 分类决策树2的效果评估

为了保证城市第一代独生子女居住意愿决策分析模型的一般适用性和可靠性，在细分中对样本数据进行了随机分割，将访谈样本中77%的数据集作为训练样本，另外23%的数据集作为验证样本。经验证数据集的测试，具有独立居住意愿的决策分类准确率达到77.67%，具有共同居住意愿的决策分类准确率达到79.04%，整体决策树的分类平均识别率达到78.36%，分类精度较高，即本书建立的城市第一代独生子女居住意愿分类决策规则具有较高的解释力和精确性（见表6-6）。

表6-6 城市第一代独生子女居住意愿决策树2准确性评估统计表

测试样本类别	样本类别数	准确率	平均识别率
具有独立居住意愿	753	77.67%	78.36%
具有共同居住意愿	247	79.04%	

6.5 本章小结

亚当·斯密曾说过，每个人在自身之外一起生活的家庭成员，比如他们的父母、他们的孩子和兄弟姐妹等，经常会成为对其幸福或痛苦产生最大影响的人。大都市生活的流动性加剧了群体的异质性特征，快节奏的生活耗费了青年群体的大量精力，也使得青年群体更加注重生活的私密性，强调个人感受与自我价值，多重冲突的群体生活方式异化成为可能，加速了代与代之间逆向社会化的宽度。与此同时，随着社会舆论控制力的下降，导致代与代之间在现实空间中的对话空间被挤压，在冲突与对话中，新的代沟文化逐渐形成。

在本章，通过决策树算法对于城市第一代独生子女家庭中父母与子女的不同居住意愿的群体进行了特征刻画，从独生子女家庭中父母与子女的双重视角，在质性研究的基础上展开探索性量化分析，相关研究结论如下：

6.5.1 良好的身体状况是城市第一代独生子女父母具备显著独立居住意愿的基础性因素

身体状况的变化是决定城市第一代独生子女父母居住意愿的主要因素。具体来说，决策树1是关于城市第一代独生子女父母不同居住意愿的群体特征刻画，分支条件在决策树中越靠上说明影响越显著。结果显示，身体健康的城市第一代独生子女父母独立居住意愿凸显。一方面，在现有的普遍性"身体状况良好"的前提下，通过独立居住意愿，城市第一代独生子女父母从经济上、生活上、情感上逐步向有利于子代的方向迈进，对自我养老表现出更为积极主动的态度，在保有自我空间的同时，通过以较为自立的生活状态来减轻子女生活负担。另一方面，身体状况较差的城市第一代独生子女父母对需要子女照料的时间需求更长，时间资源正是重要的养老资源，对于处于事业关键期的子女而言，能够给予父母的时间资源相对稀缺，共同居住模式可以在客观条件下节约照料的时间成本。鉴于此，在身体状况不佳的情况下，部分城市第一代独生子女父母会凸显出共同居住意愿。

6.5.2 完整的婚姻结构、一定的经济收入是城市第一代独生子女父母具备显著独立居住意愿的重要因素

首先，随着社会流动的加剧，城市第一代独生子女父母长期处于"空巢"状态，在大踏步步入老龄化阶段后，父母间的相互慰藉与扶持，或身体状况较好的一方承担更为全面、细致的照料，是子女"离巢"后父母良好生活状态的主要支撑。决策树1结果显示，婚姻结构完整的城市第一代独生子女父母无论身体状况如何，独立居住意愿都更为显著，即"有配偶"成为老年人愿意独立居住的重要表征。

其次，独立居住意愿需要一定的经济收入作为支撑才能得以实现。对于城市第一代独生子女父母而言，稳定的经济来源为日常生活提供了物质基础。决策树1结果进一步显示，有工资作为经济支撑的城市第一代独生子女父母，独立居住意愿更为显著。

值得说明的是，老年人的年龄区间与身体状况具有一定的相关性。根据生命周期理论，在未来10~20年内，城市第一代独生子女父母将逐步迈入"高龄"老年阶段，身体状态会出现显著的下滑状况，随着自理能力的逐渐降低，日常照料需求可能会逐渐显现。由于身体状态的不可预测性导致未来居住意愿的变动，有待未来的经验性考证。

6.5.3 父母的生活支持成为影响城市第一代独生子女居住意愿的主要因素

美国学者 P. C. 格利克最早于 1947 年从人口学角度提出"家庭生命周期"理论，用以描述家庭自身的产生、发展、稳定、收缩、空巢和解体 6 个阶段，并认为家庭在不同的生命周期有不同的内容和任务。随着城市第一代独生子女婚育高峰期的到来，以子代为中心的家庭观念正逐步改变着中国家庭资源的再分配模式。因此，本章第四节利用决策树算法对城市第一代独生子女的居住意愿进行群体特征刻画。分支条件在决策树中越靠上说明因素的影响越显著。

首先，"有/无"来自父母的帮助成为城市第一代独生子女居住意愿的分水岭。具体来说，根据决策树 2 的结果显示，城市第一代独生子女的父母是否给予帮助成为影响城市第一代独生子女居住意愿的关键因素，当父母给予子女帮助时，城市第一代独生子女的共同居住意愿更为凸显。在快节奏的城市生活与较高的城市生活成本中，当子女面对繁重的工作压力表现出疲软的家庭事务处理能力和情感支持能力时，城市第一代独生子女父母通过经济支持、生活支持、帮助照顾第三代支持，实现对独生子女的经济援助和日常生活的帮扶，尽力减少努力在城市立足的独生子女的生活压力，亲代的个人诉求让位于子代的现实利益，通过资源的向下流动表现出一定的自我使命感和包容性。

其次，来自父母的"经济支持和生活支持"是影响城市第一代独生子女独立居住意愿的重要因素，即当城市第一代独生子女父母给予已婚子女更多的生活照料和经济支持时，已婚子女呈现出显著的独立居住意愿。近年来，日本少子化与老龄化呈现的问题值得中国社会的广泛关注，受第二次世界大战后婴儿潮影响的"团块世代"群体正大踏步进入老龄阶段。2012 年的一项调查表明，这一群体的老年生活既要面对赡养上一辈的责任，又要承担子女的"啃老"开销，并且自身的养老物质基础十分薄弱，67% 的人难以依靠养老年金生活。我国城市第一代独生子女父母与"团块世代"的家庭特征具有一定的相似性，值得引起学术界的关注。

值得说明的是，"代际共同居住意愿"需要考虑"成本"和"收益"这两个方面，过分夸大合住对于老年人福利的意义似乎有相当的风险。相对于父母的帮助，子女对父母的"报答"具有时间上的滞后性，且滞后的代际支持的可持续性有待验证，这种可能存在的不对等的"给予—获得"模式通过家庭伦理情感的传输，使得代际关系在不对等中保持平衡，现阶段"代际间互惠"也许尚未完全到来。

城市第一代独生子女家庭代际居住意愿与居住现状的关联性分析

7.1 个案阐释与研究思路

贝克尔在1981年发表著作《家庭论》，其中清晰地表明了家庭行为是基于理性选择理论下的家庭效益最大化的行为与分工，不仅包括婚姻的形成与离异、子女的生育，还包括其他利他主义的非物质行为。这一观点丰富与拓宽了家庭行为的传统研究视角，对未来家庭行为的研究也起到了一定的引导与启发作用。在该书中，贝克尔将"利他主义"与"利己主义"相区分，着重阐释了家庭中的利他主义与对子代的利他行为，提出：家庭的行为偏好是一种利他主义的直接体现，而市场行为则是明显的利己主义。家庭中利他主义的行动者与受益人有效地结合，使得家庭中利他行为更有效进行，例如当亲代与子代同时具备利他行为时，由于子女的投资收益更好，因此父母给予子女的更多；尽管父母知道遗产税率明显高于赠与税率，但考虑到家庭整体利益，父母依旧选择将遗产留给子女。

在中国社会，社会流动的加剧在空间上拉大了独生子女亲代与子代间的居住距离。对于独生子女家庭而言，子代的居住意愿影响着其愿意提供的养老支持，而父母的居住意愿体现了现实与期望的养老诉求，决定了独生子女父母养老资源与养老生活质量的保障。一方面，从城市第一代独生子女的角度来讲，随着个体生命历程的不断推进，越来越多的城市独生子女向大城市涌动，使得独立居住出现了异城、异省的空间隔离性，独生子女进入婚姻期打破了原生家庭结构，实现了个体家庭角色的多样化延展，逐步完成家庭结构的现代化转型；另一方面，从独生子女父母的角度来看，代际之间的居住模式在一定程度上决定了子代能够提供的现实养老资源（丁志宏、黄显山、龚文正等，2017），居住模式的构成是家庭客观条件、现实需求的综合选择，对其养老生活品质也产生一定的影响，而居住模式与居住意愿的满足和调适，是提高养老生活需求保障的重要前提，也是养老精神诉求的现实基础。

为更好地展现城市第一代独生子女家庭代际居住模式与居住意愿的具体特点，本部分以代际双重视角对代际居住意愿和居住现状展开深度访谈，并对文本资料进行梳理，对独生子女家庭的代际关系、代际居住意愿和居住现状进行呈现，为下文的探索性研究奠定基础。

1）城市第一代独生子女居住模式与代际关系的个案阐释

为凸显城市第一代独生子女个案典型特征典型性，本部分选取9个典型个案。其中，男性7位、女性2位；6位已婚、3位未婚；6位表示代际关系无矛盾、3位表示代际关系有矛盾；7位由子女掌握代际居住主动权、1位由父母掌握代际居住主动权、1位代际居住主动权由协商决定；5位具有独立居住意愿、4位具有共同居住意愿；5位处于独立居住现状、4位处于共同居住现状。具体信息见表7-1。

表7-1　城市第一代独生子女居住模式与代际关系的基本状况表

被访者	性别	婚姻状况	代际关系	代际居住主动权	居住意愿	居住现状
个案1-002	男	已婚	无矛盾	子女	独立居住	独立居住
个案1-003	女	未婚	有矛盾	父母	共同居住	独立居住
个案1-004	男	未婚	无矛盾	协商	独立居住	共同居住
个案1-007	男	已婚	无矛盾	子女	独立居住	独立居住
个案1-012	男	已婚	无矛盾	子女	独立居住	独立居住
个案1-014	男	未婚	有矛盾	子女	独立居住	独立居住
个案2-001	男	已婚	无矛盾	子女	共同居住	共同居住

被访者	性别	婚姻状况	代际关系	代际居住主动权	居住意愿	居住现状
个案 2-003	女	已婚	有矛盾	子女	共同居住	共同居住
个案 2-005	男	已婚	无矛盾	子女	共同居住	共同居住

据此，在了解被访者基本状况的基础上，本部分以城市第一代独生子女视角展开，针对"作为子女你与父母的居住意愿是什么，代际间居住是否有矛盾？谁掌握主动权？"对代际居住意愿情况通过文本梳理，进行详细阐释。

个案 1-002

分开居住也算是我的主张吧，但是父母也觉得这样比较好。我和父母在居住上达成了共识，而且母亲也不想让我为难，他们尊重我的生活习惯，特别在意我的想法。目前我已经结婚，但还没有孩子，我觉得就算有了孩子也要由自己主要照顾，我和父母之间的独立性还是很强的，可能是因为我从高中就寄宿，大学又在外地，他们也习惯二人世界了。他们没有传统那种要我围绕在身边孝敬他们的想法，对我的事业也比较支持，父母总怕拖累我，天天给我传递思想，他们在锻炼身体，不住在身边尽孝也让我放宽心。所以我和我爸妈之间也算是达到了一个平衡，趁着他们还年轻，我还可以多做一些自己的事情。

个案 1-003

我很想和父母一起住，可以互相照顾。但是他们不愿意来，一个是因为异地，生活上他们不熟悉，再就是我的生活习惯他们不认可，总是因为这个吵架。父母生活了一辈子总有自己的生活方式和道理，但是我也是独立的个体，从上学到工作我也形成了自己的生活方式。我的工作经常加班，他们总是心疼我怕我又要工作又要照顾他们吃饭，所以就没有跟我住在一起。他们觉得住在一起还有一点不好就是影响我的空闲时间，谈恋爱相亲的机会少了，怕我耽误结婚生孩子。这种居住方式主要还是父母的选择吧，但他们也是从我的角度为我考虑得比较多。

个案 1-004

我现在和父母住在一起，但是最好是分开住。考虑到刚来到这里扎根，父母把老家一处房子卖掉来帮着我付了首付，现在住的这个小房子马上就按揭完了，我也应该给他们一个属于他们的家。到时候结婚买房子再考虑是让父母住新房还是现在的小房，住小房不是不孝顺，它楼层低而且面积小，老人住着我放心一点。我还是不太想住到一起，可能是从小母亲管得比较多，我还是更渴望私人的空间。这样住在一个城市也不耽误我照顾他们养老呀。如果能选择，在他们身体健康的情况下，我还是更渴望独立的。

个案 1-007

我跟父母目前是不住在一起的，以后还没有考虑，目前我们双方理想的状态就是各过各的。我的孩子是我岳母带大的，当时和老人一起生活了三年，这段时间也是相互迁就着过来的。我父母也把这件事看在眼里，他们也觉得各自生活是一个很好的选择。其实现代人的生活方式和父母也不一样，还是有很大代沟的，我觉得还是分开住吧。但是他们需要的时候，我会去他们身边尽孝道，或者看他们的喜好，养老院、请护工或者保姆什么的，现在经济条件允许，我也愿意。说实话，我认真地考虑过如果他们老了我该怎么办，我觉得还是让他们住得近一点，照顾得方便，但都是有自己生活的人，可能分开住他们也能自在一些。

个案 1-012

我主张分开住，不仅是因为生活习惯不一样的，更重要的是，我跟老婆刚刚结婚，很多事情，像是生活习惯、消费观念还得磨合。现在磨合阶段我和我老婆就会经常吵架，考虑到父母的接受能力，我觉得还是不要一起住了。要是我们吵了起来，父母在旁边也会觉得很尴尬的。而且四个人一起生活更需要磨合。所以考虑到种种原因，我想我们还是独居比较好一些。其实大学期间父母就习惯了我不在家的日子，回来之后工作了一段时间，感觉在家里住还是好一些，但是现在结婚了，我怕老婆跟家里人闹什么不愉快，所以还是决定搬出来住了。周末的时候去看看老人就好。

个案1-014

不瞒您说，之前我跟家里已经闹翻了，所以我一直想自己搬出来住。现在我也工作了，虽然工资不高，勉强可以维持自己的生活，但是还没到给爸妈养老的地步。我父母都是工人，家里也没什么积蓄，出来租房子住要掏房租，所以就算是我们矛盾闹得很激烈也就这样过了。而且我爸妈双下岗之后，每天都会对着我没完没了地唠叨，让我感觉很难受，也很尴尬，所以我还是需要一个独立的空间。他们还觉得自己身强力壮，没到依仗我的时候，我也更希望有自己的空间，所以如果可以的话，就算生活紧一点我也不愿意跟父母同住。

个案2-001

我是跟我父母住在一起的。我跟父母同住首先是因为我们在同一个城市生活，住在一起很方便。这种居住的方式是我和父母一起做的决定。我和我爱人都在外企上班，经常加班不说，节假日也是依照国外的习惯，所以能陪孩子的时间很少。还考虑到现在请个人带孩子一个月也要三五千，两口子一个人的工资白忙活了。我父母现在还年轻，退休之后确实也没有什么事情做，正好住在一起帮我带孩子，也算是一个精神寄托，小朋友天天出去玩跟着一起，也能让他们锻炼一下身体。他们能住在一起帮我带孩子还是帮了我很大的忙，我也能专心工作。等到他们年龄再大一些孩子也长大了，就该我们照顾父母了。

个案2-003

我自身的想法和现在住的状态还是很不一样的，我工作压力很大，生了孩子特别需要妈妈帮忙，我公婆特别溺爱孩子，我担心对孩子今后不好，所以综合考虑我就更需要我妈帮我带孩子了。但是照顾孩子比较辛苦，有的时候做饭就顾不上，我给她叫外卖又觉得不健康不实惠。现在看为了照顾孩子跟妈妈住到一起是对的，虽然生活上、观念上有吵闹，但是跟小时候比、跟自己半夜弄孩子比都不算什么，我妈也知道我们之间有代沟，住在一起是难免的。

个案2-005

搬来与我们居住，表面看来是我父母主动提出的，其实还是以我为主导，父母心疼我，为了给我减少负担才不得已而为之的。自己带了一段时间孩子，还是觉得应该和父母一起才能忙得开。不过，我和父母离得比较远，来看孩子住到一起也只能是暂时的。我父母也很喜欢小孩，以前没要孩子的时候天天嘟囔着要孙子，现在如果能如他们所愿，他们一定也挺开心的。我们作为子女的也挺欣慰的。

2）城市第一代独生子女父母居住模式与代际关系的个案阐释

本部分选取7个典型对象，针对代际居住意愿与代际关系展开深度访谈，以期梳理出城市第一代独生子女父母居住意愿的典型特征。选取个案中，3位代际关系无矛盾、4位代际关系有矛盾；4位具有独立居住意愿、3位具有共同居住意愿；4位处于独立居住现状、3位处于共同居住现状。具体信息见表7-2。

表7-2　　城市第一代独生子女父母居住模式与代际关系的基本状况表

被访者	代际关系	居住意愿	居住现状
个案1-003	有矛盾	独立居住	独立居住
个案1-005	无矛盾	独立居住	独立居住
个案1-009	有冲突	独立居住	独立居住
个案1-011	无矛盾	独立居住	独立居住
个案2-002	有矛盾	共同居住	共同居住
个案2-005	无矛盾	共同居住	共同居住
个案2-006	有矛盾	共同居住	共同居住

据此，在上述基本状况的基础上，本部分针对"您的养老居住意愿是什么，与子女是否冲突？谁掌握主动权？"等议题展开访谈，进一步展现城市第一代独生子女家庭代际关系与居住的关系，为下文的探索性研究奠定基础。

个案1-003

我跟老伴离女儿的城市远，但是女儿很孝顺，她在大城市扎稳脚跟了，非要把我们接过去。她说大城市医疗好、好玩的地方多，但是我们这个年纪也不图什么生活质量了。在老家的生活更熟悉，而且还能挣钱，趁着还能做点什么再攒点钱。去跟女儿住的话，我们白天也没有什么活动的地方，晚上有的时候也不能赶上一起吃饭，也挺不方便的。要说冲突也就是她想着把我们接去住，但是我们不愿意，等她什么时候结婚生孩子，我去照顾孩子还行。是我们主动自己住的，自己住着比较自在，她想让我们去就赶紧结婚生孩子。

个案1-005

我跟孩子分开住开始时有点不愿意，明明在一个城市，分开住感觉不像话，但是他也有他的工作，有的时候放松一下我们还有点接受不了，这都是代沟。距离产生美，他出去住了反而没矛盾了，我们身体都好，有的时候出去走走，养老什么的我觉得早得很，现在还是没有什么必须看护的。真有什么事情，第一个是我老头，然后给儿子打电话，都不觉得慌。分开住是儿子选的，但是我们也支持。我们也该有自己的生活，解放了。真到跟老头互相照顾不了了，去养老院也行。

个案1-009

我们现在和儿子是各过各的，看着他自己照顾自己生活很慌张，我们特别不理解。我和我老伴都一直希望儿子可以回到我们身边。我们儿子学历高，在我们这座小城市也能找到好工作，离家近生活成本也低，趁我们年纪不大，身体也健康，我们也能帮衬上他。过几年等他成家立业，有了自己的小孩，我们也能给他哄哄孩子。再说，他在我们身边也有安全感。自己要是生病了，也能有个照应。但是，孩子主动要求独居，我们也没有办法。估计等过几年他就能回心转意吧。

个案1-011

我出于为孩子考虑，倾向于相互独立。我爱人之前工作上不顺心，这么大年纪了还是争强好胜，身体突然就垮了，当时其实特别迫切地想和孩子们一起住。后来我内退了，为了照顾他，但是照顾病人也很影响我心情，每天去医院我总担心自己会不会也有什么疾病，很想让孩子们和我一起住，一方面照顾他爸爸有个替班，另一方面我也多个人说说话。但是，现在儿子压力大，我只能自己让步了，让他照顾好自己的小家，然后再来支援我。

个案2-002

我们和儿子一起住是儿媳妇提出来的，他们当时结婚的时候儿子刚工作，我们用原来的大房子一部分付了首付，另一部分买了现在我和老伴的小户型，但是小户型地脚不好，还没有电梯。其实我们来不来主要还是看她愿不愿意，好在儿子说服了，她愿意。我老伴身体不好，我一个人其实也行的，毕竟两个人互相依靠，习惯了。跟孩子还是有一些矛盾的，住在一起也是商量了好久，我们也怕给孩子添麻烦，但是他们接我们一起住还是比较主动的。其实住在这没什么伙伴了，溜达的地方不少，但是说话的人少。这样住着孩子说负担轻，我们也没什么主意，等到真的老得动不了了，不给孩子添麻烦就去养老院。

个案2-005

不冲突，我就一个儿子，现在他也有了自己的孩子。我们一起生活也是各取所需，我帮他看孩子，他能跟我嘘寒问暖，眼睛能看见我就安心很多。生活负担也越来越重，我们搬来和他住在一起一方面可以更好地照顾他们一家三口的生活，另外一方面，自从有了孙子，我和他爸爸也觉得有了事做，看到大孙子一天天长大，长得和我儿子小时候可像了，我们老两口也觉得自己生活有了活力，所以累点也无所谓。再说一大家子人住一起热热闹闹的，日子也有盼头。

个案2-006

我们和孩子住一起，冲突是难免的，毕竟如果不是身体状况不好的话，谁也不想连累孩子。我和老伴一病，孩子也跟着遭罪，我们是不忍心让孩子受罪，要不是现在我们老两口真的没力气照顾自己生活，还是想自己生活的。现在一大家子人住在一起难免会有磕磕碰碰的，搞得双方都不愉快。这一个月吃药看病花费也不少，还好我们有医保，孩子每月也给我补贴点，日子还能过得不错。我们现在与女儿住一起，知道女儿生活压力大，我们能帮上女儿的尽量想办法帮他们，有时候有一些鸡毛蒜皮的小事我们能忍就忍了，毕竟我们老两口的衣食住行都由女儿说了算。

社会学家马克斯·韦伯在研究社会科学方法论时指出，社会世界是通过主观意愿来建构的，所以尚不存在一种"全"，来适用天然的"真"。对社会现象的阐释和理解，从全体的一般假设出发是无效的。

考察城市第一代独生子女家庭代际关系状况，强调的是代际资源与财富流的流向。一方面，从第一代独生子女角度来说，随着婚育高峰期的到来，原财富流的向下流动，呈现出"利他主义"代际关系模式；另一方面，从第一代独生子女父母角度来说，随着原生家庭的裂变，自身及配偶身体状况成为整体家庭利益的重要考量，表现出特殊意义的"利他"。

基于此，本章分别以城市第一代独生子女与父母为对象，通过对深度访谈资料的整理梳理进行个案研究，为了对独生子女家庭不同居住现状下，群体的居住意愿与群体特点进行阐释，对城市第一代独生子女及其父母的居住现状、居住意愿与社会人口特征展开关联性研究。

7.2　关联规则模型的构建

大数据技术可以实现总体数据的探索性研究，通过相关关系的深入挖掘，发现变量间的数量关系特征，实现代际居住模式研究的跨学科性。在对原始数据集进行数据预处理的基础上，关联规则模型具体实现步骤如下：首先设置建模参数最小支持度、最小置信度，输入建模样本数据；然后采用 Apriori 关联规则算法对建模数据进行分析，通过模型参数设置的最小支持度、最小置信度以及分析目标作为条件，若未生成满足条件的关联规则，则需调整模型参数，直至获得有效规则；否则直接输出符合要求的关联规则结果。

在数据的预处理基础上，本章将在第 3、4 节对城市第一代独生子女父母和城市第一代独生子女的居住现状、居住意愿与社会人口特征进行关联规则。具体地，在本章第3节中，从城市第一代独生子女父母的视角出发，运用经过预处理的数据，利用关联规则算法，探究城市第一代独生子女父母在不同的居住现状与居住意愿关联下的社会人口特征。在本章第4节，从城市第一代独生子女角度出发，利用关联规则算法，探究城市第一代独生子女在不同的居住现状与居住意愿关联下的社会人口特征，深度挖掘代际居住现状与代际居住意愿是否具有显著差异。

7.3 城市第一代独生子女父母居住现状与居住意愿的关联性分析

7.3.1 数据的预处理

为明晰城市第一代独生子女父母居住现状与居住意愿的显著特征，将被调查的城市第一代独生子女父母的代际养老现状与意愿分别设定为"独立居住""共同居住""独立居住意愿""共同居住意愿"，并进一步将居住现状与居住意愿相同的设置新的变量"一致"，将居住现状与居住意愿不同的设置新的变量"不一致"。

首先，利用gsub函数对"城市第一代独生子女父母的居住现状"进行预处理，将"独立居住""与配偶居住""与父母居住"划分为"独立居住"，将"与子女居住"划分为"共同居住"，并将样本中选择"养老院居住"的样本剔除。其中，具有共同居住现状的占19.40%，具有独立居住现状的占80.60%。

其次，通过gsub函数对"城市第一代独生子女父母居住意愿"进行预处理，将"独自居住""与配偶居住""与父母居住"划分为"独立居住"；将"与子女居住"划分为"共同居住"；将样本中选择

"养老院居住"的样本剔除。在独生子女父母的居住现状中，具有共同居住意愿的占26.25%，具有独立居住意愿的占73.75%。

7.3.2 城市第一代独生子女父母"独立居住现状"与"独立居住意愿"的关联性分析

在处于独立居住现状的独生子女父母中，通过对具有独立居住意愿的独生子女父母人口特征进行关联规则挖掘，"居住意愿为独立""父母婚姻状况为已婚""父母身体状态良好""子女婚姻状况为已婚"能够建立明显关联。根据提取的关键词建立关联规则，模型支持度为0.45~0.836、提升度为1.974~2.052，即独生子女父母在有配偶且身体健康的情况下，并且子女已经进入婚姻状态后，倾向于独立居住且已经处于独立居住状态。具体结果如图7-1所示。

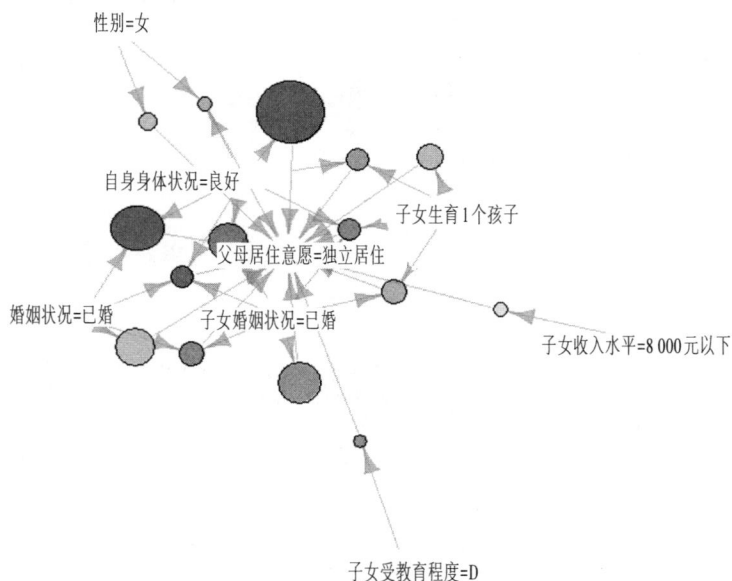

图7-1　城市第一代独生子女父母独立居住现状与独立居住意愿的关联图

7.3.3 城市第一代独生子女父母"独立居住现状"与"共同居住意愿"的关联性分析

在处于独立居住现状的独生子女父母中，通过对具有共同居住意愿的独生子女父母人口特征进行关联规则挖掘，"居住意愿为共同居住""父母婚姻状况为已婚""父母身体状况有慢性疾病""子女家庭月收入在8 000元以下"能够建立明显关联。根据提取的关键词建立关联规则，模型支持度为0.276~0.541、提升度为1.909~2.262，即有配偶且身体健康的独生子女父母，当子女家庭月收入在8 000元以下时，倾向于共同居住但目前处于独立居住状态。在子女具有一定经济能力但经济能力处于中等及以下水平的情况下，父母具有较强的共同居住意愿。说明在城市第一代独生子女家庭中，独生子女父母居住现状与意愿的不一致不仅受个人因素影响，子女家庭收入情况也与其有明显关联。具体结果如图7-2所示。

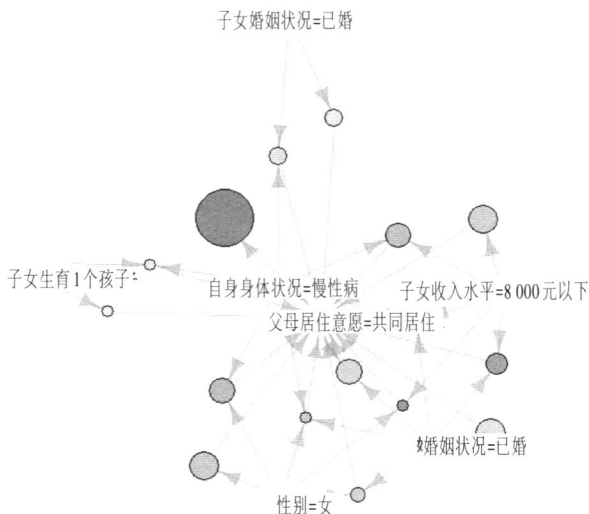

图7-2 城市第一代独生子女父母独立居住现状与共同居住意愿的关联图

7.3.4 城市第一代独生子女父母"共同居住现状"与"共同居住意愿"的关联性分析

通过对独生子女家庭中代际共同居住的独生子女父母居住意愿与显著具有一致性进行关联规则挖掘，居住现状为与女儿共同居住、居住意愿为与女儿共同居住、身体健康能够建立特征明显的关联图。根据提取的关键词建立关联规则，模型支持度为0.022~0.057、提升度为1.494~6.204，即独生子女家庭中，当父母与女儿共同居住时，其居住意愿与当前居住现状一致，说明当前养老居住状态相对满意。具体结果如图7-3所示。

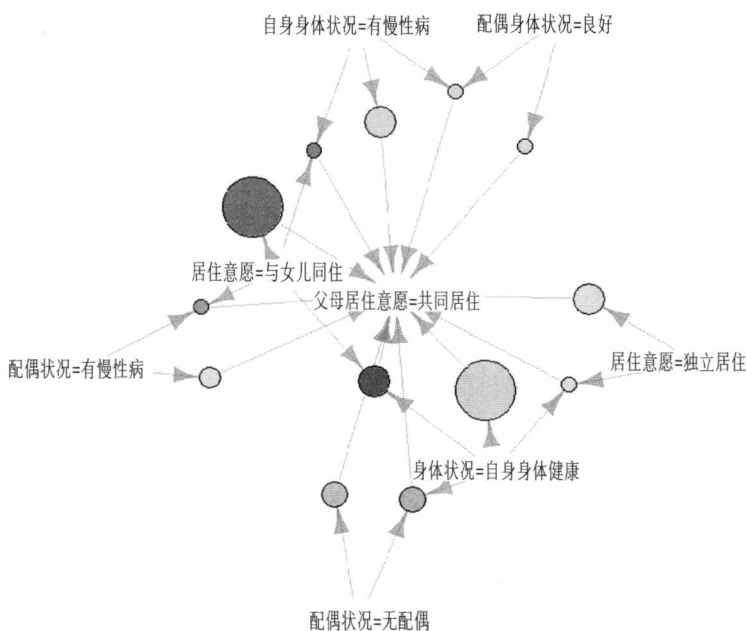

图7-3 城市第一代独生子女父母共同居住现状与共同居住意愿的关联图

7.3.5 城市第一代独生子女父母"共同居住现状"与"独立居住意愿"的关联性分析

通过对独生子女家庭中代际共同居住的独生子女父母居住意愿与显著具有不一致性进行关联规则挖掘，居住现状为与儿子共同居住、居住意愿为与儿子同住、居住意愿为独立居住建立特征明显的关联图。根据提取的关键词建立关联规则模型通过支持度为0.031~0.079、提升度为1.536~4.903检验，即独生子女家庭中，当父母与儿子共同居住时，其居住意愿呈现多样化特点。说明许多具有独立居住意愿的独生子女父母，其意愿与当前居住现状出现了不一致，出于现实条件的考虑选择与儿子同住。具体结果如图7-4所示。

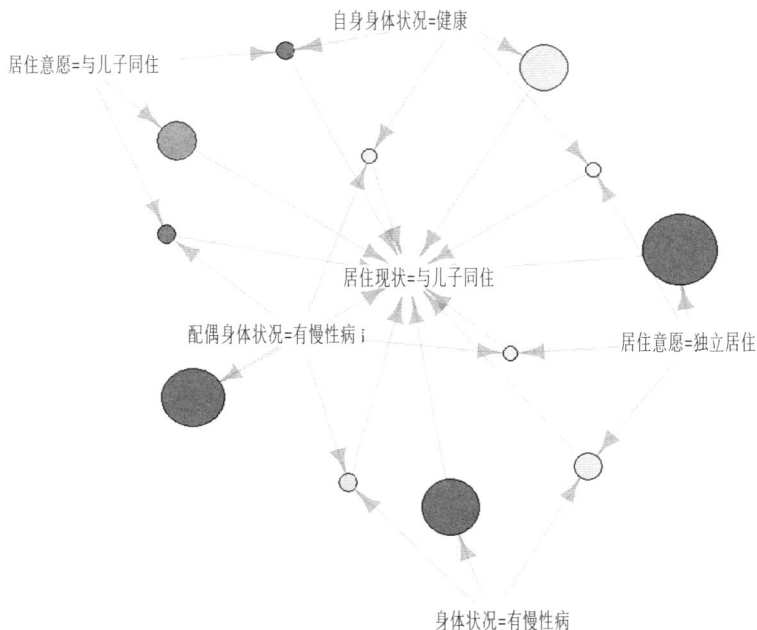

图7-4 城市第一代独生子女父母共同居住现状与独立居住意愿的关联图

7.4 城市第一代独生子女的居住现状与居住意愿的关联性分析

7.4.1 数据的预处理

为明晰城市第一代独生子女居住现状与居住意愿的显著特征，通过 gsub 函数，将"与父母共同居住""与配偶父母共同居住"划分为"共同居住"；将"单独居住""与配偶居住""与子女同居住"划分为"独立居住"。具有共同居住现状的占 24.67%；具有独立居住现状的占 75.33%。在独生子女的居住意愿中，通过 gsub 函数，将"与父母共同居住""与配偶父母共同居住"划分为"共同居住"；将"单独居住""与配偶居住""与子女同居住"划分为"独立居住"。具有共同居住意愿的占 26.52%；具有独立居住意愿的占 73.48%。

7.4.2 城市第一代独生子女"独立居住现状"与"独立居住意愿"的关联性分析

在处于独立居住现状的独生子女中，通过对具有独立居住意愿的独生子女人口特征进行关联规则挖掘，"居住意愿为独立""子女婚姻状况为已婚""子女受教育程度为本科及以上""子女生育 1 个孩子"能够建立明显关联。根据提取的关键词建立关联规则，模型支持度为 0.47~0.933、提升度为 1.974~2.052，即独生子女在已婚、本科以上受教育程度、生育 1 个孩子的状态下，与独立居住意愿建立显著关联。具体结果如图 7-5 所示。

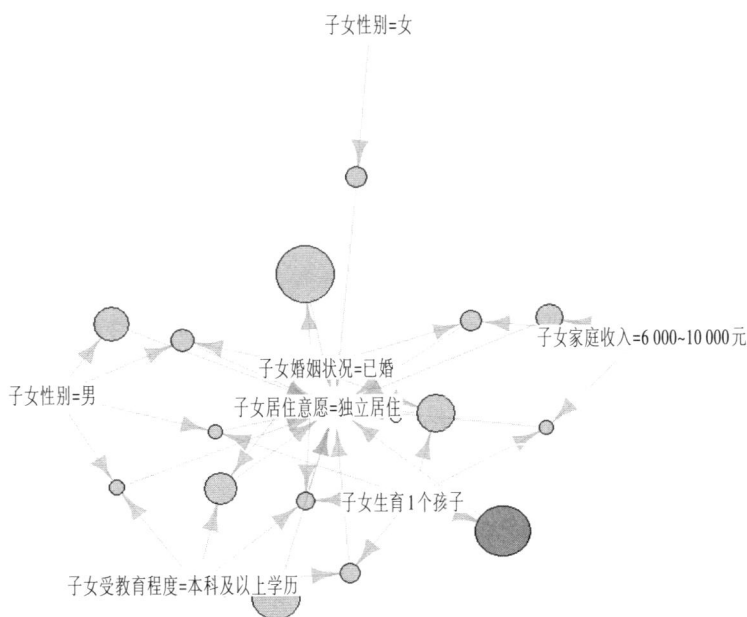

子女性别=女

子女家庭收入=6 000~10 000元

子女婚姻状况=已婚

子女性别=男

子女居住意愿=独立居住

子女生育1个孩子

子女受教育程度=本科及以上学历

图7-5　城市第一代独生子女独立居住现状与独立居住意愿的关联图

7.4.3　城市第一代独生子女"独立居住现状"与"共同居住意愿"的关联性分析

在处于独立居住现状的独生子女中，通过对具有共同居住意愿的独生子女人口特征进行关联规则挖掘，"居住意愿为独立""子女婚姻状况为已婚""子女受教育程度为本科及以上""子女生育1个孩子"能够建立明显关联。根据提取的关键词建立关联规则，模型支持度为0.60~0.936、提升度为1.275~2.030，即独生子女在已婚、本科以上受教育程度、生育1个孩子的状态下，与独立居住意愿建立显著关联。具体结果如图7-6所示。

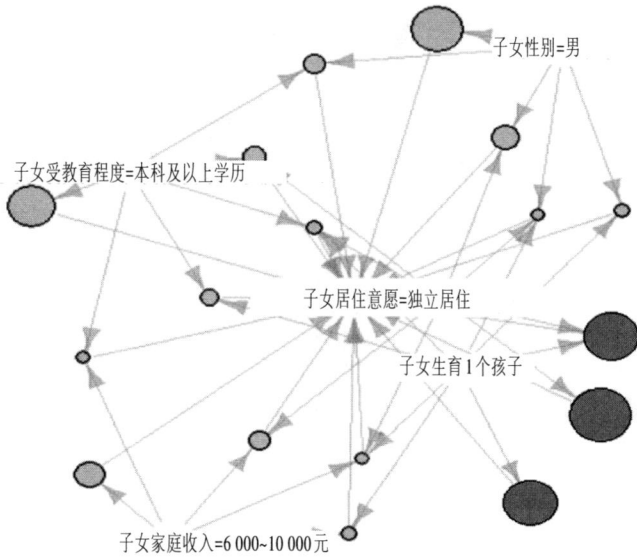

图 7-6　城市第一代独生子女的独立居住现状与共同居住意愿的关联图

7.4.4　城市第一代独生子女"共同居住现状"与"共同居住意愿"的关联性分析

在处于共同居住现状的独生子女中，通过对具有独立居住意愿的独生子女人口特征进行关联规则挖掘，"子女生育1个孩子""子女性别为男""子女居住意愿为共同居住"能够建立明显关联。根据提取的关键词建立关联规则，模型支持度为0.351~0.691、提升度为1.360~2.190，即男性独生子女、生育1个孩子后，倾向于独立居住且已经处于独立居住状态。具体结果如图7-7所示。

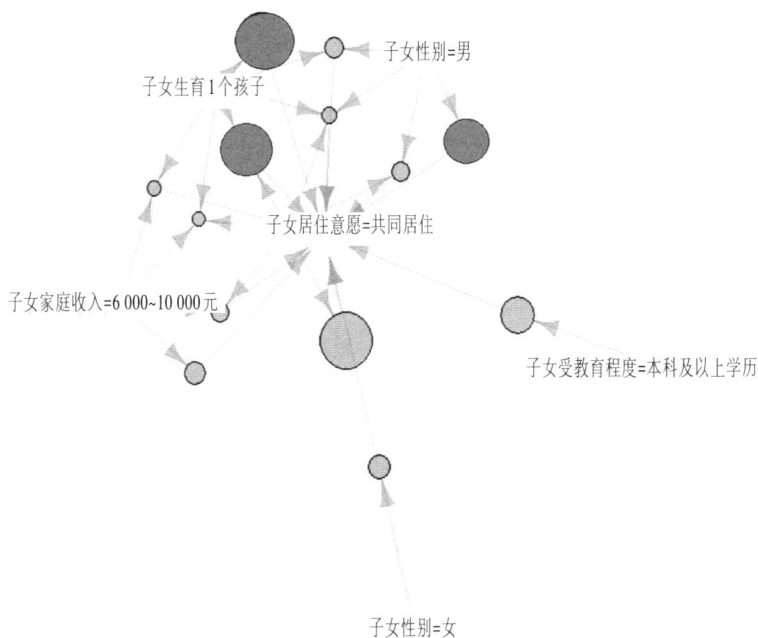

图 7-7　城市第一代独生子女共同居住现状与共同居住意愿的关联图

7.4.5　城市第一代独生子女"共同居住现状"与"独立居住意愿"的关联性分析

在处于共同居住现状的独生子女中，通过对具有独立居住意愿的独生子女人口特征进行关联规则挖掘，"居住意愿为独立""子女生育1个孩子""子女性别为男""子女受教育程度在本科及以上"能够建立明显关联。根据提取的关键词建立关联规则，模型支持度为0.377~0.738、提升度为1.002~1.395，即独生子女性别为男性且生育1个子女后，并且受教育程度在本科及以上，目前是共同居住但倾向于独立居住。具体结果如图7-8所示。

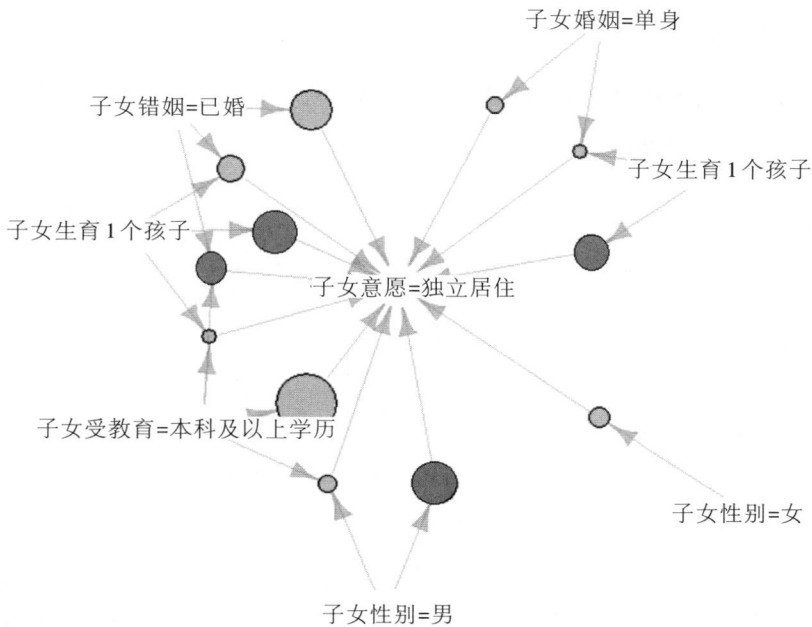

图 7-8　城市第一代独生子女的共同居住现状与独立居住意愿的关联图

7.5　本章小结

在城市第一代独生子女家庭中，一方面，父母的居住意愿与当前居住现状的稳定性体现了独生子女父母对养老生活的诉求；另一方面，在绵延千载的传统文化中，家庭的生育功能一直被强化，代际间的承接性使血脉延续性凌驾于独生子女父母对自我保障的诉求之上。基于此，在中国的现实情境下，"利他主义"是以亲代与子代在互动中共同建构出来的，客体对象主要为子女、配偶以及第三代。本章运用关联规则算法，探究城市第一代独生子女家庭中代际居住现状与代际居住意愿的关联性，以及由此呈现出的家庭人口特征。将关联分析图中的凸显特征加以归纳，结果如下：

7.5.1 自身与配偶的身体状况是城市第一代独生子女父母居住现状与意愿差异的主要原因

在本章，城市第一代独生子女父母的居住分为"独立居住"与"共同居住"两类，由此延伸出居住意愿与居住现状的不同属性特征，将居住现状与居住意愿有显著差异的群体分别提取出来，在此基础上对其社会人口特征进行关联规则挖掘。结果显示：首先，对于独立居住的城市第一代独生子女父母而言，当自身或配偶有慢性疾病，在日常生活等方面需要他人照料时，部分群体表现出显著的共同居住意愿。其次，对于共同居住的城市第一代独生子女父母，当身体状况良好的情况下，部分群体表现出显著的独立居住意愿，但是由于"配偶有慢性疾病"等原因，基于"利他"的理性选择，个人利益让位家庭利益，居住意愿与居住现状呈现差异性。

7.5.2 第三代的出现是导致城市第一代独生子女居住现状与意愿差异的主要原因

家庭范畴内的互惠行为并非完全意义上的时间顺序下的因果关系，而倾向于一种代际间资源的交换关系。父母在以原生家庭为基础的大家庭中，会主动承担家务劳动、抚育第三代等，以减轻子女的负担，为子女的职业发展让位。由此可见，家庭代际关系以向下倾斜的交换为基础，受限于社会结构的同时，充分体现了"初老阶段"城市第一代独生子女父母的不可或缺性。

在本章，城市第一代独生子女的居住模式分为"独立居住"与"共同居住"两类，由此延伸出居住意愿与居住现状的不同属性特征，将居住现状与意愿差异的群体分别提取出来，在此基础上对其社会人口特征进行关联规则挖掘。结果显示：首先，对于独立居住的城市第一代独生子女，当生育1个孩子后，随着第三代的出生与成长，部分群体出于照料第三代的需求表现出显著的共同居住意愿。其次，对于共同居住的城市第一代独生子女，当生育1个孩子后，出于照料第三代等原因选择共同居住，但是由于代沟、生活习惯等代际差异，部分群体表现出显著的独立居住意愿。总之，抚育第三代成为独生子女婚后小家庭的核心目的，甚至延展至城市第一代独生子女居住选择的决定性因素，即城市第一代独生子女居住现状与居住意愿的差异受抚育或照料第三代的主要影响。

7.5.3 家庭整体利益最大化，是城市第一代独生子女家庭代际居住现状与意愿一致性的主要原因

"互惠行为"是在一定环境下，个体出于情感选择或责任感，对于特定的他者做出的资源供给，在现实的中国社会中，子代与亲代在日常生活中实现资源的互补。家庭中代际居住安排是两代人基于亲情与隐私、自由与依赖、成长与衰老的权衡。基于以上方面的考量，城市第一代独生子女家庭的居住模式表现出主客观的多维特征。共同居住是一把"双刃剑"，由于家庭资源配置"代际倾斜"的存在，独生子女父母难逃"白天空巢"、婆媳矛盾、代际冲突、家务劳动多等带来的对养老生活质量的消极影响。独立居住对现代家庭中子代对亲代的支持功能产生弱化，但并非家庭代际支持与亲子关系的完全断裂。尽管独立居住体现了个体对自我意识、隐私和自由的重视，但以亲情为纽带构建的家庭结构仍然是中国社会推崇的家庭文化。

从城市第一代独生子女父母角度出发，结合时间序列来看，家庭整体利益可以体现出生育投资对养老的回报性特点。将居住现状与居住意愿呈现一致性的群体分别提取出来，在此基础上对其社会人口特

征进行关联规则挖掘。结果显示，当城市第一代独生子女父母的居住现状与居住意愿均为"独立居住"时，表现出"自身已婚""身体健康""子女已婚"三方面显著特征；当城市第一代独生子女父母的居住现状与居住意愿均为"共同居住"时，表现出"与女儿居住""身体健康"两方面显著特征。

从城市第一代独生子女角度出发，将居住现状与居住意愿呈现一致性的群体分别提取出来，在此基础上对其社会人口特征进行关联规则挖掘，生育后的城市第一代独生子女家庭的居住安排要结合现实生活背景，独立居住模式与共同居住模式未表现出显著差异性。

城市第一代独生子女父母居住意愿与代际养老支持的关联性分析

在个案研究的过程中，持同理心，并通过自己的方式去认知和理解社会现象，呈现出不同历史时期的个性化特征，可以更好地消除理论或概念的抽象度，真正贴近我们生活的世界。

对于已经步入老年或准老年阶段的城市第一代独生子女父母，养老生活支持主要在经济供养、生活照料与精神慰藉三个方面，而居住环境作为养老生活的外在环境条件，构建出养老方式的主要内涵。本章在养老支持的框架下，在个案阐释的基础上，探索性地挖掘代际居住意愿与养老支持间的关联性。

8.1 个案阐释与研究思路

"投资—反馈"模式是贝克尔阐释代际关系的一种模式，亲代对于子代的人力资本与身体健康的投入，被假定在亲代步入老年后获得投资回报。家庭的功能包括经济功能、抚育功能、赡养功能等，亲子关系折射出的是东西方文化的差异，安度晚年的标准在不同的文化背景下产生的效应不同。

处于转型期的中国社会，经济平稳发展下社会生产方式的有形转变，无形中促进了现代社会生活方式的转变，影响了现代人们的思想意识，新观念又进一步促成社会结构和行为方式的调整和变更，代际居住模式正是在"传统性"与"现代性"的相互影响与制衡下形成的。有研究表明，从居住模式上说，"传统性"使得部分父母依然倾向于跟儿子居住。但"现代性"（都市化生活和受更高教育）不断对居住的空间距离产生影响，一方面社会流动使得父母与子女的空间居住距离变远，这种地理上的距离更可能带来情感上的距离，使得家庭功能无法完整表达，对家庭养老功能产生严重的削弱作用；另一方面，高节奏的独立生活通过代际间的生活需求，缩小着不同生命阶段的代际居住距离（杨舸，2017）。

1）城市第一代独生子女父母养老需求与代际养老支持的个案阐释

为凸显城市第一代独生子女父母个案典型特征典型性，在21个个案中选取6个。被选取的典型个案中，男性3位、女性3位；5位身体健康、1位身体状况良好；5位退休、1位工作；5位退休的独生子女父母收入水平在3 000~4 000元之间、1位工作的独生子女父母收入水平在4 000~6 000元之间；4位大专毕业、2位中专毕业。具体信息见表8-1。

表8-1　　　　城市第一代独生子女父母个案基本状况表

社会人口特征 被访者	性别	健康 状况	工作 状况	收入水平	受教育 程度
个案1-001	男	健康	退休	3 000~4 000元	大专
个案1-006	女	健康	工作	4 000~6 000元	大专
个案1-008	男	健康	退休	3 000~4 000元	中专
个案1-010	女	健康	退休	3 000~4 000元	中专
个案2-002	男	健康	退休	3 000~4 000元	大专
个案2-006	女	良好	退休	3 000~4 000元	大专

在基本状况描述的基础上，本部分以城市第一代独生子女父母视角展开，针对"考虑现实状况，您在经济来源、日常生活照料、精神生活三个方面的养老需求是什么？"这一话题，对城市第一代独生子女父母养老支持需求情况展开阐释。

个案1-001

我觉得养老还是要有金钱作为生活的基础，现在身体还好，年龄大了还会有很多疾病，很多医保之外的费用需要自己承担，所以我们最需要的就是攒够养老本钱，退休金尽可能留给自己。虽然现在还是免不了要给孩子一些零用钱，怕他们委屈到自己，但是也要对自己有个保障。我和老伴儿理想的状态就是在生病的时候能得到孩子的照顾，虽然只有一个孩子，但是该用还是要用的。他们可能还没意识到我们的需求，毕竟现在健健康康的，基本上都是电话或者陪着出去玩，让我们有个好心情。

个案1-006

我想要的养老需求还是医疗方面的保障更多，现在生病的太多了，最没有安全感的就是对自己的身体了，年纪大了，一天天眼看着胳膊四肢越来越不好用，所以我还是很担心以后的医疗问题。我之前重病过，现在总觉得元气不足，一方面是希望医保的范围大一点，我们也放心一点，有个保障，另一方面就是想女儿能在我们生病的时候照顾我们。

我的养老需求和女儿的意愿是一致的，考虑到她的生活负担，不仅有孩子、丈夫、工作，还有公婆，我不要求她每天对我无微不至的照料，只要生病能照顾一下就行了。但是养老的难处确实有，女儿只能在最需要的时候出现，比如生病的时候，但是日常问候什么的，就变成一种奢望了，明知道她也没有能力给，也不想为难她。

个案1-008

养老的需求很简单，有钱花、有人管，花钱这个事分两面，日常开销我们有自己的养老金，什么都可以靠自己的，但是很多朋友家儿子经常带着出去旅游、泡温泉的，我觉得这种生活还是要儿子给的才舒服，让我也体会一下被人安排、有人照顾的生活。有人管就是要儿子管，他管我的生活，我管孙子的生活。养儿防老就是要看退休生活怎么样。我的需求就是这样，如果说要求高可能也有点，但是我觉得他们能做得到。

子女想着贴补一些钱，最会用钱解决事情了，我们很不习惯有陌生人在家的，但是儿媳妇不会做饭找了保姆来，真的是不习惯，吃也吃不好，住也不踏实。我们对他们总是花钱解决事情十分不满意，有钱买不来的快乐，为他们忙碌了大半生，就是为了有点天伦之乐，但是现在他总是说这样性价比高，我倒觉得没有人情味。我想着是他们来了做一桌饭，一家人吃吃饭也很好的，见见面也行，不能找个人来应付，连一点陪伴都没有，真的挺寂寞的。

个案1-010

目前来看虽然我已经退休了，但是养老生活还是需要做些有意义的事情。如果女儿结婚了我就给她带孩子，但是现在我参加定期的近郊游，是电视台组织的，质量很高，很多固定的团员，我算是年轻的，有的时候还能带着年龄大的一起玩，我觉得现在我需要的就是一种认可，女人要有自己的事情，年轻的时候没有这个想法，也没有机会，现在有这个机会，特别能证明我的能力，我还是很依赖这个活动的，可以实现我的价值。

我对女儿的养老需求就是精神上的，等她成家结婚，我的养老生活才算是步入正轨。我不要求她对我多么孝顺，她把日子过起来，让我们没有后顾之忧，我就很满足了。现在的孩子生活压力都大，我不想给她添负担，能找个疼她的人，后半生有个伴儿不孤单就行。她是个孝顺孩子，知道我和她爸从小培养她不容易，特别想让我们和她一起住，特别是我现在退休了，她说她家小区周围医院什么都齐全，离单位近还能照顾我们，有特别强烈的意愿要照顾我们的老年生活。其实看她照顾自己都那么不熟练，我们还是想着她过好日子就行了，她高兴我们就高兴了。

个案2-002

我的养老需求是不生病，如果有人照顾老伴的话，能和老姐姐出去玩一玩更好了。我觉得没什么比有精神头更重要了，退休了也不能没事做，如果在家闲着我就要生病了。我之前帮小区里面的人整理过花园，但是年龄大了，虽然活不多但是真的做不了了。我儿子忙，孝顺也没到时候，人家都说精神养老，其实这个养老也不用靠着孩子，我老姐姐年轻的时候我俩就是爱玩的，我可以自己给生活找乐趣，用不着儿女的。

我愿意出去玩，但是老伴儿身体不好，我想让孩子不忙的时候帮我照顾他爸，也给我一点空间，但是这一点很难实现，基本上都是我来看护，孩子不会照顾，也是没这个能力呢。

个案2-006

我理想的养老状态就是有老伙伴一群人，没有儿女孙子打扰，住在一起，花钱有退休金、生病有医院，吃饭可以几个人一起，有点人气儿，不用像现在这样，两个老人守着外孙女，孩子还不会说话，弄得我和老头都退化了。我觉得我的这些想法等到外孙女长大了完全有机会实现，孩子也不用为我做什么，她过好她的生活，记得过年过节来看看，该团圆的时候热闹热闹就行。实在不行身体垮了还有护工和养老院呢。

我想着养老生活还是应该自主一点，和老伴儿互帮互助挺好的，女儿主要就是没事关心关心，打打电话，陪我聊聊天就行，现在身体都行，不用她鞍前马后伺候。我们还没到依靠他们的时候，甚至还想着给他们看孩子，减轻孩子的负担呢。

2）城市第一代独生子女父母居住意愿与养老支持的个案阐释

本部分以城市第一代独生子女父母居住模式对于养老支持的影响程度进行分类，在21个个案中选取17个个案，其中10位具有独立居住意愿、7位具有共同居住意愿；男性6位、女性11位；全部已婚；16位收入水平在3 000~4 000元之间、1位收入水平在7 000~8 000元之间；10位中专毕业、6位大专毕业、1位高中毕业。具体信息见表8-2。

表8-2　　　　城市第一代独生子女父母个案基本状况表

被访者	居住意愿	性别	婚姻状况	收入水平	受教育程度
个案1-001	独立居住	男	已婚	3 000~4 000元	大专
个案1-002	独立居住	女	已婚	3 000~4 000元	中专
个案1-003	独立居住	女	已婚	3 000~4 000元	中专
个案1-004	独立居住	男	已婚	3 000~4 000元	中专
个案1-006	独立居住	女	已婚	3 000~4 000元	大专
个案1-107	共同居住	女	已婚	3 000~4 000元	中专
个案1-008	独立居住	男	已婚	3 000~4 000元	中专
个案1-009	独立居住	男	已婚	3 000~4 000元	大专
个案1-010	独立居住	男	已婚	3 000~4 000元	中专
个案1-012	独立居住	女	已婚	3 000~4 000元	中专
个案1-013	独立居住	女	已婚	3 000~4 000元	中专
个案2-001	共同居住	女	已婚	3 000~4 000元	大专
个案2-002	共同居住	女	已婚	3 000~4 000元	大专
个案2-003	共同居住	女	已婚	3 000~4 000元	中专
个案2-004	共同居住	女	已婚	3 000~4 000元	大专
个案2-006	共同居住	男	已婚	3 000~4 000元	中专
个案2-007	共同居住	女	已婚	7 000~8 000元	高中

据此，在上述基本状况的基础上，本部分从城市第一代独生子女父母视角展开，针对"您觉得居住方式对您的养老影响大吗？"对城

市第一代独生子女父母居住意愿与养老支持需求情况展开详细阐释。

个案1-001

肯定是有影响的,和孩子住在一起热闹一些,不管是照顾孩子还是孩子照顾我们都更方便,最好的状态就是住得近一点,走着就能到的距离,这样来往方便,照顾起来也没有那么麻烦。孩子虽然忙,但是也比保姆更贴心一些,还是他们照顾我们更舒服。

个案1-002

我觉得现在这样分开住挺好,没有对我养老有什么影响,我身体还挺好的,自己多锻炼,住在一起也不一定有什么机会多照顾我们,还会耽误孩子生活。现在这样每周来一次,看着像是完成任务,但是我跟我爱人也没有觉得有啥不好的,没准天天住一起还是我们照顾他们俩呢。

个案1-003

居住方式对养老还是有影响的,跟孩子住着环境陌生,住在熟悉的地方养老心情好,也没那么寂寞,主要还是住在一起要互相改变。现在跟邻居都熟悉,我们年龄都不算大,身体有毛病也是小病小灾,邻里之间互相照顾着,说说话的,这样一直养老就挺好的。

个案1-004

我和老伴现在身体都还不错,没啥大病,在哪住,咋住都一样,没什么影响。可是跟儿子他们在大城市的话,去医院看病能更专业一些,也算是养老生活有保障了,但是咱们小地方也有方便的地方。我跟老伴儿互相照顾,就这样养老也挺好。她照顾我可比我去儿子那里天天让他照顾舒服,还是他在外地我们分开久了,儿子关心关心还行,一看他照顾我,我也有点不舒服,感觉给孩子添了不少麻烦。

个案1-006

在一起住还是分开住影响不大,现在都还年轻。我觉得住在一起还是得到的关照更多一些，但是我们年龄也大了，住在一起肯定是要女儿女婿照顾我们，两个孩子都是独生子女，两边都有父母，我们没退休，生活和工作都能正常进行，那就先让一让。分开住能有点空间，但是，肯定是有需求就需要沟通，不能随时随地地照顾到。而且一个屋檐下，都是互相照顾的，住到一起肯定日常生活就由子女张罗了，那些手机啊、电视什么的，还有Wi-Fi，就都不用我们操心了。

个案1-007

有影响，分开住不如住在一起。在我老的时候，分开住的话孩子不能天天都来照顾我们。住在一起好，我有时感觉在城市里无依无靠，这么大年龄了应该有孩子陪在身边，也算是有个保障。现在我们的身体还行，但等到岁数大一点，哪天得了病，身边就老伴儿自己照应着，那也不算是养老。我一直认为养儿防老，一起住才算是养老。

个案1-008

有影响但影响不大。现在住得远一些彼此给对方一些空间。况且我们和孩子离得并不太远，平时的走动也能满足日常的需要。我们自己有退休金有医保，日常花销也不多，现在我们争取锻炼好身体，尽量不为子女添负担。等哪天我们身体真的出了问题，我想孩子也不会不管我们的。

个案1-009

影响很大。我也不明白，为什么我们这辈人就是和自己的父母住在一起的，现在孩子就不能理解这种居住模式。虽说现在微信、QQ我们也常用，但是就不如孩子在身边来得实在。我们这个年纪就怕生病，以后生病了孩子不在身边谁来照料我们呀，养老院、保姆这些我们家也不考虑。一谈起以后的养老问题，我和孩子就总是有矛盾。

个案1-010

我觉得吧，现在交通这么发达，服务这么发达，就算孩子不在身边也不会亏待我们的。我女儿很孝顺的，虽然从读大学就在外地，但是一直是惦记爸妈的，很多家里的东西都是女儿帮着换新的，新手机什么的，挺好的。怎么住影响不大，还是懂孝顺比较重要，就算天天住在一起，天天吵也不好。

个案1-012

我觉得对我养老没什么影响，孩子都很孝顺，现在每到周三周六都会回家做饭，看望我们俩。而且现在我们也没有什么需要他照顾的，就是有时候会比较想他，其他的都没啥了。孩子现在工作很稳定，儿媳也是，所以，我根本不用考虑独居会影响我的养老问题，因为我也是从像他那么大的时候过来的。

个案1-013

我觉得这种居住方式跟我以后养老不发生任何关系。因为孩子大了，需要有自己的空间，就算现在在身边，那以后结了婚也不会在身边与我一起住的。我还有我的爱人陪着我，就算有一天爱人不在了，也可以请一个保姆，或者去养老机构，我不想给孩子造成任何不必要的麻烦。还有，就是小两口结婚之后难免会争吵。当然作为我女儿的母亲，在是非面前肯定还是会偏袒我的女儿的，我不想因为我破坏她们的婚姻生活。

个案2-001

我认为还是住在一起好一些吧，有影响的。我们现在虽然身体都挺好的，但是年龄大了生病都是难免的，住在一起就不用说了，随时就能照顾，近一点照顾起来也能方便一些，如果生病了，突发情况什么的，还是儿女在身边更好，治病也更及时。

个案2-002

影响挺大。虽然说我跟老伴儿住挺好，我能照顾他，但是真的和孩子们住一起了，发现还是比两个人相依为命容易多了，儿子也能帮我照顾照顾他爸，跟媳妇相处也还行，没像别人说的婆媳大战。之前他们说不住在一起不方便照顾，现在一看，还真是一起住着关照多一点，住一起是有好处的，虽说生活有不一样的，但是孩子也算孝顺，还是住在一起养老更保险。

个案2-003

我觉得养老这个事情吧，住哪里都一样。如果有条件的话，我和老伴儿还是想自己住，多自在。生病了有医院，大夫能看病，女儿她们就是到时候照顾照顾我们。以前不住一起的时候，她们也常来的，没事打打电话关心关心。我们身体还不错，就是刚退休闲下来，有的时候觉得挺寂寞的，现在这个阶段，养老也就是精神上的关照，身体上我们还要付出劳动呢。

个案2-004

影响挺大的，现在家家都一个孩子，好多家庭都成了"空巢家庭"，因为距离太远，孩子自从工作一年见不了几次面，现在我们搬去和自己孩子一起住，不仅可以照顾孩子的起居生活，还能相互有个陪伴，毕竟以后等她成家之后就可能没这种机会了。

个案2-006

很大，和子女住在一起应该更多的是利大于弊。首先，在基本的生活照料上，一日三餐由女儿为我们提供，吃住都不需要我们操心。其次，因为女儿在身边照顾老伴，我有更多时间可以去锻炼身体，可以和小区的老人交流，有时候，外孙女回家，看到孩子心里也开心。最后，我老伴儿身体不好，我也年纪大了，照顾起老伴儿多少有点力不从心。现在，和女儿住一起，遇上自己身体不舒服，也可以及时送医，不用担心突然发病的问题了。和女儿住的这一段时间，我和老伴儿感觉都很舒心，看来"养儿防老"确实是有道理的。

个案2-007

是有一定影响的。如果我们不与孩子住在一起，可能我和老伴儿能有更多的自由时间去做一些自己的事，我们也可以像单位里一些同事那样，节假日出去旅游，看看国内国外的风景，或者晚上吃完饭去公园遛遛弯，跳跳广场舞。不过，孩子在身边也是件好事，至少相互有个照应，我们负责照顾孩子的吃住，孩子每月也补贴一些钱给我们，我们一家人每年也会一起出去旅游散散心，一家人在一起也会很开心的。更重要的一点是，我们年纪也大了，平时有个头疼脑热的，孩子也会跑前跑后地照顾我们。所以，我们也很赞成共同居住。

人口学与社会学的传统是要证明家庭支持与养老方式之间存在着密切的联系。个案研究的典型性与代表性，使得一般性问题的讨论可能更具有意义。鉴于此，通过上述个案梳理，从局部出发，使个案陈述的典型性体现某一种类别社会现象的共同属性，将研究问题的各个焦点加以厘清，通过详细陈述展示总体的个性化特征，通过扩充与融合实现外延分析属性，为提供解释社会全体的可能性做准备，为下文的探索性研究提供必要的思路支撑。

通过上述个案阐释可知，代际居住模式在一定程度上决定了子代可以提供的养老资源，城市第一代独生子女父母的养老资源与居住模式关系更为突出。然而，尽管城市第一代独生子女在观念、态度上认可赡养父母的责任，但是空间距离的现实困境对父母养老的支持存在一定的削弱，两代人之间的互动与联系也在减少。在现实空间隔离与思想观念异化的综合作用下，城市第一代独生子女赡养父母，甚至抵御养老风险的能力变得十分薄弱，代际养老支持正面临着严重危机，城市第一代独生子女所呈现出的"与过去脱嵌，和未来一体"的个体化特征，导致目前独生子女家庭中代际关系不平衡状况严重（郑丹丹，2018）。

8.2　本章量化研究方法的介绍

8.2.1　数据的预处理

1）数据的清洗

问卷所收集的资料相对发散，多数开放性问题所收集的资料呈现随意、口语化的特点，因此需要在预处理过程中首先对数据进行清洗，将无关主体、混淆主题的内容清除。文本数据的清洗对于后续研究的顺利展开至关重要，这一预处理过程不仅要满足关联规则的造作基础，也要使文本资料所具有的真实性与个体特征得以保留。

本章所使用的开放式问题包括"考虑现实状况，您在经济来源、日常生活照料、精神生活三个方面最理想的养老方式是什么？""在养老方面，你最希望子女提供哪方面的养老支持？""在养老方面，子女最希望提供的养老支持是哪方面？"通过正则文本清洗，调整数据结构特征，提高数据质量，为构建出主题词库做准备。

具体地，首先是将"了""的"等文字中常出现却无关主体的词语噪声词条进行剔除；其次是对"然后""知道""认为"等出现频率较高，影响主体提取的词条进行剔除。这些词语的反复出现会降低文本资料的清晰度与识别度，影响数据建模所使用的最终文档的建立。

2）数据形式的转换

数据形式的转换是大数据算法过程中的重要一环。本章数据形式的转化包括两个部分：一是对城市第一代独生子女父母理想养老方式；二是对城市第一代独生子女家庭代际养老支持和养老需求。

首先，城市第一代独生子女父母理想养老方式主要分为生活支持来源、经济支持来源、精神支持来源与居住模式四个方面。通过 gsub 函数，将生活支持来源划分为"子女照料""自我照料""配偶照料""雇人或社区照料""养老院照料"；将经济支持来源划分为"存款储蓄""个人或配偶工资或退休金""子女补贴""经营收入""其他来源"；将精神支持来源划分为"参加活动""读书读报看电视听广播""锻炼身体""工作""老年大学""旅游""配偶及子女的陪伴""同龄人的陪伴""兴趣爱好""子女陪伴""自娱自乐"与"配偶的陪伴"；将居住模式划分为"独自居住""与配偶居住""与子女居住""养老院居住"。

其次，城市第一代独生子女家庭代际养老支持与养老需求是基于子代与亲代的双重视角展开的。在整理访谈资料的基础上，通过 gsub 函数，将代际养老支持与需求归纳为"经济供养""精神慰藉""生活照料""生病照料""医疗费用"五个方面。

8.2.2 关联规则算法模型的构建

居住模式受限于客观上代际间的距离，并进一步影响着主观上子代给予亲代的养老支持，更是代际关系的一种体现。关联规则算法可以在现有数据库中提取有价值的关联模式，鉴于此，本章从居住意愿展开对城市第一代独生子女父母步入老年阶段后养老生活的研究，不局限于验证居住意愿与理想养老支持间的因果关系，而是运用关联规则算法，探索性发掘城市第一代独生子女父母居住意愿与理想养老方式的关联性。

具体地，本章在两节分别运用关联规则算法，对独生子女父母居住意愿与理想养老支持来源、父母居住意愿与代际养老支持进行关联性探究。具体实现步骤如下：首先设置建模参数最小支持度、最小置信度，输入建模样本数据。然后采用 Apriori 关联规则算法对建模数据进行分析，通过模型参数设置的最小支持度、最小置信度以及分析目标作为条件，如果所有的规则都不满足条件，则需要重新调整模型参数，若存在满足最小支持度和置信度的规则，则输出关联规则结果。

8.3 城市第一代独生子女父母理想养老支持的基本状况

中国的人口自然增长率的改变，是在强制性的计划生育政策的干预下实现的，中国最早领取独生子女证的家庭可以追溯到1978—1979年，根据国家计生委的统计数据，1997年全国独生子女领证率为21.96%。第五次人口普查数据显示，20世纪90年代末，妇女的总和生育率为1.22，远低于人口的自然更替水平，从当时的社会宏观层面来看，强制性的计划生育政策提高了当时经济发展状况下的居民生活质量，促进了人口与社会经济的协调发展。然而，从微观层面来看，这一次渐进式人口转变衍生出上亿个独生子女家庭，高比例的独生子女家庭在养老的代际支持上具有天然脆弱性特质，并由此引发学界对于现代家庭养老内涵的再次探讨。

我国的社会学家费孝通先生（1998）认为，"家"或者"家庭"是社会的细胞，是最基本的存在，是老年人"养老送终"最根本的方式。"生育"一词包含生和育，是与"养老送终"密切相关的。生育制度、养老制度是社会更替延续的两项基本制度，位居同等地位，这两个制度共同构成了人类社会的代际关系和新陈代谢方式。李建新、李嘉雨（2013）从养老支持的角度出发，通过对城市空巢老人和非空巢老人对比发现，随着社会发展，空巢老人从子女获得的社会支持的比重会逐渐低于来自亲属、社区及其他社会组织的社会支持，而这些外部支持因素与空巢老人的心理健康状况密切相关，其健康质量自评、心理健康水平及生活满意度均显著低于非空巢老人群体。。

总的来说，由于城市第一代独生子女父母多处于"低龄"老龄阶段，部分老年人尽管已经退休，但仍然未满60周岁，处于独生子女家庭养老风险的预警阶段，并非处于现实的养老困境之中。因此，他们对于未来的养老生活，基于目前的养老基础与子女所提供的养老资源，也有更为多元的期待。为了更好地反映代际居住意愿下，城市第一代独生子女父母的养老支持状况，本部分首先通过经济来源、生活支持来源以及精神支持来源三方面，对城市第一代独生子女父母的理想养老支持状况展开研究。

8.3.1 城市第一代独生子女父母理想养老支持构成的基本状况

从养老资源不同的积累途径看，养老资源可以区分为内生性和外生性两种。内生性养老资源根据获取途径的差异，分为内生资源与外生资源两种。内生资源即以老年人自身为主要提供、创造者的养老资源；外生资源即由除老人以外的家庭直系亲属、亲戚、社会工作者等所创造与积累的养老资源。

养老的内涵主要包括两个方面，涵盖了对于养老资源主体、运行的多重角度：第一，主要是指谁来支持与照料老年人及其老年生活；第二，是老年人如何展开与度过老年生活。这不仅是对于由谁提供养老支持、如何实现养老支持的思考，也包括对于生活方式等更加具体的养老问题的探讨。养儿防老，历来是中国人坚持的理念，宋代陈元靓的《事林广记》曰："养儿防老，积谷防饥。"这种观点可以说是深深地植根于中国人的骨髓之中。值得说明的是，此处"防老"主要防"饥"，即传统意义上的养老主要是提供经济支持。此外，进入老年阶段后，老年人的精神文化需求也需要多方满足：首先，情感交流的需求主要表现为老年人对子孙的依存，感受家庭的温暖，享受天伦之乐。其次，为社会交往的需求，城市独生子女父母退休之后，社会交往圈变得狭窄起来，老年群体希望重新构建社会交往圈，增强人际互动能力。再次，随着科技进步和层出不穷的新鲜事物的出现，为了更好地丰富自我生活，拉近与子代的沟通，退休后的独生子女父母具有再次接受知识教育的需求。最后，自我价值实现的需求，即在多重角色的集合中重新定义自我，通过自我价值的实现获得满足感，以达到精神上的愉悦感。

1）城市第一代独生子女父母理想经济供养方式的基本状况

经济基础决定了养老生活的基础与物质保障。"经济供养"包括两种含义：物质支持与货币支持。子女给父母提供经济资源的多少直接影响老年人的生活质量，所以经济资源既是老年人的生存资源，也是老年人的发展资源。

由前文的统计结果可知，城市第一代独生子女父母普遍具有稳定工作或一定的经济基础。理想养老经济来源分为本人（及配偶）工资或退休金、存款储蓄、子女补贴、经营收入四类单一来源和包含其他来源或多种单一来源组合的多种收入组合来源。在单一来源中，63.67%的独生子女父母理想养老经济供养方式为本人（及配偶）工资或退休金，仅3.96%的独生子女父母理想养老经济供养方式为经营收入；在多种收入组合来源中，9.00%的独生子女父母理想养老经济供养方式为"本人（及配偶）工资或退休金和+存款储蓄"，独生子女父母理想养老经济供养方式为"存款储蓄+经营收入"和"存款储蓄+经营收入+子女补贴"的最少，分别占0.13%。由此可见，独生子女父母理想养老经济供养方式普遍倾向于稳定的收入来源，以保证晚年生活的基本需求（见表8-3）。

表8-3 城市第一代独生子女父母的理想养老经济来源统计分布表

经济来源		百分比
本人（及配偶）工资或退休金		63.67
存款储蓄		7.13
子女补贴		5.55
经营收入		3.96
多种收入组合来源	本人（及配偶）工资或退休金+存款储蓄	9.00
	本人（及配偶）工资或退休金+存款储蓄+经营收入	0.26
	本人（及配偶）工资或退休金+经营收入	1.19
	本人（及配偶）工资或退休金+子女补贴	4.23
	本人（及配偶）工资或退休金+存款储蓄+子女补贴	0.26
	存款储蓄+经营收入	0.13
	存款储蓄+经营收入+子女补贴	0.13
	存款储蓄+子女补贴	2.64
	子女补贴+经营收入	0.79
	其他	1.06
合计		100

国家统计局的数据显示，自2015年开始，我国的劳动年龄人口占比开始出现下降趋势，即传统的人口红利逐渐消失，人口老龄化加速。人均预期寿命的延长需要更多元和充足的社会福利作为支撑，当经济的增长速度与人口衰退之间的关系逐步走向失衡时，就会使步入老年行列的他们陷入"未富先老"的尴尬局面。

（1）不同收入水平的城市第一代独生子女父母的理想经济支持来源

经济基础与经济来源是养老生活质量的基本保障，城市第一代独生子女父母普遍处于"低龄"老年阶段。由于在城市中生活，因此城市独生子女父母理想状态下的养老经济来源有多元选择，理想状态下的需求也是以显示经济状况为基础的。对城市独生子女父母中不同收入群体对理想养老经济来源的实际需求情况的调查结果见表8-4。

表8-4　　　城市第一代独生子女父母的理想养老经济来源
与家庭月收入的卡方检验表

家庭月收入 理想经济支持来源	5 000元 以下	5 000~10 000元	10 000元 以上
本人（及配偶）的退休金/工资	44.52%	65.70%	59.03%
存款储蓄	6.21%	5.82%	15.69%
子女补贴	7.93%	0.95%	3.65%
经营收入	4.07%	2.89%	6.02%
多种收入组合来源	37.27%	24.64%	15.61%
合计	100%	100%	100%
显著性检验	$\chi^2=82.549$，$df=60$，$p=0.028$		

根据独生子女父母的理想经济供养方式，理想经济支持来源主要分为本人（及配偶）工资或退休金、存款储蓄、子女补贴、经营收入和多种收入组合来源五类，家庭月收入分为5 000元以下、5 000~10 000元和10 000元以上三类。对理想经济支持来源与家庭月收入建立交互分析。

交叉分析结果显示，独生子女父母家庭月收入在5 000元以下的，本人（及配偶）的退休金/工资为主要理想经济支持来源，占44.52%；以多种收入组合来源为理想经济支持来源次之，占37.27%；以子女补贴为理想经济支持来源的占7.93%，明显多于其他两类；以经营收入为理想经济支持来源最少，占4.07%。独生子女父母家庭月收入在5 000~10 000元的，本人（及配偶）的退休金/工资为主要理想经济支持来源，占65.70%；以多种收入组合来源为理想经济支持来源次之，占24.64%；以子女补贴为理想经济支持来源最少，占0.95%。独生子女父母家庭月收入在10 000元以上的，本人（及配偶）的退休金/工资为主要理想经济支持来源，占59.03%；以存款储蓄、多种收入组合来源为理想经济支持来源次之，分别占15.69%和15.61%；以子女补贴为理想经济支持来源最少，占3.65%。由此可见，不同收入水平家庭中，独生子女父母均以稳定收入为理想经济支持来源，并且当父母收入水平较低时（5 000元以下），子女补贴成为养老经济来源的重要方面。

城市第一代独生子女父母的理想经济支持来源与家庭月收入的卡方检验结果如表8-4所示，在自由度为60、显著性 α 为0.05的情况下，概率 p 值为0.028，小于显著性 α，因此应拒绝原假设，说明独生子女父母养老的理想经济支持来源与父母家庭月收入相关，即在不同收入水平下，独生子女父母的理想经济支持来源具有差异性。

（2）不同教育程度的城市第一代独生子女父母的理想经济支持来源

由于独生子女父母的受教育程度与其理想的经济来源具有紧密关联，因此需要考察不同受教育程度下独生子女父母的经济来源。一般而言，父母的受教育程度不同，导致其理想的收入来源也不尽相同，具有一定的多样性特征。

根据独生子女父母的理想经济供养方式，理想经济支持来源主要分为本人（及配偶）退休金/工资、存款储蓄、子女补贴、经营收入和多种收入组合来源五类，独生子女父母的受教育程度由低到高排列，依次为大专以下、大专、本科及以上三类学历。对理想经济支持来源与独生子女父母受教育程度进行交互分析的结果见表8-5。

表8-5　　城市第一代独生子女父母的理想经济支持来源
与受教育程度的卡方检验表

受教育程度 理想经济支持来源	大专以下	大专	本科及以上
本人（及配偶）的退休金/工资	55.33%	75.43%	72.71%
存款储蓄	7.96%	5.07%	5.05%
子女补贴	7.60%	0.00%	0.99%
经营收入	4.26%	3.40%	3.05%
多种收入组合来源	24.85%	16.10%	18.20%
合计	100%	100%	100%
显著性检验	$\chi^2=112.561$，$df=30$，$p=0.028$		

交叉分析结果显示，独生子女父母受教育程度在大专以下的，本人（及配偶）的退休金/工资为主要理想经济支持来源，占55.33%；以多种收入组合来源为理想经济支持来源次之，占24.85%；以存款储蓄、子女补贴为理想经济支持来源的分别占7.96%和7.60%；以经营收入为理想经济支持来源最少，占4.26%。独生子女父母受教育程度为大专的，本人（及配偶）的退休金/工资为主要理想经济支持来源，占75.43%；以多种收入组合来源为理想经济支持来源次之，占16.10%；无以子女补贴为理想经济支持来源。独生子女父母受教育程度在本科及以上的，本人（及配偶）的退休金/工资为主要理想经济支持来源，占72.71%；以多种收入组合来源为理想经济支持来源次之，占18.20%；以子女为理想经济支持来源最少，占0.99%。由此可见，不同受教育程度独生子女父母中，独生子女父母均以稳定收入为理想经济支持来源，

并且当父母受教育程度较低时（大专以下学历），存款储蓄和子女补贴也成为养老经济来源的重要方面。

第一代独生子女父母的理想经济支持来源与受教育程度的卡方检验结果如表8-5所示，在自由度为30、显著性 α 为0.05的情况下，概率 p 值为0.028，小于显著性 α，因此应拒绝原假设，说明独生子女父母养老的理想经济支持来源与父母受教育程度相关，即在不同受教育程度下，独生子女父母的理想经济支持来源具有差异性。

（3）不同身体状况的城市第一代独生子女父母的理想经济支持来源

由于独生子女父母的身体状况与其理想经济支持来源具有紧密关联，因此需要考察不同健康状态下独生子女父母的理想经济支持来源。一般而言，由于身体状况与老年生活息息相关，因此城市独生子女父母理想状态下的养老经济来源受身体状况影响。对城市独生子女父母中不同身体状况对理想养老经济来源的实际需求情况的调查结果见表8-6。

根据独生子女父母的理想经济供养方式，理想经济支持来源主要分为本人（及配偶）退休金/工资、存款储蓄、子女补贴、经营收入和多种收入组合来源五类，独生子女父母的身体状况分为较差与较好两类，对理想经济支持来源与独生子女父母受教育程度建立交互分析。

交叉分析结果显示，独生子女父母身体状况较差的，本人（及配偶）的退休金/工资为主要理想经济支持来源，占61.43%；以多种收入组合来源为理想经济支持来源次之，占21.31%；以存款储蓄为理想养老方式占9.64%，明显多于身体状况较好的独生子女父母；以经营收入为理想经济支持来源最少，占2.03%。独生子女父母身体状况较好时，本人（及配偶）的退休金/工资为主要理想经济支持来源，占60.33%；以多种收入组合来源为理想经济支持来源次之，占23.16%；以子女补贴为理想经济支持来源，占4.67%。由此可见，不同身体状况独生子女父母中，独生子女父母均以稳定收入为理想经济支持来源，并且当父母身体状况较差时，存款储蓄作为已有的经济基础也成为养老经济来源的重要方面。

城市第一代独生子女父母的理想经济支持来源与身体状况的卡方检验结果如表8-6所示，在自由度为30、显著性α为0.05的情况下，概率p值为0.334，大于显著性α，因此应接受原假设，说明独生子女父母养老的理想经济支持来源与父母身体状况无关，即在不同身体状况下，独生子女父母的理想经济支持来源无差异。

表8-6　　城市第一代独生子女父母的理想经济支持来源
与身体状况的卡方检验表

理想经济支持来源 ＼ 身体状况	较差	较好
本人（及配偶）的退休金/工资	61.43%	60.33%
存款储蓄	9.64%	6.28%
子女补贴	5.59%%	5.56%
经营收入	2.03%	4.67%
多种收入组合来源	21.31%	23.16%
合计	100%	100%
显著性检验	χ^2=32.746，df=30，p=0.334	

2）城市第一代独生子女父母理想生活照料支持来源的基本状况

目前，独生子女父母处于"低龄"老龄化阶段，生活照料自理能力较强。然而，随着年龄增长，身体机能会逐渐下降，对未来"高龄"老龄化养老生活中的生活照料支持值得独生子女父母思考，因此，应当重视对独生子女父母理想生活照料支持的研究。理想生活照料支持主要来源有两个方面：家庭照料与社会照料。在理想生活支持的具体来源中，家庭照料包括配偶照料、子女照料、配偶照料+子女照料；社会照料包括养老院照料、雇人或社区照料、。根据独生子女父母的不同需求，理想生活照料支持形成仅依靠家庭照料、仅依靠社会照料、家庭照料+社会照料三种。从理想生活照料支持的具体来源看，配偶照料成为独生子女父母最主要的理想生活照料支持来源，占51.01%；子女照料次之，占32.21%；子女照料+养老院照料最少，仅占0.13%。由此可见，家庭仍然是养老生活的主要场景，家庭照料成为独生子女父母理想生活照料支持来源的广泛选择，而社会照料相对薄弱，选择家庭照料+社会照料最少（见表8-7）。

表8-7　城市第一代独生子女父母理想生活照料支持来源的统计分布表

理想生活照料支持来源		百分比
家庭照料	配偶照料	51.01
	子女照料	32.21
	配偶照料+子女照料	8.19
社会照料	养老院照料	4.03
	雇人或社区照料	3.09
	雇人或社区照料+养老院照料	0.54
家庭照料+社会照料	配偶照料+雇人或社区照料	0.27
	子女照料+雇人或社区照料	0.27
	配偶照料+子女照料+雇人或社区照料	0.26
	子女照料+养老院照料	0.13
合　计		100.00

（1）不同收入水平的城市第一代独生子女父母的理想生活照料支持来源

独生子女父母的经济能力影响着生活支持选择的多样性，因此独生子女父母理想生活照料支持来源也是以当前收入水平与经济状况为基础的，对城市独生子女父母中不同收入群体对理想生活照料支持来源的实际需求情况的调查结果见表8-8。

表8-8　城市第一代独生子女父母的理想生活照料支持来源
与家庭月收入的卡方检验表

理想生活照料支持来源	家庭月收入	5 000元以下	5 000~10 000元	10 000元以上
家庭照料	配偶照料	50.89%	46.62%	31.33%
	子女照料	28.95%	33.02%	40.93%
社会照料	雇人或社区照料	1.75%	2.93%	10.86%
	养老院照料	3.51%	4.81%	4.85%
家庭照料+社会照料	多种照料组合	14.90%	12.62%	12.03%
合计		100%	100%	100
显著性检验		χ^2=74.282，df=30，p=0.028		

根据独生子女父母的理想生活照料支持，生活支持来源主要分为配偶照料、子女照料、雇人或社区照料、养老院照料和以上方式的多种照料组合，家庭月收入分为5 000元以下、5 000~10 000元和10 000元以上三类。对理想经济支持来源与家庭月收入建立交互分析。

交叉分析结果显示，独生子女父母家庭月收入在5 000元以下的，配偶照料成为最理想生活照料支持来源，占50.89%；子女照料次之，占28.95%；雇人或社区照料最少，占1.75%。独生子女父母家庭月收入在5 000~10 000元的，配偶照料成为最理想生活照料支持来源，占46.62%；子女照料次之，占33.02%；雇人或社区照料最少，占2.93%。独生子女父母家庭月收入在10 000元以上的，子女照料成为最理想生活照料支持来源，占 40.93%；配偶照料次之，占 31.33%；养老院照料最少，占 4.85%。由此可见，万元以下收入水平家庭中，配偶照料均为独生子女父母主要生活照料支持来源，并且当父母收入水平较低时（5 000 元以下），雇人或社区照料的选择最少。万元以上收入水平家庭其子女照料占比最高，同时选择雇人或社区照料的比例显著高于其他收入群体，反映出较高经济水平带来的照料方式多元化特征。

城市第一代独生子女父母的理想生活照料支持来源与家庭月收入的卡方检验结果如表 8-8 所示，在自由度为 30，显著性 α 为 0.05 的情况下，概率 p 值为 0.028，小于显著性 α，因此应拒绝原假设，说明独生子女父母养老的理想生活照料支持来源与父母家庭月收入相关，即在不同收入水平下，独生子女父母的理想生活照料支持来源具有显著差异性。

（2）不同受教育程度的城市第一代独生子女父母的理想生活照料支持来源

由于独生子女父母的受教育程度与其理想生活照料支持来源具有紧密关联，因此需要考察不同受教育程度下独生子女父母的理想生活照料支持来源。一般而言，父母的受教育程度不同，导致其理想生活照料支持来源也不同，呈现出一定的多样性特征。

根据独生子女父母的理想生活照料支持，生活支持来源主要分为配偶照料、子女照料、雇人或社区照料、养老院照料和以上方式的多种照料组合，独生子女父母的受教育程度由低到高排列，依次为大专以下、大专、本科及以上三类学历。对理想生活照料支持来源与独生子女父母受教育程度建立交互分析。

交叉分析结果显示，独生子女父母受教育程度在大专以下的，配偶照料成为最理想生活照料支持来源，占 49.15%；子女照料次之，占30.88%；雇人或社区照料最少，占2.26%。独生子女父母受教育程度为大专的，配偶照料成为最理想生活照料支持来源，占40.53%；子女照料次之，占38.79%；雇人或社区照料最少，占2.57%。独生子女父母受教育程度在本科及以上的，配偶照料成为最理想生活照料支持来源，占46.92%；子女照料次之，占31.63%；养老院照料最少，占6.16%。

城市第一代独生子女父母的理想生活照料支持来源与受教育程度的卡方检验结果如表8-9所示，在自由度为8、显著性α为0.05的情况下，概率p值为0.000，小于显著性α，因此应拒绝原假设，说明独生子女父母养老的理想生活照料支持来源与父母受教育程度相关，即在不同受教育程度下，独生子女父母的理想生活照料支持来源具有显著差异性。

表8-9　城市第一代独生子女父母的理想生活照料支持来源与受教育程度的卡方检验表

理想生活照料支持来源	受教育程度	大专以下	大专	本科及以上
家庭照料	配偶照料	49.15%	40.53%	46.92%
	子女照料	30.88%	38.79%	31.63%
社会照料	雇人或社区照料	2.26%	2.57%	8.14%
	养老院照料	3.40%	5.20%	6.16%
家庭照料+社会照料	多种照料组合	14.31%	12.91%	7.15%
合计		100%	100%	100%
显著性检验		$\chi^2=36.441$，$df=8$，$p=0.000$		

（3）不同身体状况的城市第一代独生子女父母的理想生活照料支持来源

由于城市第一代独生子女父母的身体状况与其理想生活照料支持

来源具有紧密关联，因此需要考察不同健康状态下独生子女父母的理想生活照料支持来源。

根据独生子女父母的理想生活照料支持，生活照料支持来源主要分为配偶照料、子女照料、雇人或社区照料、养老院照料和以上方式的多种照料组合，独生子女父母的身体状况分为较差与较好两类，对理想生活照料支持来源与独生子女父母身体状况建立交互分析。

交叉分析结果显示，城市第一代独生子女父母身体状况较差的，配偶照料成为主要的或者说最理想的生活照料支持来源，占41.15%；子女照料次之，占31.26%；养老院照料与雇人或社区照料最少，均占4.17%。城市第一代独生子女父母身体状况较好的，配偶照料成为最理想生活照料支持来源，占49.83%；子女照料次之，占32.55%；雇人或社区照料最少，占2.73%。由此可见，不同身体状况的城市第一代独生子女父母中，家庭照料均是养老生活照料支持的主要来源。值得说明的是，社会照料体现养老资源的公共属性，既包括需付费购买的市场化服务，也涵盖社会福利体系提供的社区照料和机构养老资源。

城市第一代独生子女父母的理想生活照料支持来源与身体状况的卡方检验结果如表8-10所示，在自由度为30、显著性α为0.05的情况下，概率p值为0.334，大于显著性α，因此应接受原假设，说明独生子女父母不同身体状况与理想生活照料支持来源无关。

（4）城市第一代独生子女父母理想精神慰藉支持的描述性统计

精神需求是指在老年人离开工作岗位后，为体现社会与个人价值、排解失落、提供消遣、充实老年生活，而选择参与政治、社会互动与交流，以崭新的知识充实自我的一种现实需求。（汤雪玲，

表8-10　城市第一代独生子女父母的理想生活照料支持来源
与身体状况的卡方检验表

理想生活照料支持来源	身体状况	较差	较好
家庭照料	配偶照料	41.15%	49.83%
	子女照料	31.26%	32.55%
社会照料	雇人或社区照料	4.17%	2.73%
	养老院照料	4.17%	3.99%
家庭照料+社会照料	多种照料组合	19.25%	10.90%
合计		100%	100%
显著性检验		$\chi^2=1.02$，$df=30$，$p=0.334$	

2018)[①]。马斯洛需求层次理论认为，人类的需求分为生理、安全、社交、尊重和自我实现五个方面，这些需求的满足必须通过参与各种类型的社会活动才能逐步实现。老年群体与其他社会群体无差别，在满足基本的生理与安全需求的基础上，对于社交、尊重和自我实现同样有着强烈的需求，甚至有学者指出，在增加老年基本生活保障内容的同时，还要将老年人的精神需求考虑进去，例如将买书订报等精神消费纳入社会保险的计算公式[②]（刘颂，2002），加大对老年大学的补贴扶持力度。因此，在步入老年后通过参与社会活动来丰富生活，可以更好地满足多维的人类需求（史薇，2014）[③]。

风笑天（1991）认为，在经济来源上，未来的城市独生子女父母

① 汤雪玲，张英红，张利栋，等. 老年人精神需求社区支持系统浅议 [J]. 合作经济与科技，2018 (4)：166-167.
② 刘颂. 老年精神生活：一个亟待关注的社会问题——老年人群精神生活现状的调查与研究 [J]. 南京社会科学，2002 (4)：80-86.
③ 史薇. 城市老年人养老"时间储蓄"的实证研究——老年社会参与的视角 [J]. 南方人口，2014，29 (5)：58-68.

会更有保障；在生活照料上，独生子女对父母的生活照料不会有较为显著的降低趋势；在社会交往上，城市中邻里关系的淡漠、老年群体的工作交往中断，会对老年人的心理健康产生危害[①]。有研究证明，结交朋友和参与集体活动对老年人的幸福感有显著影响，喜欢结交朋友、热爱参与集体活动的老年人的生活幸福感和满意程度高于不喜欢结交朋友、不热爱参与集体活动的老人[②]（孙鹃娟，2008）。可见，老年人通过主动参加集体活动并结交新朋友，有益于获得精神上的满足。

3）城市第一代独生子女父母理想精神慰藉支持来源的基本状况

随着教育普及程度的提高，尤其是现代传媒价值观的输入，对人们心目中的家庭价值产生了独立的影响，进而驱使家庭寻求新的途径来满足他们的实际需求。[③]在本部分，理想精神慰藉支持主要来自四个方面：家人陪伴、同龄伙伴群、休闲娱乐与再就业。具体的精神慰藉支持来源中，家人陪伴包括子女陪伴、配偶及子女陪伴和配偶陪伴；同龄伙伴群是同龄人的陪伴；休闲娱乐包括兴趣爱好、锻炼身体、参加活动等；再就业是以工作为来源。

描述性统计分析结果显示，从理想精神慰藉支持具体来源看，子女陪伴成为独生子女父母精神支持的最主要来源，占32.63%；兴趣爱好与配偶及子女陪伴次之，分别占14.80%和12.29%；以工作为理想精神慰藉支持来源最少，占0.92%（见表8-11）。值得关注的是，城市第一代独生子女父母的养老精神慰藉支持来源呈现出多样化特点。

---

① 风笑天. 城市独生子女父母的老年保障问题 [J]. 北京大学学报（哲学社会科学版），1991（5）：102-109.
② 孙鹃娟. 北京市老年人精神生活满意度和幸福感及其影响因素 [J]. 中国老年学杂志，2008（3）：308-310.
③ GOODE W J.World revolution and family patterns [M]. New York：Free Press，1970.

表8-11　城市第一代独生子女父母理想精神慰藉支持来源的
统计分析表

理想精神慰藉支持来源		百分比
家人陪伴	子女陪伴	32.63
	配偶及子女陪伴	12.29
	配偶陪伴	2.50
同龄伙伴群	同龄人的陪伴	6.21
休闲娱乐	兴趣爱好	14.80
	锻炼身体	9.38
	参加活动	8.59
	自娱自乐	5.94
	读书读报、看电视、听广播	4.10
	旅游	1.98
	老年大学	0.66
再就业	工作	0.92
合计		100

（1）不同收入水平的城市第一代独生子女父母的理想精神慰藉支
持来源

根据独生子女父母的理想精神慰藉支持来源，精神慰藉支持主要
包括家人陪伴、同龄伙伴群、休闲娱乐与再就业中具体的11个方面，
家庭月收入分为5 000元以下、5 000~10 000元和10 000元以上三类。
对理想精神慰藉支持来源与家庭月收入建立交互分析。

交叉分析结果显示，独生子女父母家庭月收入在5 000元以下
的，子女陪伴是独生子女父母理想精神慰藉支持的主要来源，占
31.48%；兴趣爱好次之，占21.42%；独生子女父母健康意识强烈，

以锻炼身体为精神支持的占 12.63%；以工作和参加老年大学为精神慰藉支持来源的最少，均仅占 0.42%。独生子女父母家庭月收入在 5 000~10 000 元的，子女陪伴是独生子女父母理想精神慰藉支持的主要来源，占 34.31%；兴趣爱好和配偶及子女陪伴次之，分别占 18.33% 和 15.95%；以参加老年大学为精神慰藉支持来源的最少，仅占 0.95%。独生子女父母家庭月收入在 10 000 元以上的，子女陪伴是独生子女父母理想精神慰藉支持的主要来源，占 34.95%；兴趣爱好次之，占 22.90%；以参加老年大学为精神慰藉支持来源的最少，仅占 1.19%。由此可见，不同收入水平家庭中，独生子女父母均以子女陪伴作为理想精神慰藉支持来源。

城市第一代独生子女父母的精神慰藉支持来源与家庭月收入的卡方检验结果如表 8-12 所示，在自由度为 20、显著性 α 为 0.05 的情况下，概率 p 值为 0.002，小于显著性 α，因此应拒绝原假设，说明独生子女父母养老的精神慰藉支持来源与父母家庭月收入相关，即在不同收入水平下，独生子女父母的精神慰藉支持来源具有差异性。

表 8-12　　城市第一代独生子女父母的理想精神慰藉支持
与家庭月收入的卡方检验表

理想精神慰藉支持来源		家庭月收入　5 000 元以下	5 000~10 000 元	10 000 元以上
家人陪伴	配偶陪伴	2.58%	2.41%	2.37%
	配偶及子女陪伴	10.49%	15.95%	13.41%
	子女陪伴	31.48%	34.31%	34.95%
同龄伙伴群	同龄人的陪伴	4.93%	10.64%	2.37%
休闲娱乐	参加活动	9.42%	5.82%	10.86%

理想精神慰藉支持来源	家庭月收入	5 000元以下	5 000~10 000元	10 000元以上
休闲娱乐	读书读报、看电视、听广播	4.93%	2.89%	2.37%
	锻炼身体	12.63%	4.83%	2.37%
	老年大学	0.42%	0.95%	1.19%
	旅游	1.28%	2.41%	4.84%
	兴趣爱好	21.42%	18.33%	22.90%
再就业	工作	0.42%	1.46%	2.37%
合计		100%	100%	100%
显著性检验		χ^2=43.163，df=20，p=0.002		

（2）不同受教育程度的城市第一代独生子女父母的理想精神慰藉支持来源

根据独生子女父母的理想精神慰藉支持来源，精神慰藉支持来源主要包括家人陪伴、同龄伙伴群、休闲娱乐与再就业中具体的11个方面，独生子女父母的受教育程度由低到高排列，依次为大专以下、大专、本科及以上三类学历。对精神慰藉支持来源与独生子女父母受教育程度建立列联分析下的卡方检验。

交叉分析结果显示，城市第一代独生子女父母受教育程度在大专以下的，子女陪伴是独生子女父母理想精神慰藉支持的主要来源，占30.93%；兴趣爱好次之，占19.44%；配偶及子女陪伴占12.59%；独生子女父母健康意识强烈，以锻炼身体为精神慰藉支持来源的占12.41%；以工作为精神慰藉支持来源的最少，仅占0.56%。独生子女父母受教育程度为大专的，子女陪伴是独生子女父母理想精神慰藉支持的主要来源，占38.10%；兴趣爱好次之，占26.30%；以参加老年大学为精神慰藉支持来源的最少，仅占0.83%。独生子女父母受教育程度在本科及以上的，子女陪伴是独生子女父母理想精神慰藉支持的主要来源，占35.32%；兴趣爱好次之，占21.18%；无以参加老年大学为精神慰藉支持来源。由此可见，在不同受教育程度的独生子女父母中，子女均是父母所关注的重点，成为最主要的理想精神慰藉支持来源；无论受教育程度如何，独生子女父母对继续接受教育的老年大学认可度均较低。

城市第一代独生子女父母的理想精神慰藉支持来源与受教育程度的卡方检验结果如表8-13所示，在自由度为20、显著性α为0.05的情况下，概率p值为0.014，小于显著性α，因此应拒绝原假设，说明独生子女父母养老的理想精神慰藉支持来源与受教育程度相关，即在不同受教育程度下，独生子女父母的理想精神慰藉支持来源具有显著差异性。

表8-13　城市第一代独生子女父母的理想精神慰藉支持来源
与受教育程度的卡方检验表

理想精神慰藉支持来源	受教育程度	大专以下	大专	本科及以上
家人陪伴	配偶陪伴	2.05%	2.56%	5.05%
	配偶及子女陪伴	12.59%	10.20%	13.15%
	子女陪伴	30.93%	38.10%	35.32%
同龄伙伴群	同龄人的陪伴	7.40%	3.40%	3.13%
休闲娱乐	参加活动	8.15%	9.30%	10.09%
	读书读报、看电视、听广播	3.88%	3.40%	6.04%
	锻炼身体	12.41%	2.57%	0.99%
	老年大学	0.74%	0.83%	0.00%

理想精神慰藉支持来源	受教育程度	大专以下	大专	本科及以上
休闲娱乐	旅游	1.85%	1.67%	3.06%
	兴趣爱好	19.44%	26.30%	21.18%
再就业	工作	0.56%	1.67%	1.99%
合计		100%	100%	100%
显著性检验		χ^2=36.315，df=20，p=0.014		

（3）不同身体状况的独生子女父母的理想精神慰藉支持来源

根据城市第一代独生子女父母的理想精神慰藉支持来源，精神慰藉支持来源主要包括家人陪伴、同龄伙伴群、休闲娱乐与再就业中具体的 11 个方面，独生子女父母的身体状况分为较差和较好两类。对理想精神慰藉支持来源与独生子女父母身体状况建立列联分析。

具体地，对于身体状况较差的城市第一代独生子女父母，子女陪伴是独生子女父母理想精神慰藉支持的主要来源，占 29.93%；兴趣爱好次之，占 24.38%；城市第一代独生子女父母健康意识强烈，以锻炼身体为理想精神慰藉支持来源的占 15.23%；无以工作为理想精神慰藉支持来源。对于身体状况较好的城市第一代独生子女父母，子女陪伴是独生子女父母理想精神慰藉支持的主要来源，占 33.58%；兴趣爱好次之，占 19.57%；以参加老年大学为理想精神慰藉支持来源最少，占 0.54%。由此可见，在不同身体状况独生子女父母中，子女陪伴均是理想精神慰藉支持的主要来源，并且当身体状况较差时，锻炼身体也成为独生子女父母理想精神慰藉支持的重要来源。

城市第一代独生子女父母的理想精神慰藉支持来源与身体状况的卡方检验结果如表 8-14 所示，在自由度为 30、显著性 α 为

0.05的情况下，概率 p 值为0.018，小于显著性 α，因此应拒绝原假设，说明独生子女父母不同身体状况与理想精神慰藉支持来源显著相关。

表8-14　城市第一代独生子女父母的理想精神慰藉支持来源
与身体状况的卡方检验表

理想精神慰藉支持来源	身体状况	较差	较好
家人陪伴	配偶陪伴	3.02%	2.33%
	配偶及子女陪伴	12.17%	12.21%
	子女陪伴	29.93%	33.58%
同龄伙伴群	同龄人的陪伴	5.09%	6.46%
休闲娱乐	参加活动	5.59%	9.69%
	读书读报、看电视、听广播	2.03%	4.85%
	锻炼身体	15.23%	7.36%
	老年大学	1.03%	0.54%
	旅游	1.53%	2.15%
	兴趣爱好	24.38%	19.57%
再就业	工作	0.00%	1.26%
合计		100%	100%
显著性检验		$\chi^2=1.02$，$df=30$，$p=0.018$	

8.3.2　城市第一代独生子女父母理想养老支持来源的基本状况

城市第一代独生子女父母的养老问题关键在于"如何养老""由谁养老"。在全面展示城市第一代独生子女父母理想养老支持内容的基础上，通过对理想养老支持来源进行分析，可以明晰养老支持的主体，即"由谁养老"的问题。

如图 8-1 所示，理想养老支持来源分为社会提供、子女提供和自身提供三个方面。首先，对数据进行预处理，剔除少部分多种来源组合样本。其次，对选项进行归纳。具体地，在理想经济支持来源中，"子女补贴"代表由子女提供；"存款储蓄""经营收入"代表由自身提供；"本人（及配偶）工资或退休金"代表由社会提供。在理想生活照料支持来源中，"子女照料"代表由子女提供；"配偶照料"代表由自身提供；"养老院照料"与"雇人或社区照料"代表由社会提供。在理想精神慰藉支持来源中，"配偶陪伴""同龄人的陪伴""兴趣爱好""锻炼身体""自娱自乐""读书读报、看电视、听广播"和"旅游"代表由自身提供；"子女陪伴"代表由子女提供；"参加活动""老年大学""工作"代表由社会提供。

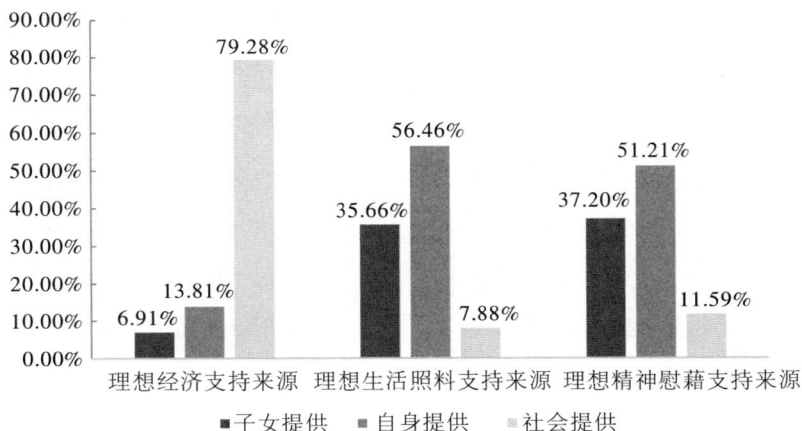

图 8-1　城市第一代独生子女父母的理想养老支持的总体状况柱状图

描述性统计分析结果显示，理想经济支持来源以社会提供为主（79.28%），理想生活照料支持来源以自身提供为主（56.46%），理想精神慰藉支持来源以自身提供为主（51.21%）。值得关注的是，子女提供的养老支持在理想生活照料支持来源和理想精神慰藉支持来源两个方面均处于相对重要的位置。

综上，目前城市第一代独生子女父母多处于"低龄"老年阶段，对于理想养老支持的现实需求主要以身体状况为基础，随着年龄的增长，未来对子女支持的依赖可能会进一步提高。本书以代际关系为研究中心对独生子女父母养老模式展开研究，因此，下文将在本部分的基础上，进一步阐释城市第一代独生子女家庭代际养老支持的供给与需求状况。

8.4 城市第一代独生子女家庭代际养老支持的基本状况

家庭的养老功能是社会中历史悠久的文化传承，并且在世界范围内被广泛认可，由此可见，家庭的养老功能是一种跨越中西方文化、超越社会发展进程的重要社会功能。在西方学术领域中，家庭养老是一种代际关系的直接体现，也是老年人养老生活非正式却必不可少的养老支持。在我国传统农业社会，三代同堂或多代同堂的大家庭随处可见，家庭中子女及其他亲属成员众多，因此在生活照料方面人力资源丰富。但当代的中国家庭受新的人口政策影响，子女数量减少，家庭结构趋于小型化，家庭成员照料者严重不足，照顾老龄人口的支持系统也因此受到冲击与挑战。

家庭代际支持与父母的养老需求程度有一定联系（Hermalin 等，1996；陈皆明，1998；王跃生，2010），子女对父母养老的实际支持影响着独生子女父母养老方式的选择。中国社会的代际关系包括向下抚养和向上赡养两个方面，其中，子女对父母的向上赡养这个方面在中西方存在很大的差异。尚潇滢（2014）曾指出，城市独生子女家庭的不同养老模式选择意愿受限于养老支持的供给与需求状况。

8.4.1 城市第一代独生子女父母代际养老支持需求的基本状况

养老支持从提供主体的不同属性上可以划分为不同的类型,分别是正式的社会支持和非正式的社会支持,正式的社会支持的提供主体包括政府、社区和企业等正式的组织机构;非正式的社会支持的提供主体包括家庭成员如配偶、子女和其他亲属以及邻里朋友等非正式的群体,家庭支持是我国老年人养老资源的重要源泉。有研究表明,在计划生育政策影响下,家庭成员中子女的减少必然导致由多子女所提供的现实保障缺失以及社会养老资源的供需失衡,城市第一代独生子女父母的健康问题与日常照料不足便成为独生子女家庭不可回避的养老难题(胡安宁,2017)。

费孝通(1983)提出代际亲子关系这种社会关系是构成一个社会基本群体的基础,是个人亲密社会关系的核心,是社会结构中最基本的组成部分。尚潇滢(2014)曾指出,城市独生子女家庭的不同养老模式的选择意愿受限于其养老需求。而独生子女父母的需求受其年龄、健康状况、经济状况等个体因素的影响(Eggebeen,1992;张文娟、李树茁,2004)。目前,中国城市第一代独生子女父母刚刚步入老年阶段,关于养老困境的阐释多为前瞻性探讨,在经验性研究不足的前提下,从老年人视角展开,代际养老需求是最切实的研究起点。鉴于此,本部分在前文的基础上,从老年群体的视角出发,进一步研究在养老方式选择上的代际需求。

1)城市第一代独生子女父母的代际养老需求总体的基本状况

从独生子女父母的角度来讲,养老的代际需求隐含着对于"养儿防老"观念的认可,以及对养老生活质量的诉求。本书中,独生子女父母的养老需求是指期望子女提供的养老支持。调查结果显示,首先，在城市第一代独生子女家庭中，父母对子女养老的期待主要集中在精神慰藉，占样本总量的38.39%，即父母对子女的物质回报期望弱于精神回报，而独生子女父母的养老需求也可理解为更加注重精神世界的满足。其次，期望子女照料则是独生子女父母的另一主要养老诉求，其中，生活照料需求的占样本容量的28.23%，生病照料需求的占样本容量的25.33%。最后，对子女的物质回报明显低于精神慰藉与照料，期望子女给予经济供养的占样本容量的6.07%；期望给予医疗费用的占样本容量的1.06%（如图8-2所示）。

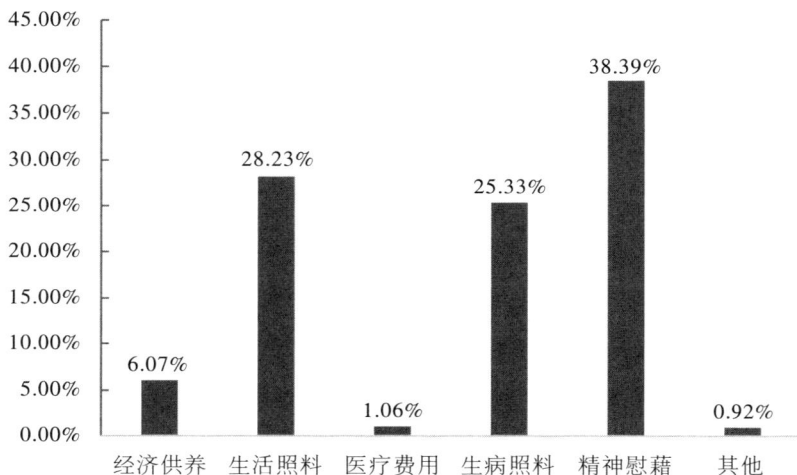

图8-2　城市第一代独生子女父母代际养老支持需求的柱状图

独生子女不仅要给予父母基本的生活照料与经济支持，还要关注老年人的心理变化情况，尽可能地给予父母更多的精神慰藉。综上，第一代独生子女父母对于精神慰藉的诉求较高，短期来看经济支持诉求并非养老问题的重点，分析其原因，一方面由于独生子女父母多集中于城市，具有较为稳定的经济收入水平，对子女的经济依赖相对较弱；另一方面，独生子女家庭中，少子化导致父母对子女的情感投入指向单一，从而在父母步入老年生活后，对精神与情感回报的诉求更为强烈。

值得说明的是，处于事业上升阶段的城市独生子女，其经济基础相对薄弱，能为父母提供的经济支持十分有限。考量到子女生活实际困难的独生子女父母，可能会在主观意愿上降低经济支持的需求；而另一方面，精神慰藉与日常照料由于标准并不统一且无法测量，因此，缺乏确切的数据支撑。为了更好地反映独生子女家庭代际支持的实际状况，后文将更多地通过探索性研究，挖掘独生子女家庭的现实代际需求状况。

2）不同身体状况下城市第一代独生子女父母的代际养老支持需求的基本状况

"健康资源"是养老的首要资源，身心健康是老年人独立最重要的前提条件，更是"老年发展"的第一条件。尽管独生子女父母目前对养老风险的应对呈现积极态度，然而，在不同生理机能与身体状况的情况下，独生子女父母对于自身需要的照料与支持也会发生改变。当未有疾病困扰的情况下，个体对精神与物质的质量要求更高；当身体状态不佳时，相应的养老需求也会发生变化。鉴于此，以下要根据调查数据，对城市第一代独生子女父母的养老需求与身体状况进行列联分析下的卡方检验，以验证养老需要与身体状况是否具有显著关联性。

交叉分析结果显示，首先，对于身体状况"较差"的独生子女父母，33.5%需要生活照料支持，33%需要精神慰藉支持，26.42%需要生病照料支持（具体如表8-15所示）。其次，对于身体状况"良好"的独生子女父母，40.21%需要精神慰藉支持，26.03%需要生活照料支持，25.14%需要生病照料支持。

城市第一代独生子女父母身体状况与养老需求的卡方检验结果如表8-15所示，在自由度为6、显著性 α 为0.05的情况下，概率 p 值为

0.192，大于显著性 α，因此应拒绝原假设，说明身体状况与独生子女父母的养老需求无显著差异，即独生子女父母的不同身体状况与养老需求无关。

表8-15　　　　　城市第一代独生子女父母身体状况
与养老需求的卡方检验表

养老需求 身体状况	经济 供养	生活 照料	生活照 料与精 神慰藉	医疗 费用	生病 照料	精神 慰藉	其他	合计
较差	6.58%	33.50%	0.00%	0.50%	26.42%	33.00%	0.00%	100%
良好	5.93%	26.03%	0.17%	1.26%	25.14%	40.21%	1.26%	100%
显著性检验	$\chi^2=8.680$，$df=6$，$p=0.192$							

8.4.2　城市第一代独生子女的代际养老支持意愿的基本状况

养老资源从不同的积累途径，可以分为内生性养老资源和外生性养老资源。前者是老年人为了更好地度过晚年生活，经过个人的努力创造并积累下来的；后者则是子女等家庭成员、社会各界积累下来提供给老年人的。

城市第一代独生子女对于孝顺父母具有较强的主观意愿，但在养老生活中经济支持、精神慰藉与日常照料的实际行动与切实支撑十分有限。调查结果显示，对于独生子女家庭而言，"对子女是否孝顺"的评价中，55.48%的父母认为子女非常孝顺，所占比例最多。还有一部分独生子女比较孝顺，占总体的40.42%。一般孝顺和比较不孝顺的独生子女比较少，仅为3.83%和0.26%（如图8-3所示）。总体而言，独生子女父母普遍认为子女是孝顺的。

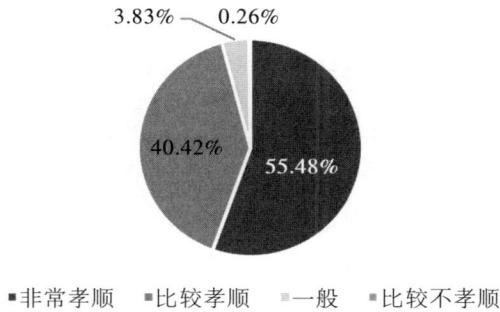

■非常孝顺　■比较孝顺　■一般　■比较不孝顺

图8-3　城市第一代独生子女对父母"孝顺"状况饼状图

调查结果显示，子女在代际关系中掌握较多主动权，因此子女的养老支持决定了独生子女父母的养老资源。本部分从子女支持意愿的视角出发，研究代际间的养老支持状况。

结果显示，独生子女对父母养老的生活照料与经济供养更为关注，其中，愿意为父母提供生活照料支持的占总体的33.17%，愿意为父母提供经济供养支持的占总体的28.05%，而对于精神慰藉的支持相对薄弱，仅占总体的15.37%。子女对父母医疗费用的支持较少，仅为总体的5.12%（如图8-4所示）。

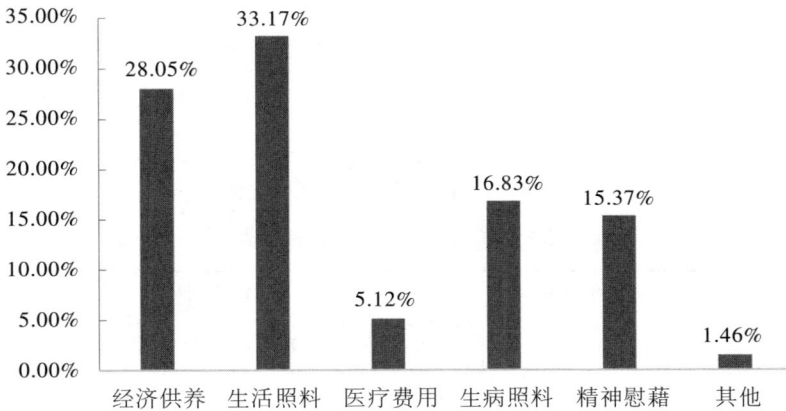

图8-4　城市第一代独生子女意愿养老支持的柱状图

1）不同收入水平下独生子女代际养老支持现状

当第一代独生子女进入婚育高峰期并组建新家庭后，不同经济基础的子女对养老的观念与意愿也体现了各自特征，城市独生子女的意愿养老支持与其经济基础密切相关。鉴于此，以下将根据调查数据，对城市第一代独生子女的意愿养老支持与收入水平进行列联分析下的卡方检验，验证意愿养老支持与收入状况是否具有显著相关性。

交叉分析结果显示，在家庭月收入水平6 000元以下的独生子女中，子女更希望通过生活照料来支持父母养老（占总体的29.46%），而经济供养次之（占总体的26.73%）；在家庭月收入为6 000~10 000元的独生子女中，能够较好地兼顾对父母的经济供养与生活照料，分别占总体的34.38%和34.10%，且经济供养略高于生活照料。在家庭月收入为10 000元以上的独生子女中，子女意愿养老支持多为生活照料（占总体的36.68%），精神慰藉次之（占总体的25.98%），意愿提供经济供养的占15.99%。

城市第一代独生子女意愿养老支持与家庭月收入的卡方检验结果如表8-16所示，在自由度为36、显著性α为0.05的情况下，概率p值为0.000，小于显著性α，因此应拒绝原假设，说明子女意愿提供的养老支持与子女家庭月收入存在显著差异，在子女的不同经济情况下独生子女父母居住意愿具有不一致性。

表8-16　　　　城市第一代独生子女意愿养老支持

与子女家庭月收入的卡方检验表

意愿养老支持 子女家庭月收入	6 000元以下	6 000~ 10 000元	10 000元以上
经济供养	26.73%	34.38%	15.99%
生活照料	29.46%	34.10%	36.68%

意愿养老支持 ＼ 子女家庭月收入	6 000元以下	6 000~10 000元	10 000元以上
医疗费用	3.11%	5.16%	3.99%
生病照料	18.22%	13.75%	12.01%
精神慰藉	12.79%	9.46%	25.98%
其他	9.69%	3.15%	5.35%
合计	100.00%	100.00%	100.00%
显著性检验	χ^2=72.927，df=36，p=0.000		

2）不同受教育程度下独生子女代际养老支持现状

独生子女的受教育程度不仅影响其养老观念，而且还与养老的经济支持具有一定的关联性。鉴于此，本部分将进一步对城市第一代独生子女的意愿养老支持与受教育程度进行列联分析下的卡方检验，验证城市第一代独生子女的意愿养老支持与受教育程度是否具有显著相关性。

交叉分析结果显示，首先，在大专以下学历的独生子女中，有33.16%愿意给予父母生活照料，有30.93%愿意给予父母经济供养，两者均占据总体较大比重，有14.26%在父母生病时愿意提供生病照料，但仅有4.63%愿意提供医疗费用。其次，在大专学历的独生子女中，有28.80%愿意给予父母生活照料，有27.13%愿意给予父母经济供养，两者均占据总体较大比重。最后，在本科及以上学历的独生子女中，有37.41%愿意给予父母生活照料，有26.24%愿意给予父母精神慰藉。

城市第一代独生子女意愿养老支持与子女受教育程度的卡方检验结果如表8-17所示，在自由度为36、显著性 α 为0.05的情况下，概

率 p 值为 0.000，小于显著性 α，因此应拒绝原假设，说明子女愿意提供的养老支持与子女受教育程度存在显著差异，不同受教育程度的独生子女对愿意为父母提供的养老支持具有不一致性。

表 8-17　　　　　城市第一代独生子女意愿养老支持
与子女受教育程度的卡方检验表

子女受教育程度 意愿养老支持	大专以下	大专	本科及以上
经济供养	30.93%	27.13%	14.15%
生活照料	33.16%	28.80%	37.41%
医疗费用	4.63%	5.07%	0.99%
生病照料	14.26%	16.93%	16.14%
精神慰藉	10.56%	18.67%	26.24%
其他	6.46%	3.40%	5.07%
合计	100.00%	100.00%	100.00%
显著性检验	χ^2=71.450，df=36，p=0.000		

8.5　城市第一代独生子女父母居住意愿与理想养老支持的关联性分析

理想居住方式展现了独生子女父母在理性养老支持上的特征，为进一步明晰城市第一代独生子女父母理想养老方式，本部分将居住方式划分为三类：独立居住、共同居住和养老院居住。将理想居住模式与理想养老方式的三个方面——经济支持来源、生活支持来源以及精神生活来源——进行关联，以期明晰城市第一代独生子女家庭养老支持与代际关系的关联性，反映不同养老居住意愿的独生子女父母对养老支持的需求与供给情况。

8.5.1　具有独立居住意愿的独生子女父母的理想养老支持需求

在理想养老居住模式为独立居住的独生子女父母中，通过将其理想养老经济支持来源、生活支持来源、精神生活来源和居住模式进行关联规则挖掘，发现理想养老方式为独立居住、经济来源是退休金、支持来源为自我照料能够建立特征明显的关联。如图8-5所示，根据提取的关键词建立关联规则，模型支持度为0.054~0.27，提升度为0.867~1.439，即理想养老方式为独立居住、经济来源是退休金、支持来源为自我照料之间存在强关联。这说明在城市第一代独生子女家庭中，独生子女父母理想居住方式为独立居住的受到自身经济来源与支持来源的双重影响。

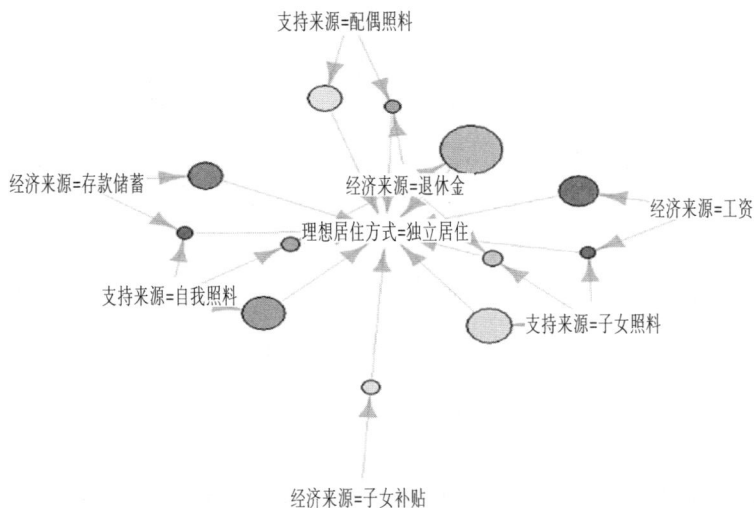

图8-5　城市第一代独生子女父母"独立居住意愿"与理想养老支持的关联图

费孝通先生曾说，亲子关系的反馈模式是中国文化的一项特点。总之，相对分离的生活状态可能使日常交流变得匮乏，"长则贵"的观点被淡化，给老年人带来精神诉求困惑。

8.5.2 具有共同居住意愿的独生子女父母的理想养老支持需求

在理想养老居住模式为共同居住的独生子女父母中，通过将其理想养老经济支持来源、生活支持来源、精神生活来源和居住模式进行关联规则挖掘，发现理想养老方式为共同居住、经济来源是积蓄和工资、社保，支持来源为配偶照料能够建立特征明显的关联。如图8-6所示，根据提取的关键词建立关联规则，模型支持度为0.029~0.108，提升度为1.117~3.752，即理想养老方式为共同居住、经济来源是积蓄和工资/社保、支持来源为配偶照料之间存在强关联。这说明在城市第一代独生子女家庭中，独生子女父母理想居住方式为共同居住的受到自身经济来源与支持来源的双重影响。

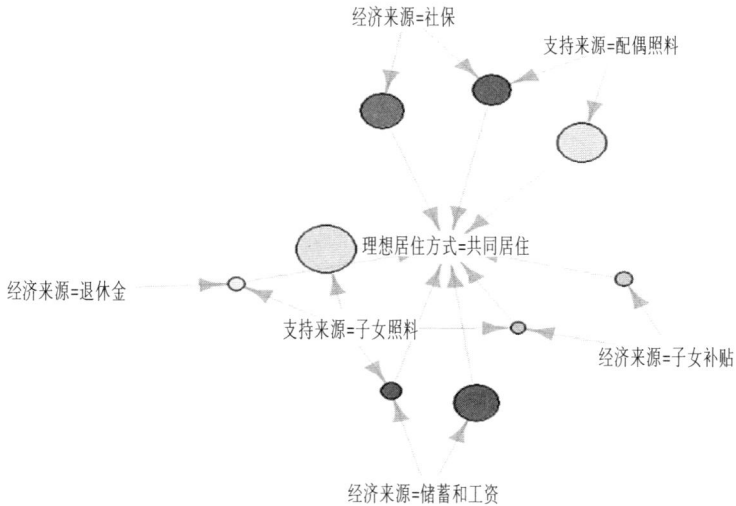

图8-6 城市第一代独生子女父母"共同居住意愿"与理想养老支持的关联图

尽管与子女共同居住，但此类独生子女父母具有较强的经济独立性，较少以子女补贴作为理想的养老经济来源。以共同居住为理想养老方式的独生子女父母，生活照料多来自配偶，子女也会提供一定的生活支持。在以共同居住为理想养老方式的独生子女父母中，子女的经济支持与生活支持均得到体现，说明此类父母渴望理想状态下的养老生活与子女相互帮助。

8.5.3 具有机构居住意愿的独生子女父母的理想养老支持需求

在理想养老居住模式为养老院居住的独生子女父母中，通过将其理想养老经济支持来源、生活支持来源、精神生活来源和居住模式进行关联规则挖掘，发现理想养老方式为养老院、支持来源为养老院照料能够建立特征明显的关联。如图8-7所示，根据提取的关键词建立关联规则，模型支持度为0.004~0.021，提升度为1.961~13.866，即理想养老方式为养老院、支持来源为养老院照料之间存在强关联。独生子女父母理想状态下主要依靠工资、存款储蓄或退休金作为养老生活的经济支持。在生活支持方面，主要依靠养老院所提供的照料。说明在城市第一代独生子女家庭中，独生子女父母理想居住方式为养老院的主要受到支持来源的影响。

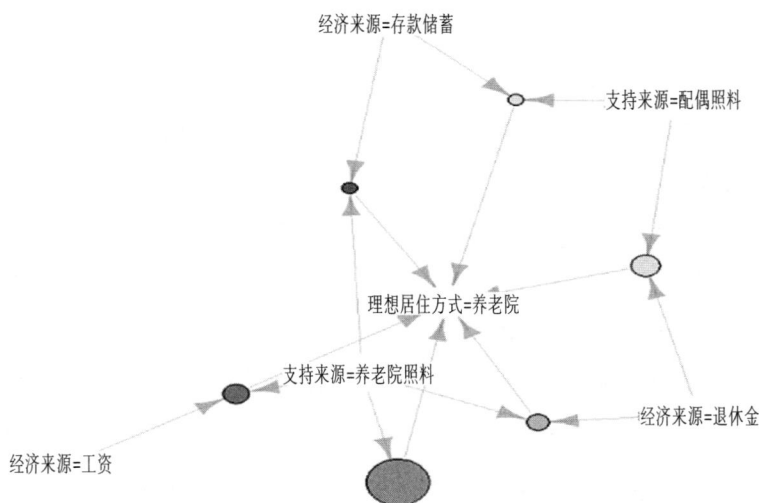

图8-7　城市第一代独生子女父母"机构养老意愿"与理想养老支持的关联图

8.6 城市第一代独生子女父母居住意愿与代际养老支持的关联性分析

弗洛伊德曾经说，人的本我遵从的是"快乐原则"，那么传统的家庭养老，满足了哪些基本的快乐？对于独生子女家庭而言，独生子女婚后的居住模式成为决定独生子女父母养老资源的关键。出于代沟、时空距离等诸多现实因素，子女给予的养老支持相对有限，因此促使独生子女父母从现实资源与个体需求出发，产生更为理性的养老需求。对于渴望独立、享受独居、追求自我实现的老人而言，出于经济制约、生活制约而选择与子女共同居住，是一种"放弃快乐"的选择；对于健康状态较差、有情感诉求、对家庭依赖的老人而言，由于家庭与代际间的种种原因而被迫独居，也是一种"放弃快乐"的选择。

代际间的互助强调亲代与子代支持与照护的双边责任，已经离家的成年子女只有在保障自身基本生活之后，在有一定的家庭资源支持下才能实现对年老父母的照护。养老不仅是一种客观需求，也是儿女在实现安身立命后的道德诉求，通过代际支持实现对父母付出的回报。即使来自子女的代际支持不全是出自父母的需要，也是孩子对父母的爱和关心。

城市第一代独生子女代际养老支持以独生子女和其父母为主体，包含父母期望养老支持和子女愿意给予的养老支持，其中养老支持包含"生病照料""生活照料""精神慰藉""经济支持""医疗费用""其他"六个方面。为进一步探究独生子女家庭代际间养老资源的需求和供给的一致性，以及代际关系对养老支持的影响，以独生子女父母居住意愿为基准分为独立居住和共同居住，将独生子女父母居住意愿、父母的养老代际支持需求、子女养老支持意愿建立关联规则，探索性地研究代际居住意愿与代际养老支持的关联性。值得说明的是，研究对象中存在多选情况，但由于样本量较少未有特征凸显。

8.6.1 城市第一代独生子女父母共同居住意愿与代际养老支持的关联性分析

在居住意愿为共同居住的独生子女父母中，通过对代际间父母期望的养老支持与子女愿意提供的养老支持进行关联规则挖掘，"子女愿意给予的养老支持=经济供养"、"父母期望养老支持=生活照料"与父母居住意愿为共同居住能够建立特征明显的关联。如图8-8所示，根据提取的关键词建立关联规则，模型支持度为0.011~0.107，提升度为2.585~3.00，即子女愿意给予的养老支持、父母期望养老支持与父母共同居住意愿存在强关联。希望共同居住的独生子女父母，凸显出渴望子女日常照料的需求。然而，这类家庭中子女更愿意提供的养老支持却是经济支持。经济支持是跨越空间距离最容易实现的养老支持，但生活照料却需要在日常生活中对父母投入较多的精力与时间。由此可见，父母的居住意愿凸显了他们对子女养老支持的需求，但关联结果呈现出了代际间养老支持的需求与供给明显不一致的情况。不同支持的财富流的方向存在差异，在低龄向高龄的过渡期，这种财富流的方向可能会发生转换，导致支持内容发生变化。高龄时代尚未到来，无论是对于理论的验证还是中国现象的探索，都需要时间加以证明。老年价值由健康、自理、丰富与价值等词汇构成，高龄化带来的挑战要比一般意义上的老龄化更为严峻，在此阶段，群体的健康出现集中式丧失现象，成为影响家庭养老的内生性变量。

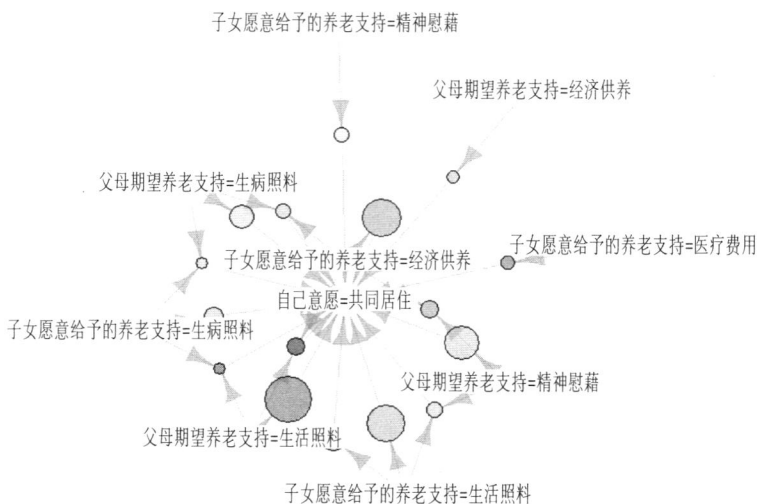

子女愿意给予的养老支持=精神慰藉

父母期望养老支持=经济供养

父母期望养老支持=生病照料

子女愿意给予的养老支持=经济供养

子女愿意给予的养老支持=医疗费用

自己意愿=共同居住

子女愿意给予的养老支持=生病照料

父母期望养老支持=精神慰藉

父母期望养老支持=生活照料

子女愿意给予的养老支持=生活照料

图8-8 城市第一代独生子女父母"共同居住意愿"与代际养老支持的关联图

8.6.2 城市第一代独生子女父母独立居住意愿与代际养老支持的关联性分析

在居住意愿为独立居住的独生子女父母中，通过对代际间父母期望的养老支持与子女意愿的养老支持进行关联规则挖掘，"子女愿意给予的养老支持=生活照料"、"父母期望养老支持=精神慰藉"与父母居住意愿为独立居住能够建立特征明显的关联。如图8-9所示，根据提取的关键词建立关联规则，模型支持度为0.059~0.31，提升度为1.82~3.198，即子女愿意给予的养老支持、父母期望养老支持与父母独立居住意愿存在强关联。希望独立居住的独生子女父母，凸显出渴望子女给予精神慰藉的需求，然而，这类家庭中子女更为凸显的养老支持却是日常照料。独生子女父母的独立居住意愿体现了其日常生活方面的独立性与自主性，而养老的精神诉求成为具有渴望独立居住的独生子女父母主要的养老需求。由此可见，独生子女父母的养老需求与子女愿意给予的养老支持呈现出显著的不一致。

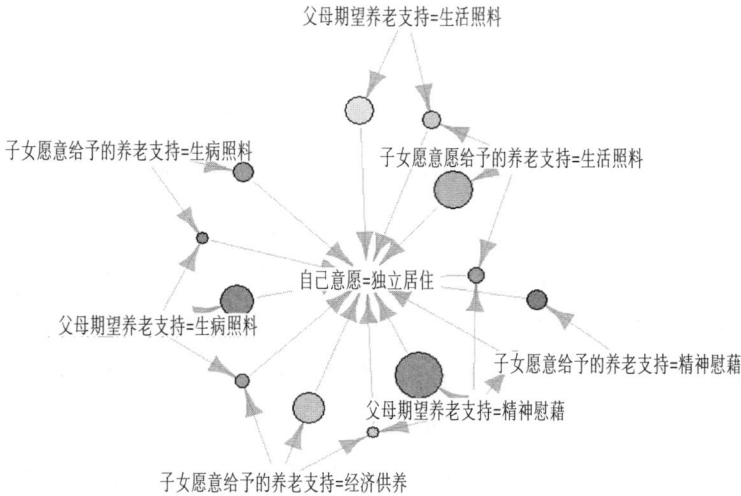

图8-9 城市第一代独生子女父母"独立居住意愿"与代际养老支持的关联图

老年人代际居住模式选择是学术界关注的重要议题，国外学者Mitchell（2015）以量化手段对至少有一个成年子女的170余位父母的调查研究发现，老年人对空巢的看法与居住模式的选择受到社会规范、自身民族群体规范、代际关系质量、个人生活居住安排偏好、家庭经济条件和住房成本等因素的影响，但未深刻阐释各因素间的相互作用，缺乏整体性。本书以我国独生子女家庭的代际间的空间隔离为研究重点，提出"分而不离"的代际居住模式，以期通过"比邻而居"的形式兼顾独生子女家庭追求个体独立与日常照料的双重诉求。然而，由于户籍政策、居住成本、生活习惯等条件的约束，这种代际居住模式普适性被质疑。

8.7 本章小结

在中国几千年的传统文化里，孩子不仅是血脉的延续，更是精神的寄托。子女对父母的经济支持、生活照料以及精神慰藉，通过代际互动的多样化体现，通过更具体的反哺形式，实现家庭养老的功能。

本章运用描述性统计与关联规则算法，探究城市第一代独生子女父母居住意愿与理想养老支持的关联。居住意愿是个体基于现实和理想的综合考量，独生子女父母对于养老生活的居住意愿也是家庭代际关系的侧面体现。独子时代养老风险已经来临，首先应当从亲情社会的角度来考量，任何技术与经济手段都只能作为手段而存在，而思考问题的出发点，则必须以符合社会伦理的"合情性"为前提。家庭仍然是养老生活的主要场景，家人的养老支持是最有力的养老资源，因此，基于家庭代际支持的家庭养老意涵如何呈现，即构成本部分研究展开的前提。

8.7.1 城市第一代独生子女父母的家庭月收入、自身的受教育程度与理想养老支持显著相关

首先，家庭仍然是养老生活的主要场所，城市第一代独生子女父母理想养老方式包含理想经济支持、理想生活照料支持和理想精神慰藉支持三个方面。频数分析结果显示，独生子女父母理想经济支持以工资和退休金为主；理想生活照料支持以配偶照料为主；理想精神慰藉支持以家人陪伴为主。由此可见，独生子女父母以自身和配偶为理想养老的主要基础和支撑，而对子女和其他家人则希望更多的是精神慰藉支持。

其次，列联分析下的卡方检验结果显示，城市第一代独生子女父母的家庭月收入水平、自身的受教育程度与理想养老支持呈现出显著相关性，即在不同的家庭背景下，城市第一代独生子女父母的理想养老支持需求呈现出多元表达特征。

8.7.2 代际养老支持是城市第一代独生子女父母养老支持需求的主要组成部分

随着经济社会的高速发展，传统的养老模式也在发生变化，城市养老的经济支持更多依靠的是老年人的退休金等社会保障性收入，而子女给予的支持多以生活照顾、精神安慰为主。目前，城市第一代独生子女父母最重视来自子女的代际支持，来自子女的关爱对初老阶段的独生子女父母的慰藉功效最大。然而，在城市化进程中代际居住模式随着个体生命历程的推进而变化，空巢家庭的大量涌现，使得城市第一代独生子女父母不得不面对与子女聚少离多的现实。

在本章，通过对城市第一代独生子女父母代际养老支持现状的描述性统计，整体描绘了城市第一代独生子女家庭代际关系与养老需求的关系。首先，从养老支持来源看，来自子女的代际支持成为城市第一代独生子女父母理想养老支持的重要组成部分；其次，从代际养老支持需求的具体内容来看，城市第一代独生子女父母期望子女提供的养老支持主要是精神慰藉；从意愿代际养老支持的具体内容来看，城市第一代独生子女愿意给予父母的养老支持集中在生活照料方面，城市第一代独生子女家庭代际间的养老支持需求与供给呈现一定的错位性。

8.7.3 城市第一代独生子女父母的居住意愿凸显其养老代际需求的多元化特点

对于城市第一代独生子女父母来说，养老生活场景是渴望子代参与的，但是这种参与感与代际居住模式之间的关系并未得到广泛的关注，代际间独立居住意愿的广泛性发生，是现有阶段弱化代沟的有效选择。本章利用关联规则算法，对城市第一代独生子女父母的居住意愿与理想养老支持间的关系进行探索性研究，结果表明，处于不同居住意愿的城市第一代独生子女父母在养老支持上表现出一定的显著特征。

具体地，首先，愿意共同居住的城市第一代独生子女父母以"退休金、工资"作为养老经济支持来源，以"子女照料"为日常生活支持来源。在经济相对独立的情况下，共同居住的意愿体现了在老年生活中对子女的依赖。其次，愿意独立居住的城市第一代独生子女父母以"退休金、工资和存款储蓄"作为养老经济支持，以"自我照料和子女照料"为日常生活支持来源，在初老阶段无论经济上还是生活方面上均与子女保持相对独立。最后，愿意机构居住的城市第一代独生子女父母，在养老经济支持上无显著特点，在生活照料支持上以养老院为主要支持来源。

8.7.4 城市第一代独生子女家庭的代际养老支持与需求呈现出一定的关联性

在我国传统的家庭养老的构架里，一般地，人们认为家庭养老是指子代和亲代之间的代际支持情况。从这个意义上说，生育资源则是养老资源中最重要、最可靠、最基本的组成部分，除了生育资源外的其他养老资源也是通过生育关系或者抚养关系所建立的赡养老人机制来配置的。

我国自古以来就对子女培养十分重视，在家庭规模小型化的社会背景下，城市第一代独生子女更是成为家庭生活的中心，独生子女父母呈现出前所未有的"自我牺牲"，其代际居住模式的选择更是受社会文化、家庭需求、子女意愿等诸多方面的综合影响，包含着对代际养老支持的一定期待。

本章在前文分析的基础上，利用关联规则算法，以期探究在不同居住意愿下，城市第一代独生子女父母的养老支持需求是否得以满足。结果表明，在现代家庭中，时空隔离客观上导致子代往往不能满足亲代的精神需求，而代际文化的差异也使得年轻人在思想观念上与老年人的沟通越发困难，越来越多的老年人感觉到不被理解，精神孤独、寂寞，家庭养老在精神赡养方面的缺失日益凸显。

具体地，首先，愿意共同居住的城市第一代独生子女父母，对子女的"生活照料、精神慰藉支持需求"凸显，而这类家庭中子女愿意给予父母的为"经济供养、生活照料支持"，呈现一定的差异性。其次，愿意独立居住的城市第一代独生子女父母，生活自主能力强，期望的代际支持为"子女的精神慰藉、生病照料"，即基于现实考量，当身体状况下降时，子女能在生病时给予照料，而正常状态下更关注子女对其的精神慰藉。而这类家庭中子女愿意给予父母的养老支持中则凸显"生活照料、经济供养"，呈现显著差异性，即养老支持的代际供需存在分歧。

9

结论与对策建议

9.1 结论

9.1.1 现阶段城市第一代独生子女家庭呈现出广泛性"空巢"的家庭结构特征

计划生育政策已践行几十年，个体生育决策已突破政策约束框架，由此造成了家庭规模小型化态势。早在 2000 年初，学者们即开始研究第一代独生子女父母进入空巢期的年龄以及空巢家庭的若干特征：如果独生子女在 18 岁离家，进入空巢期的父母平均年龄在 45~47 岁之间，那么，城市独生子女的父母将在空巢家庭生活 15 年左右才进入老年生活阶段。[①]

首先，从城市第一代独生子女视角来看，一方面，随着受教育程度的普遍提高，一定程度上拉伸了城市第一代独生子女父母的空巢周期；另一方面，多样化的社会流动因素也使得越来越多的独生子女选择异地求职并定居，处于空巢期的独生子女父母的规模不断扩大。

其次，就现有的经济发展水平及养老观念而言，城市第一代独生子女父母多以"户籍所在地"为常住地，家庭逐渐成为养老实践的重要空间载体，即"居家式养老"成为城市第一代独生子女父母首选的养老方式。究其原因：首先，"熟人社会"可以提供便利的生活环境以及基于更丰富的社会关系网的生活圈子，兼顾了各深层次文化与社会因素，能够使老年人更完整地融入社区，产生归属感、认同感；其次，户籍所在地往往直接涉及养老保险、医疗保险等客观养老保障，积极回应了老年人的现实需求，为家庭养老与社会化养老功能的有机

[①] 谭琳. 新"空巢"家庭：一个值得关注的社会人口现象 [J]. 人口研究，2002（4）.

结合提供契机。

值得说明的是，随着父母的年龄增长以及独生子女婚育高峰期的到来，部分独生子女父母离家去子女所在地生活甚至定居，从而成为"随迁"父母，使中国式"居家"养老在独子时代的城市养老实践中衍生新议题。

9.1.2 城市第一代独生子女家庭的代际居住模式是基于家庭资源配置的双向选择

社会的文化底蕴强调代际关系基于血缘产生，中心的代际关系即为父母与孩子的关系。当家庭成员经历整个生命周期的时候，往往要根据各代人的欲求和能力来重新配置大量的资源，这个时候，"家庭关系"就发挥了基础性的作用。①成年子女与父母的居住模式必然成为认识当今城市家庭功能变迁的重要视角。

家庭是社会的最小构成单位，代际居住模式则是代际双方需求共同影响的结果，代际居住模式不同，家庭福利就各有不同。调查结果显示，约有四分之三的家庭选择独立居住，约有四分之一的家庭选择共同居住。相对于独立居住模式，代际共同居住意愿基于更为亲密、相近的生活场景展开，可以实现对现阶段代际间家庭资源流转的多维表达，有利于发挥传统家庭的功能，形成丰富的主干家庭结构，使家庭资源在双向流动中达到平衡，有效地均衡了亲代与子代的资源互惠问题。

首先，我国历来注重子嗣的培养，在祖孙三代居住和隔代居住中，子女需要父母给予生活支持与照料幼孙的帮助，亲代仍然以奉献者角色来承担第三代的养育责任，成为家庭资源的主要提供者，子女

---

① KENDIG H L，HASHIMOTO A，COPPARD L C.Family support for the elderly：the international experience ［M］． Oxford：Oxford University，1992：8.

需要父母给予生活支持与照料幼孙的帮助，消费模式与闲余时间的支配从子女向孙子女偏重，构成家庭生活方式的内在要素，代际关系呈现资源重心下移的特征。其次，通过维系亲密的家庭网络，可以实现代际间生活上的相互照顾与精神慰藉。最后，对于城市第一代独生子女家庭而言，父母的老龄化与少子化相伴而生，子女的养老责任在家庭范畴内体现出明显的排他特性。共同居住可以解决独居状态下老年群体现在或者未来的脆弱性困境，为高龄养老生活储备现实资源，降低可以预见的养老风险。

值得说明的是，对于部分处于"共同居住状态"的独生子女家庭，代际间通过经济、生活"软性"相对独立状态，表达对自我空间的需求感，成为新时期代际共同居住的新特征。

9.1.3 城市第一代独生子女家庭的代际居住意愿是转型期家庭代际关系的新表现

在社会化转型过程中，社会流动的广泛性促进了文化的多元发展，在变迁与形成过程中对个体与群体行动造成一定的影响，这种影响经由量变到质变，从而打破了社会成员对传统社会中两性的家庭地位与社会价值的认识，并通过不断养成的社会习俗对人们形成新的约制。

近年来，独生子女这一青年群体也逐渐成为现代社会结构的核心阶层的一部分，近年来，随着第一代独生子女群体逐渐进入婚育高峰期，在代际传递过程中，传统的原生家庭裂变方式被冲击。居住意愿是个体关于居住的主观想法，是现实背景下满足个体需求的主观表达。以代际居住意愿为表征，城市第一代独生子女家庭的代际关系在不断发生变化。

代际关系是否和谐、融洽是亲子关系的重要体现。本书的调查结果显示，总的来说，城市第一代独生子女的亲代与子代间关系较和谐，且亲代与子代均表现出显著的"独立居住意愿"。

在社会变迁过程中，社会性别文化对两性角色分配进行了相应的调整，青年一代表现出更为独立的人格特征，使得进入婚姻状况的城市第一代独子女在两性生活中更注重个人感受，要求平等、尊重、重视与关怀，在社会互动过程中传递情感、回报等信息，这种对于新生活的高诉求，使得城市第一代独生子女均表现出显著"独立居住意愿"，在原生家庭基础上形成更多小型化的核心家庭。

周晓虹教授曾指出，"今天的子代对亲代的影响层面是全方位的，但在文化的表层（日常行为和器物表面）这种影响最为明显"[1]。对于老年夫妇而言，空巢成为"低龄老年阶段"一种更优的家庭模式选择，由于对自身的健康水平、生活状态评价较高，他们强调生活的私密空间感，更易于选择代际独立居住，通过拓宽彼此的生活空间，借以规避代际之间生活方式、价值观念冲突导致的各种矛盾和摩擦，提高老年生活质量和生活满意度。在体现代际间生活观念与生活方式差异性的基础上，推动着独生子女家庭关系的变化。

9.1.4 基于生命周期理论，城市第一代独生子女家庭"反哺时代"尚未完全到来

独生子女家庭空巢期被划分为子女依赖期、子女独立期、父母依赖期三个阶段。在不同的阶段，独生子女家庭代际间的经济供给、情感交流和生活照料三方面具有不同的特点。[2]从生命历程来看，目前，城市第一代独生子女"独立期"恰恰是独生子女父母的"低龄老

---

① 周晓虹. 文化反哺：变迁社会中的亲子传承 [J]. 社会学研究，2000（2）：51－66.
② 石燕. 城市独生子女空巢家庭的阶段划分与特征 [J]. 南京人口管理干部学院学报，2008（1）：24-28；43.

年阶段"，处于"子女独立期"与"父母依赖期"的过渡阶段，具有反哺特征的"父母依赖期"尚未到来。

居住安排是家庭养老文化的外在表征，适时会发生变化。古德（1970）提出了家庭现代化的理论；他认为在变革的条件下，由于孩子经济独立性的增强，传统的家庭规范必然会走向瓦解；没有伦理道德资源的依托，其他养老资源是很难被动员和得到合理利用的。一个和谐美好的社会，个体可以在其中获得尊重，生活得到保障，生命历程善始善终。不同的养老居住方式决定了独生子女父母在晚年生活中能够得到子女怎样的养老支持。对于同一年龄区间内的独生子女父母，具有不同特质的独生子女父母的理想养老方式具有多维特征。本书在阐释代际居住模式的基础上，从代际支持角度出发，研究不同居住意愿下的养老供需状况。独子一代老人的养老方式探讨是一条史无前例的道路，在现有的代际居住模式下对代际支持的前瞻性探讨，有助于更好地化解少子老龄化带来的养老危机。

研究结果表明，养老居住意愿体现了社会变迁背景下中国第一代独生子女父母养老方式的不同选择。首先，当独生子女父母表现出显著的共同居住意愿时，城市第一代独生子女父母与子女的代际支持与需求均表现在"生活照料"方面。具体来说，包括日常采买、家务劳动、车接车送等。其次，当独生子女父母表现出显著的独立居住意愿时，有别于传统的养老观念，代际养老支持需要主要表现在"精神慰藉"方面，而与之显著关联的，是子女在"经济供养""生活照料"等方面的支持意愿，代际间养老支持与需求呈现显著的差异，"抚育—反哺"式代际关系受到现实的洗礼。最后，在"共同居住"与"独立居住"两种居住意愿下，城市第一代独生子女父母在经济支持方面均表现出自立型养老特征。

总之，随着时代的发展，孝文化也衍生出了新的定义，但传统孝文化在老年人的养老需求体系中仍然处于根本地位。一般来说，"孝"是子女对父母的奉养与尊敬，涵盖了"敬老"与"养老"两个层面。其中，"敬老"指的是子女或晚辈对父母及老年人源自内心的尊重以及满足老年人精神上的愉悦，而"养老"是指子女或晚辈向老年人提供衣食住行等日常生活的合理需要。"敬老"与"养老"相互统一，共同作用于为老年人提供赡养。对于独生子女而言，"孝"文化不仅体现为提供父母生活的经济供养，更要让父母过得开心快乐、享受天伦之乐，通过肯定他们对家庭和社会的贡献来丰富他们的精神文化生活。伦理道德具有社会规范效应，当长辈的权力逐渐弱化以及道德规范逐步多元化，独生子女对养老责任的认识弱化，现实空间的阻隔，使得子代在日常交流、沟通方面的主动性降低，"子女"这一家庭角色在社会化过程中变得模糊，精神养老遭遇现代性挑战。

9.1.5 城市第一代独生子女父母高龄养老阶段现实困境有待经验基础上的再验证

对于"双独子女"家庭，即使独生子女选择与一方的父母生活在一起，另一方父母也可能选择其他的居住模式，家庭形态的变迁使得偶居独生子女父母的比重越来越大。随着高龄化的进阶，单身独生子女父母的社会性孤立问题慢慢会进入学术界视野。

在日本，近年来广受重视的反映人际关系趋向稀薄的新词"无缘社会"，作为孤独死的更为广阔的社会背景，折射出现代化程度较高的老龄化社会的某些基本特征。在我国，随着年龄的增大，从"低龄到高龄"的过渡，城市第一代独生子女父母的依赖期终将到来。高龄老年阶段意味着许多功能的丧失，生病照料与生活照料的概率大大提高，精神慰藉的需求也将不断提高。在社会现代化转型过程中，传统的家庭伦理道德弱化，家长权威受到挑战，在父母"式微"背景下，

"以子养老"的难度加大了。如何使高龄阶段的老年人必须得到照护，有尊严地度过与其具备的能力相适应的自立生活，成为摆在我们面前的新课题。

9.2 对策建议

9.2.1 结合各方资源，完善居家养老服务体系的养老支持功能

我国人口发展已经进入加速老龄化阶段，老年群体日益壮大，相关预测显示，预计未来 10~20 年，我国会有超过 70% 的城市独生子女父母进入 60 岁及以上的老年群体之中。由于家庭结构导致养老资源相对薄弱，因此，独生子女父母养老问题不容忽视。特殊的人文传统使得中国不可能照搬任何一个国家的养老模式，机构养老的现实困境使得以家庭养老为主的分散养老仍然是城市独生子女父母的主要养老方式。应该利用公共资源和社会资源，继续完善社区服务体系，扩大专业性老年服务机构，分担独生子女养老资源不足的问题，构建多层次多渠道的养老服务体系。习近平总书记 2016 年 2 月对加强老龄工作作出重要指示，强调加强顶层设计、完善重大政策制度，及时科学综合地应对人口老龄化问题。

1）以社区为载体，大力推动居家养老服务资源的供给和支持

为构建基于社区服务的居家养老服务体系，强化家庭养老功能，全国老龄办、民政部、国家发改委等十部门于 2008 年联合推出《关于全面推进居家养老服务工作的意见》，旨在通过社区与家庭相互联动，丰富传统家庭养老内涵，更新家庭养老模式。城市社区养老作为一种新型养老方式，是辅助居家养老的最佳载体。以家庭为中心辐射

社区，构建老年人生活和活动的主要场域，使老年人感到亲切和放心，从而在心理上感受到安全和踏实。

社区居家养老服务本质上属于准公共产品，在现阶段，配套服务体系的完善离不开政府的主导作用。应以"立足社区、服务居家"为宗旨，在政府财政支持下，以社区居委会为重要载体，利用社工服务站统筹、整合以政府、社会、市场为主体的服务资源，实现公益性养老服务、低偿基本养老服务以及高费用养老服务的信息平台功能。

（1）完善社区功能，通过多样化服务实现老年人的"乐龄"养老

养老方式与老年人的生活服务保障密切相关，生活自理能力和活动能力的减弱使得老年人在不同程度上需要外界的支持和照料。根据抽样调查数据，以老年人的生活自理能力为控制变量，通过交叉分析研究处于不同代际居住模式的独生子女父母的养老生活保障需求，为完善"社区养老"的生活服务体系、建构和完善"居家养老"模式提供参考依据。

我国老年人处于"低龄"老龄阶段的比重较大，多数老年人仍然具有自理能力，健康老年人的社区服务需求异质性较强，现有养老服务项目亟待完善和落地。社区应该实地调研老年人需求，结合社区的人力、物力情况，兼顾健康老人群体的需求。首先，以更具体有效的菜单式服务，提供如交通陪伴、老年餐桌、日用品上门送货等多样化、多层次的个体和集体服务。其次，通过与社会资源链接，定期为老年人开展活动及心理疏导服务，丰富老年人精神文化生活，并通过社区活动发现和挖掘居民骨干及文体爱好群体，发展本土老年社区社会组织，实现健康老人"快乐养老"。

（2）整合各方资源，激发公益性社会组织活力，推进协同自治

2016年，中央财政逐步大力支持居家和社区养老服务改革，鉴于此，应充分发挥政府在支持居家与社区养老服务中的主导作用，落

实准入、土地、财税等政策，支持和鼓励社会力量进入，通过搭建平台、政府购买、民办公助等多种形式，形成多元化的筹资机制，建立一个政府引导、部门配合、社会参与、市场竞争的协同创新机制，积极培育和发展非营利社会组织，注意吸引营利性企业投入到居家养老服务体系当中，形成内容丰富、形式多样的产业化居家养老服务网络。

改善社会组织参与养老服务业的外部环境，积极健全公益性社会组织孵化与培养机制。通过培育扎根于社区的公益性、服务性社会组织，发挥公益性社会组织的灵活性，形成自我服务、自我监督的自治机制，为社区养老服务提供支持。

（3）加强社会工作介入，规范社区居家养老服务

社会工作强调人文关怀，社会工作者不仅需要专业的使命感，还需要强烈的社会责任感。首先，专业社工的介入能够为居家养老服务注入社会工作的理念和价值、方法和技巧，发掘老年人潜能，丰富老年人生活，从内容、功能等多方面规范、提高居家养老服务质量。其次，以更专业化的指导实现社区社会组织孵化、培训、活动策划等，提升社区社会组织能力，更好地解决高龄、独居或空巢老人的生活困难问题。

（4）加强社区老年人活动中心的功能，为丰富老年人精神文化生活提供多维路径

应该充分利用社区这个以地缘为基础的平台，联合社区各个家庭成员甚至是社区以外成员构建老年人活动中心。首先，老年人活动中心以为老年人服务为宗旨定期或不定期开展科普讲座，这些讲座一方面可以扩大和提高老年人的知识面和文化素质，使老年人思想观念能够顺应时代潮流和思想观念。另一方面，通过这些讲座，老年人将结识更多新朋友，扩大社交网络。而且这种基于地缘、业缘、趣缘等结

成的相对稳定的人际关系将有助于老年人之间互诉心事、排忧解难、减少其孤独感，满足老年人的人际交往需求。其次，老年人活动中心应为老年人提供文化娱乐和教育支持场所。通过提供老年人活动室、棋牌室、阅览室、健身房等文体活动场所，开设以兴趣为前提的美术、音乐、书法、劳动等老年课程，为老年人提供再学习的场所和平台，真正实现"老有所学，学有所用"的理想养老状态。最后，马斯洛需求理论的"金字塔"顶端是自我价值实现，老年人活动中心可以组织老年社团和社会公益活动引导老年人积极参与到社会公益活动的实践当中，以此实现老年人的个人价值。如组织文艺汇演、书法、歌唱等比赛，使老年人通过家人朋友、邻里邻居的赞扬获得荣誉感；通过参加保护环境、社区卫生、治安维护、社区教育、交通秩序维护等公益活动能够获得自我价值的实现，从而实现"老有所为"（汤雪玲，2018）。[①]

2）调动各方资源，加快搭建长期照料服务体系

老年护理包括医学护理与生活护理。目前，人口结构、生活状态使得高龄失能、半失能老人不断增多，处于急病期、慢性医疗期、长期生活护理期的老年人的专业长期养护需求急剧膨胀，为我国尽快搭建长期照料服务体系提出时代的召唤。

（1）准入机制：建立严格、统一的老年照护需求评估体系

老年人身体状况的个体差异使得养老服务需求存在较大差异，由于我国的专业养老服务机构总量供给不足。所以需建立正规的老年照护需求评估体系，在政策指导下规范老年服务评估标准。具体地，通过明确评估标准、分级方法以及对应的服务内容，引入第三方评估，针对提出申请的老年人不同的照护需求分配专业服务资源，实现服务

---

① 汤雪玲，张英红，张利栋，等. 老年人精神需求社区支持系统浅议 [J]. 合作经济与科技，2018（4）：166－167.

资源与老年人需求精准匹配，以期高效分配养老服务资源，使老年人充分享有养老服务。如对于中度失能老人，应通过社区服务实现居家式专业护理服务。

在日本，市（区）町村政府根据居民的护理申请，通过医疗、保健等专家组成的护理认定审查会认定需要的护理等级（7级），再由不同的机构提供相对应的护理预防、居家护理和设置护理服务。

（2）筹资机制：着眼中国国情构建与完善长期护理保险制度

目前，多数发达国家均建立了较为完善的长期照护服务筹资机制。为加快发展养老服务业，积极应对我国高速人口老龄化，2015年十八届五中全会将"探索建立长期护理保险制度，开展长期护理保险试点"写入"十三五"规划中。为打破机构、专业之间的壁垒、实现服务资源的有效衔接，建立完善的护理保险制度迫在眉睫。

收入平衡的服务费用是长期照料服务可持续运转的关键，保险制度的合理设置是政策设计和制度安排的关键。我国应尽快出台长期护理保险法，通过借鉴发达国家的成功经验，在制度化、法治化框架下，在护理保险的受众群体、给付标准、服务监管等方面规范长期护理保险市场的发展。

（3）竞争机制：积极引入社会组织、企业进入护理行业，形成良性竞争机制

社区居家养老服务具有公益福利性，其发展不能完全依靠国家的财政支出，应通过多方借力形成"以服务养服务"的可持续发展路径。例如，在社区层面，在国家相关优惠政策扶持下，通过积极运作引入民间资本，加快专业性护理行业的发展，并通过成本控制、服务质量监督形成行业内的良性竞争机制，缓解政府设置不足的问题。

（4）人员机制：加强养老护理队伍建设

专业化的护理机构急需经过专门培养的护理人员，应加强养老护

理队伍建设，增强养老护理行业吸引力，通过精细化护理服务管理，规范操作细节，并通过个性化操作训练，提供上门打针、喂药、复建等医疗服务，使老年人得到更为规范、安全和专业的照料服务。

（5）整合机制：鼓励健康老年人积极加入志愿组织

在社区带动下，鼓励低龄、身体状况良好的退休老人加入社区护理服务志愿者队伍，通过尝试"时间储蓄"或"以服务换服务"等激励方式，壮大互助性服务义工组织队伍，通过对他们开展养老服务培训，在提高自身的防病护理水平的基础上，弘扬志愿精神，对已经失能的老年人提供护理服务，提高健康老人的社区生活参与度，实现志愿组织的良性运转。

（6）衔接机制：通过医疗护理、家庭照料的有效衔接，重视家庭护理

对于老年群体，家庭发挥着亲属照顾、经济支持等诸多功能。在中国的现实背景下，以子女、配偶为主体的家庭护理作为居家长期护理的重要支撑，通过关怀照顾发挥着情感支持和抚慰等作用，更有利于老年人的健康。鉴于此，应进一步加强宣传家庭养老的基础性作用，巩固家庭养老服务的功能，发挥家庭照料在老年护理中的支撑作用。

在长期护理制度实施过程中，包括日本在内的发达国家，都面临人口结构、生活状态导致的护理需求膨胀问题。只有将亲子关系中的"反馈模式"转变为意义更为积极的"接力模式"，充分发挥"孝"文化在道德规范中的作用，发挥亲属护理在家庭养老中的重要内涵，弥补专业护理资源不足问题，才能真正实现老年人权益保障法所提出的"老有所养"的目标。

（7）预防机制：加强老年人慢性病的防治，提高老年人的生命质量

慢性病是影响老年人能否快乐养老的重要因素。应当坚持"预防

为主、防治结合"的原则,通过加强老年群体的慢性病防治管理,延长人们健康生活年限。此外,针对处于"初级"失能阶段的老人,通过维持和改善其身体状态实现无须护理的自理状态,从而降低失能老年人口比重,释放社会养老服务的财政支出压力,提高老年人的生命质量。

3)加大旧房改造力度,提供基础配套设施,逐步实现老年住房的适老化改造

《中华人民共和国老年人权益保障法》于2018年12月29日完成第三次修正,其中明确强调国家应采取措施构建宜居老年社区,保障老年人安全、便利和舒适的养老生活。鉴于此,应以政策法规的形式制定老年人社区住房建造标准,规划、支持老年人住宅发展战略,加大老年住房的政府投入,加强管理部门的监督协调,对老年人较为集中的老旧社区进行改造。首先,政府有关部门在设计规划过程中应该秉承"以人为本"的改造原则,充分考虑老年群体进入老龄后的生理和心理变化,在保证满足老年人基本生活需求的前提下,努力打造更适宜老年人居住的氛围。为此,政府有关机构必须组织实地调研,通过口头询问、填写调查问卷等形式,对不同年龄段老年人需求进行了解,结合实际情况做出改造方案,因地制宜、有针对性地对旧房进行改造,切忌"一刀切"的出现。其次,政府应适应新时期新观念的变化,适时出台符合我国国情的旧房改造的法律法规和政策。对于一些热点问题,如居民搬迁补偿标准、旧房改造设计标准等,均应通过法律法规等形式规定下来。与此同时,政府要加大资金投入,建设资金支撑平台。在旧房改造的推广阶段,政府可以采取资金补贴的方式推出几个适老化改造的旗舰项目,使适老化改造这一概念深入人心,并对实践中出现的问题进行及时解决,为进一步推广适老化改造打下坚实基础。在试点项目成功运行的基础上,政府可以适时引入市场机

制，由政府牵头、招商引资，并引导社区居民参与到改造中来。最后，政府应出台优惠政策，对于开发商来说，利润最大化是其根本行动准则，这就需要政府给予进行旧房改造的开发商相应的政策支持，例如，给予进行旧住宅区适老化改造的开发商以周边地块开发权，收取相对较低的土地出让金[①]。对于积极配合的旧房房主和购买旧房改造的客户，政府可通过相应的财政补贴措施和惠民政策给予鼓励，以调动群众积极性。

在实际设计过程中，旧房改造的内容可划分为室内改造和室外改造两部分。适老化的内部设置包括卫生间、厨房等方面的设计。例如，卫生间改造过程中更换防滑地板砖、铺设防滑脚垫、适度提高坐便器高度、增设如厕抓杆、墙面扶手等措施。适老化的外部改造范围很广，小到室外过道，大到老年活动中心等，都是适老化改造的重点。就老旧小区楼道来说，可以加设基本安全设置，如急救电梯、手扶栏杆、轮椅坡道等装置。老旧小区的过道通常比较窄，且年久失修，可以先拓宽过道、增加照明、降低台阶高度等，通过推动社区无障碍设施改造，改善老年人的基本居住环境，方便老年人日常出行，实现老年阶段生活方式的连续性。

鉴于旧住宅适老化改造具有周期长、阶段多、工作分散等特点，为保障建设过程善始善终，真正成为方便老年人养老生活的基础保障，应专门设置专项主管部门，负责对旧房改造政策的贯彻执行和日常监督管理工作（王璐，2010）[②]。

4）鼓励养老产业大力发展，以机构养老作为"居家养老"的重要补充

身体状况对于养老方式选择的影响与老人的年龄有一定联系。随

---

① 刘勇. 旧住宅区更新改造中居民意愿研究 [D]. 上海：同济大学，2005.
② 王璐. 旧住宅的适老性改造 [D]. 济南：山东建筑大学，2010.

着父母年龄的增加，身体状况下降，自理能力也会逐渐降低，由此产生的高龄老人、失能失智老人，仅依靠单纯的日常照料并不能满足其需求，只能借助于他人帮助才能正常生活。这种情形下对于高龄独生子女父母的养老，尤其是对空巢家庭的高龄独生子女父母，机构养老或社区照顾下的居家养老便成为更好的选择。然而，养老机构当前正面临资源匮乏、运行成本高、持续性差等问题，并且政策补贴不能落地生根，养老机构的自我发展能力不强。因此，应通过政府与机构两大主体来完善机构养老的社会化发展。

首先，政府要在保障财政补贴的同时，号召社会力量积极投身于养老产业建设中来，保护民营养老机构，鼓励多元化投资，扩大养老机构规模，促进养老产业化发展。其次，充分利用科技手段，为养老产业插上"高科技的翅膀"①（张雅丽等，2015）。借助大数据平台、"互联网+"等技术手段，为养老产业提供技术支撑。通过加强网络实践性培训，培养与壮大专业人才队伍，增强维护老年信息安全能力。在此基础上，明晰责任边界，实现养老资源的共建共享，力求实现养老服务精准化、资源配置精准化、服务推送精准化、服务评估精准化②（周红云、董叶，2019），推动养老服务信息化标准的建设和我国养老服务产业的科技创新，提高其专业化与产业化水平，打造智慧养老模式新格局③（张雅丽等，2015）。最后，政府应保障相关政策制度的落地生根，监管到位，奖罚并重，逐步建立长效的补偿机制和运营机制。

养老机构也要与政府共打组合拳，进一步促进养老产业的发展。

① 张丽雅，宋晓阳. 信息技术在养老服务业中的应用与对策研究 [J]. 科技管理研究，2015，35（5）：170-174.
② 周红云，董叶."互联网+"推动养老服务精准化的机理及实现路径 [J]. 中州学刊，2019（3）：60-65.
③ 张丽雅，宋晓阳. 信息技术在养老服务业中的应用与对策研究 [J]. 科技管理研究，2015，35（5）：170-174.

第一步，机构自身要树立老年生命质量和生活品质并重的机构养老观，提升养老服务品质，打造属于自己的品牌，以自己的品质服务和品质环境取胜（穆光宗，2012）[①]。第二步，在居住环境方面，进行"人性化""适老化"设计的无障碍设计。在精神关怀方面，要做到对老年人的身心尊重，关注老年人的心灵、情感和精神需要，真正做到"老吾老，以及人之老"。第三步，有生命力的养老机构一定要实现养老产业的规模化、产业化，可以提供高标准高品质的养老服务和产品，小到一日三餐，大到临终关怀等多样化的特色养老服务。

9.2.2　推动多代居模式的多元发展，提高养老支持的外部环境

1）基于社区社会关系网，推行代际互助的多代居构建策略

为积极应对老龄化社会的到来，2018年政府工作报告再次强调发展互助式养老。居家式社区养老便是这种互助式模式的代表。居家式社区养老，顾名思义是指老年人以个人住宅为养老场景展开养老生活，并且由社区通过科学的组织与管理，为老年人提供专业化、社会化的养老服务，最终达到养老目的[②]（赵立新，2004）。

在旧居改造的基础上建立老年人聚集社区，从楼宇设计上建设不同类型的低层公寓，将居住、医疗、其他社会服务资源整合在社区当中，通过应急按钮以及基本设施的人性化设计，保证老年人不脱离自己熟悉的环境，也能得到及时的看护，减轻老年人心理负担，实现更为独立的老年生活。中国的乡土社会是一个"熟人社会"。人们由于对某种特定的行为规范的熟悉，从而获得不假思索的信任，绝非因一纸契约的束缚[③]。老年人在熟悉的社区，有着熟悉的朋友，彼此之间

---

① 穆光宗. 我国机构养老发展的困境与对策 [J]. 华中师范大学学报（人文社会科学版），2012，51（2）：31-38.

② 赵立新. 论社区建设与居家式社区养老 [J]. 人口学刊，2004（3）：35-39.

③ 费孝通. 乡土中国 [M]. 上海：世纪出版集团，上海人民出版社，2013：9-10.

话题一致，生活上可以互帮互助。熟人社会中邻里间的默契和关怀，使老年人不会产生陌生感和距离感，更多的是情感寄托。社区互助在调动和整合社区资源、提供经济救助、表达情感支持、承担社会风险和抵御外来压力等方面具有越来越重要的作用①（吴毅，2002）。因此，充分利用社区这一平台，重塑和构建新型邻里关系，引导新时代社区文化，应对老龄化危机，是政府和社区在今后工作中必须提上日程的重要工作。值得一提的是，政府有关部门在学习西方发达国家老年社区建设经验的同时，必须从中国的现实国情出发，因地制宜地探索老年社区建设的新模式。

2）鼓励代际就近居住或共同居住，积极应对养老的代际支持困境

代际之间的居住模式在一定程度上决定子代能够提供的现实养老资源，赵仲杰等（2013）认为独生子女父母对于子女的精神慰藉需求较大，因此子女应当选择与父母就近居住，以满足父母的日常照料和精神慰藉方面的需求。②

《中华人民共和国老年人权益保障法》指出，国家应建立家庭养老支持政策，鼓励家庭成员与老年人共同生活或者就近居住，为老年人随配偶或赡养人迁徙提供条件，为家庭成员照料老年人提供帮助。为了消除现代社会生活方式改变、家庭观念变化以及家庭结构小型化趋势对家庭养老环境的冲击与功能的削弱，我国应在上述保障法的基础上，在维护和改善家庭养老环境及创造新的居住模式方面作更多的努力。

首先，可借鉴日本经验，以"亲情扶持""亲情居住"等方式，

---

① 吴毅. 村治变迁中的权威与秩序——20世纪川东双村的表达 [M]. 北京：中国社会科学出版社，2002：196.
② 赵仲杰，周玉江. 北京市独生子女父母老年居住意愿研究 [J]. 理论与实践，2013（3）：85-86.

建造更多有利于形成"两代居"模式的住宅。让老年人既能够方便地享受子女的照顾，又可以帮助子女照顾第三代，将有限的资金最大限度地解决多代人的住房和赡养、抚养问题。其次，在购房与就业政策上，应对独生子女给予财政优惠和政策倾斜，例如实施独生子女照料假制度、家庭成员护理技能培训等积极的养老政策[①]，并通过一系列举措保证政策的有效实施（吴玉韶，2018）。鼓励子女承担养老责任，满足老年人的基本生活需要。最后，对于有失能失智老人的家庭给予财政补贴，通过法律法规的出台予以巩固，调动其养老积极性，从而在全社会形成尊老敬老的良好氛围。

9.2.3 以法律控制为保证，弘扬孝文化精华，建构新时期家庭道德规范体系

当今的老年群体曾是国家与社会发展的中流砥柱，因此保障其晚年生活、改变养老困境、维护老年人社会利益，是当今社会面临的重要问题。家庭是养老实践的重要载体，亲子关系是养老资源传递的纽带。在中国，相比于多子女家庭，独生子女家庭对养老的支撑基础无论在人力上还是经济实力上都显得尤为薄弱。在以第一代独生子女家庭为主导的城市社会，第一代独生子女的养老责任在家庭范畴内体现出排他特性。社会的多元化发展以及独生子女政策的推广，使得"家庭养老"观念面临着巨大的洗礼。随着长辈的权力逐渐弱化以及道德规范逐步多元化，第一代独生子女对养老责任的认识弱化，导致"子女"这一家庭角色在社会化过程中变得模糊。国内外已有的实践反复证明，家庭养老才是解决养老问题的根本途径（金玉宝，2019）。潘光旦曾建议"安老"场所应坚持家庭化的原则。近年来，西方发达国

---

① 吴玉韶. 树立积极老龄观 推动新时代养老服务业健康可持续发展 [J]. 中国社会工作，2018（14）：24-25.

家也开始审视家庭的代际养老功能，比如德国的"三代同堂"福利公寓，美国的"go home"运动（张恺悌，2010）便是很好的例证。

孝文化是立足于我国特殊国情的传统观念，是支撑传统家庭养老的一种保障。一直以来，中国社会都以儒家思想和孝道作为核心道德观，几千年来子女对父母的支持和帮助一直备受社会关注。孝文化不仅是我国传统文化的主要组成部分，也是社会主义政府所重视与传承的重要社会美德。在美国，养老院养老较为普遍，80岁以上的老年群体中近20%的老人选择在养老院生活，而在中国仅有1%。赡养老人是中国家庭普遍承担的社会与家庭责任，有超过60%的子女选择照料65岁以上的父母并与其共同居住，可以说中国的家庭养老实践有着深厚的文化底蕴和社会支持。1982年，柯里根以大会秘书长身份，在亚太地区老龄问题政府间预备会议上提出，中国应在工业化与城市化进程中，避免破坏家庭的结构与功能，"创造出整套处理好家庭关系的办法，树立正确对待老人的榜样，这是对人类社会的一项重大贡献。"（陈功，2009）因此，保护我国的传统孝文化刻不容缓，我国政府应大力提倡子女照顾长者责任之觉识（魏雁滨，2009）。

法律是当今社会中平衡社会利益与缓解社会矛盾最为基本的途径。然而，随着社会文化的变迁，传统文化中孝文化对青年人的规范明显不足，青年人赡养老人的传统观念淡化，导致家庭养老的功能弱化。由此引发许多老年人面临着子女重"金"而不重"心"、以养代孝、"空巢"、"未富先老"、"老无所养"等养老困境，产生了强烈的养老焦虑感。因此，一方面需要确实、有效的法律条款来保护老年人应该依法享有的权利，保障老年人的人格尊严以及赡养扶助权。另一方面，更为重要的是，针对城市独生子女父母养老模式进行深入思考，构建有效规避社会养老风险的制度框架。前瞻性积极应对独生子女父母老龄化，有助于缓解独生子女父母养老高峰来临带来的社会冲击。

　　自古以来，孝文化都是维系家庭稳定、保障家庭幸福的关键所在。稳定的家庭需要物质基础，老年人无力之时子女提供的赡养便是孝文化的基本内容（郭清香，2017）。在孝文化的传承中，家庭养老观念深深影响着中国家庭，子女对父母的赡养不仅是家庭行为，更是一种受文化传承的社会行为。养老福利供给是子女家庭责任感和孝顺老人的重要表现，第一代独生子女对父母养育之恩的回馈之情是支持父母养老生活的重要动力，子女应承担的养老义务是父母养老生活不能忽视的养老资源，子女给予父母的物质扶助与精神慰藉是天伦之乐的源泉，也是难以替代的家庭养老资源。

　　重塑对孝文化的认可有助于凝聚民族归属感，增强文化自信，将家庭养老观念中的优秀理念不断传承与发展。现代社会中的伦理部分被法律所吸收，文化、习俗等因素主要起到道德规范的作用。不管是在东方还是在西方，社会的尊重、家庭的关爱均是养老质量的重要体现，也是纾解老人养老焦虑感的重要源泉。费孝通先生曾经说，中西方文化最大的差异在于子女对父母是否具有赡养的义务，独子时代的养老问题极具挑战。通过对养老、尊老、爱老教育的不断加强，以中国优秀的传统文化与伦理道德为优势，在居家养老与家庭养老过程中，建立以孝文化为核心的家庭养老文化，为老年人提供颐养天年、享天伦之乐的舒适环境。

　　鉴于此，首先，应明确充分发挥子女在养老中的照顾与保健职能对家庭养老的重要作用。以刚性的法律制度为基础，以中华传统美德与社会道德为软性约束，为独生子女家庭养老机构提供双重保障，是提高家庭养老质量的根本途径。目前我国各省市通过人口与计划生育条例，强调独生子女家庭养老的经济支持，然而对于日常照料与精神慰藉的政策与规定则无明确要求。随着个人机能的逐渐衰退，老年人无论在经济能力还是自理能力方面都难以独立支撑日常生活，子女提供的养老照料与健康支持虽能延缓能力衰退进程，但老年人心理福祉仍会受到显著负面影响。

其次，社会在宣传孝文化的过程中注重汲取文化精华与丰富时代内涵，塑造尊老、敬老、养老的文化规范，同时兼顾"父慈"的内涵，形成"父慈子孝"的家庭氛围。尽管西方的独立并不适用于当今中国社会的养老困境，然而，在西方家庭中的成员间不论年龄均彼此平等，共享家庭利益"接力"模式，对于独生子女家庭塑造互惠平衡的家庭模式十分有参考价值。正如费孝通先生提出"抚育—赡养型"的代际关系，使养老资源在双向流动中达到平衡，有效地均衡了家庭代际间的资源互惠。因此，以亲子人格平等为重要基础的新型孝文化，注重平等对话与有效沟通，不仅有助于独生子女健康成长，也有助于老年人表达自身养老诉求，实现家庭资源平衡。

最后，应充分运用社会资源，构建新型孝文化表达形式。机构养老作为目前刚刚为社会接受的养老方式，是一种养老生活的保障，体现了子女依托专业机构履行赡养义务、提升父母养老生活质量的选择，绝非养老责任的外推。通过提升社会中养老机构的服务品质，以老年人的硬件需求与精神诉求为出发点，塑造养老服务机构以"孝"为本的社会形象与营造"居家"的养老环境，发展多元的养老居住模式。家庭养老独特的文化价值使得传统家庭养老具有巨大惯性，通过社会养老机构整体形象与外部条件的改变，影响社会原有的普遍养老居住观念：居住模式只是养老资源的一部分，居住模式的选择并不代表子女对养老责任的逃避，养老院居住是一种更为安全与完善的养老保障，并非子女养老责任的转移。独生子女父母应该根据现实生活状况与养老资源，以更为积极乐观的心态接受多元化的养老居住模式。

9.2.4 加强独生子女父母养老储备意识，提高"独立居住"老年生活的经济支撑

独生子女父母在养老方式的选择方面，一定程度上受制于客观的养老政策与相关制度。养老保险金通过填补收入缺口协助人们预防经济危机，是国家社会福利体系的首要支柱，也是构成城市老年人的主要收入来源。随着社会经济水平的不断提高，建立与完善社会保障制度有助于巩固老年人养老生活的经济基础，解决生活方面的经济问题。

首先，经济独立、情感独立以及身体健康是独生子女父母进入养老阶段所必备的重要基础，三者决定了养老独立性与养老尊严。老年人在以家庭为主要养老场所的同时，也应着眼于已有的社会养老保障服务，实现自我保障。在家庭支持、社会保障与自我独立中保持养老生活与自身状态的平衡发展，积极应对自身养老风险。通过更全面生动地引导独生子女父母认识老龄化、接受老龄化，以期具有前瞻性地思考老年生活以及高龄阶段的养老保障，例如购买养老保险、积极储蓄养老金等。

其次，增加老年群体的财产性收入，提高老年群体的养老储备能量。新加坡通过"房屋租赁"或"房屋置换"等多种政策为老年群体换取收入。例如，其一是组屋的拥有者在符合一定条件下，可以通过出租全部或部分组屋来补贴养老生活。其二是原先居住在较大面积的已退休夫妻，在子女长大成人并选择搬出独居生活时，可选择用现在的房屋置换成较小面积的房屋，将以小换大获得的净收益作为未来养老生活的积蓄，或者通过选择一些稳健性的金融理财产品获得收益，作为老年日常生活支出的一部分。而且，新加坡政府允许当事人根据实际状况选择分期付款或一次性付款的方式完成住房的以大换小。其

三是倒按揭。退休老人可以通过将自己现有的房屋抵押给指定金融机构，按月获得现金收入作为养老基金，同时老人仍可以居住在自己的房屋内。

9.2.5 大力发展老年社会工作，丰富老年群体的精神生活，缓解养老焦虑

随着年龄的增加，接踵而至的问题就是身体健康的问题。而我国空巢老人的健康问题更是一个引人注目的问题。城市第一代独生子女进入婚育期，子女的职业状态、收入状况、婚姻状况、工作与生活压力，以及在生活观念、消费娱乐方式等方面的差异都会对代际关系和生活方式带来较大的冲击。家庭是精神养老的主要载体，形式上的割裂并不意味着代际间情感上的阻断，精神赡养作为家庭养老的重要内涵，体现了代际间精神服务诉求与满足的重要指向。情感方面的慰藉成为维持道德规范的重要手段，"外远而内亲"使得世代间关系的描述更为清晰，"反哺"的可持续发展模式有待新型道德模式的进一步完善。少子化现象的爆发将导致部分育龄人口难以组建家庭、生育后代，生育率的大幅度跌落将增加未来劳动力储备率下降的可能性，进一步加速老龄化进程。

步入老年是个体生命历程中的必经阶段。在子女异地求学就业、代际追求"自由空间"、为抚幼组建的临时主干家庭解体等综合因素作用下，空巢家庭的养老问题成为人口老龄化背景下养老问题的焦点，而独居老年人家庭不仅"空巢"且赡养功能薄弱，并且由于丧偶，在日常生活中更是独自一人，随着身体机能的退化，饮食起居、精神慰藉均无人依靠，因此成为养老问题中更为弱势的群体。社会工作以"助人自助"为核心，以弱势群体为服务对象，通过介入弱势群体的生活切实了解生活困境、解决当前问题。社会工作对于老年群体

的特殊性在于，不同于以营利为目的的其他组织机构，社会工作针对老年群体的特殊性，通过整合社会养老资源，达到完善养老的社会支持体系，为服务对象——老年群体提供多元化、有针对性的养老支持与养老服务，以老年群体的养老需求为中心，在介入后注重对服务对象的服务与反馈，完善社会养老资源的配置、提高养老服务的效率。专业老年社会工作是由社会工作者以专业的服务方法对老年群体的困难进行协助，包括生存问题、心理问题、经济问题和社会问题，并在老年人与专业社会工作者的共同努力下得以解决，最终使老年群体拥有平安康泰的老年生活。

早在1997年，国际老年学会在布达佩斯的大会上即提出要健康老龄化服务，这一议题着眼于老年人健康，强调老年人的生命质量，具有较强的现实实践意义。独居老人是老年社会工作关注的重要群体，相比于非独居老人，独居老人由于子女赡养与配偶照料均出现缺席，因此对日常生活照料的需求明显较高；独居老人由于居住状态为独自居住，无配偶或子女的长期陪伴，因此在精神慰藉方面需求也明显较高。独居老人的精神慰藉更值得社会关注，更加需要社会工作的介入。一方面，对于身体健康的老人而言，生活照料并不是老年生活的主要困境，而更多是来自社会交往、精神慰藉方面，尤其希望能够有人陪伴，参与更多的娱乐活动，广泛参与社交，甚至是通过志愿服务来实现更大的自我价值。另一方面，对于身体状况不好的老人，他们的需求兼顾了日常生活、心理、社会与经济各个方面。他们多属于失能半失能的老人，自理能力极低，照料日常生活是生存的基本需求。在此基础上，独居老人独自面对身体的每况愈下，承受病痛、衰弱甚至死亡等负面事件产生的消极情绪，不仅影响了老人的生活态度，甚至对老人的身体状况也有着恶劣的影响。

个体不论处于生命的哪一阶段，作为一个运动着的有机体，都始终与不断变化着的环境处于持续的互动之中。精神养老是对经济养老的升华，不再是单方面的感知，更是主客体之间的相互作用。亲子关系与老年人的情绪有一定的关联性，对养老问题表现出的焦虑感是情感宣泄的一种途径。希望开展的老年活动主要包括"困难老人帮扶活动""老少共融亲情活动""学习娱乐活动"等。在满足第一代独生子女父母个体需求的同时，给予更多的生活关怀、精神慰藉，使老人的精神生活更加丰富，心情更愉悦，生活质量更高，将成为社会转型期有待进一步讨论的新议题。

重塑孝文化对于缓解独生子女家庭养老的精神层面压力有着至关重要的作用。对于子女而言，孝文化中尊老敬老是赡养父母的精神基础，具备这一精神基础就能在能力有限的条件下尽自己所能照料父母，报答养育之恩。对于社会而言，尊老敬老这一文化规范一旦形成，即使在养老资源有限的情况下，也不会出现虐待、殴打老人的情况，为老年群体提供一个轻松愉快的社会环境。社会重塑孝文化，传承优秀的尊老、敬老、养老精神，摒弃百依百顺、言听计从等愚孝陋习，用文化与道德约束规范子女及他人对老人的行为与言语，有助于在独生子女家庭养老风险到来之际缓解亲子矛盾，解决养老困境。针对独生子女父母养老照顾，可出台相关政策。例如，设立独生子女父母的特殊纪念日，通过短假期为两代人提供更多交流机会，并通过"孝文化"的进一步传播，增强子女对老年父母的精神慰藉意识。家庭是传递与内化孝文化的关键场域，而孝文化更是家庭养老的重要文化基础，二者相互影响，相辅相成。因此，家庭应重视子代在幼年时期的道德社会化，增强子代的家庭责任感，从小培养子女的家庭责任感和孝顺老人的传统美德，在应对养老风险之时，子女才能勇于承担责任。

9.3 研究的展望

9.3.1 基于同期群范畴的"我群"与"他群"的对比研究

曾毅等学者（2005）通过对第三次、第四次人口普查数据进行分析，结果显示老年人口单独居住（包括寡居与偶居）的比例分别为22.8%、25.3%，第五次人口普查的城市数据显示，老年人单独居住的比重为26.9%。当然，这一居住状况的前提为多子女的家庭背景。然而，近年来独生子女逐渐成为社会主流群体，独生子女意味着更少的养老资源和养老选择，群体的独特性以及家庭结构的相对脆弱性，使得由此引发的独生子女家庭养老风险问题逐渐引起学界关注。

首先，考虑到第一代独生子女父母尚处于"低龄阶段"，为凸显城市第一代独生子女家庭的典型特征，本书在调查过程中，对于进入婚育状态的独生子女，仅选择"双独子女"特征的家庭进行调查，并没有将其同期群"独生子女家庭""单独子女家庭""非独子女家庭"进行横向对比分析。在低龄老年阶段，养老困境多基于对未来老年生活的预期，且这种预期会随着老年群体年龄的增长逐渐凸显，然而，独生子女家庭的代际支持压力与子女数量之间的相关性，目前尚缺乏纵向追踪研究的实证验证。

其次，与城市独生子女父母相比，农村老年人仍体现出多子女支持的特征，农村的独生子女父母规模相对较小。在传统社会中，该群体主要依靠土地与子女化解养老风险，即使父母与子女单独居住，在分家析产后，或根据事先约定给予照顾，如一定数量的粮食和财物，以保证老人的日常所需；或父母在约定周期内轮流到儿子家中吃住，即农村的家庭养老支持困境的探讨还主要停留在保障"吃穿住"的阶段。然而，这一养老风险防范机制在社会变迁与社会转型的宏观背景下将逐渐瓦解，城乡独生子女家庭代际居住模式以及与此相关联的养老方式有哪些共性特征与个体特征，将在未来的研究中，在更为宏观的社会流动背景下进一步展开。

9.3.2　大数据时代对于代际问题研究的机遇与挑战

以往的研究多使用验证性统计模型，首先，利用抽样个体去推断总体的状况，在抽样过程中，如果采用非概率抽样的方法，由于抽样覆盖的范围总是有限的，对于真实总体状况的反映较难达成一致。其次，验证性检验需要建立具体的研究假设，是基于样本的"推断分析"，将研究局限在一定范围内，具有一定的缺陷。鉴于此，本书在基本统计描述的基础上，首先利用列联分析构建研究的基本支点，在此基础上，基于个案阐释的质性研究，拓宽了下一步探索性研究的思路。

然而，由于缺乏时间背景下的经验数据作为支撑，如何更好地将质性研究与量化研究相结合，如何把握好验证性量化分析与探索性量化分析的关系，促进代际关系讨论的跨学科性，为课题组的下一步研究提出新的挑战。

参考文献

［1］ BECKER G S. A treatise on the family：Enlarged edition ［M］. New York：
Harvard University Press，1993.

［2］ ROSSI A S，ROSSI P H. Of human bonding：parent-child relations across
the life course ［M］. New York：Aldine de Gruyter，1990.

［3］ ANDREWS F M，WITHEY S B.Social indicators of well-being：americans'
perceptions of life quality ［M］. New York：Plenum，1976.

［4］ MCDOWELL L. Gender，identity，and place：understanding feminist
geographies ［M］. Minneapolis：University of Minnesota Press，1999.

［5］ 穆迪，萨瑟. 老龄化 ［M］. 陈玉洪，李筱媛，译. 江苏：江苏人民出版
社，2018.

［6］ 郭竞成. 居家养老研究：来自浙江的调查与思考 ［M］. 北京：中国社会
科学出版社，2016.

［7］ 黄文，王正林. 数据挖掘：R 语言实战 ［M］. 北京：电子工业出版社，
2014.

［8］ 李凯杰. 技术进步、经济增长和碳排放 ［M］. 北京：中国经济出版社，
2017.

［9］ 祁毓. 环境公共经济治理绩效与效应评估研究 ［M］. 北京：经济科学出

版社，2016．

[10] 谢联辉，宋玉华．全球行动：迎接人口老龄化：联合国老龄话题文件总汇［M］．北京：华龄出版社，1998．

[11] 王金元，赵向红．老龄化背景下社区独居老人生存状态与社会支持研究［M］．上海：华东理工大学出版社，2016．

[12] 布劳．社会生活中的交换与权力［M］．李国武，译．北京：商务印书馆，2011．

[13] 波普诺．社会学［M］．李强，译．北京：中国人民大学出版社，2007．

[14] 贝克尔．家庭论［M］．王献生，王宇，译．北京：商务印书馆，1998．

[15] 米德．文化与承诺：一项有关代沟问题的研究［M］．周晓虹，周怡，译．石家庄：河北人民出版社，1987．

[16] 白凯．中国的妇女与财产：960—1949年［M］．上海：上海书店出版社，2003．

[17] 费孝通．乡土中国：生育制度［M］．北京：北京大学出版社，1998．

[18] 刘开瑛．中文文本自动分词和标注［M］．北京：商务印书馆，2000．

[19] 王小川，史峰，郁磊，等．MATLAB神经网络43个案例分析［M］．北京：北京航空航天大学出版社，2013．

[20] 周燕珉，程小青，林菊英．老年住宅［M］．北京：中国建筑工业出版社，2011．

[21] 风笑天．中国独生子女问题研究［M］．北京：经济科学出版社，2013．

[22] 沈奕斐．个体家庭iFamily：中国城市现代化进程中的个体、家庭与国家［M］．上海：上海三联书店，2013．

[23] 阎云翔．私人生活的变革：一个中国村庄里的爱情、家庭与亲密关系1949—1999［M］．上海：上海书店出版社，2005：197．

[24] 羌苑，袁逸倩，王家兰．国外老年建筑设计［M］．北京：中国建筑工业出版社，1999．

[25] BIAN F, LOGAN J R, BIAN Y．Intergenerational relations in urban China：Proximity，contact，and help to parents［J］．Demography，1998，35（1）：

115-124.

[26] BLEI D M, NG A Y, JORDAN M I.Latent dirichlet allocation [J]. The Journal of Machine Learning Research, 2003 (3): 993-1022.

[27] Brown V.The effects of poverty environments on elders' subjective well-being: A conceptual model [J]. Gerontologist, 1995, 35 (4): 541-548.

[28] CHOU K L. Number of children and upstream intergenerational financial transfers evidence from Hong Kong [J]. Journals of Gerontology, 2010, 65: 227-235.

[29] CONG Z, SILVERSTEIN M.Intergenerational time-for-money exchanges in rural China: Does reciprocity reduce depressive symptoms of older grandparents? [J]. Research in Human Development, 2008, 5 (1): 6-25.

[30] COX D, RANK M R.Intervivos transfers and intergenerational exchange [J]. Review of Economics and Statistics, 1992, 74 (2): 305-314.

[31] CRIMMINS E M, INGEGNERI D G.Interaction and living arrangements of older Americans and their adult children: Past trends, present determinants, and future implications [J]. Research on Aging, 1990, 12 (1): 3-35.

[32] BÉLAND D, HACKER J S.Ideas, private institutions and American welfare state 'exceptionalism': The case of health and old-age insurance, 1915-1965 [J]. International Journal of Social Welfare, 2010, 13 (1): 42-54.

[33] DIENER E, EMMONS R A, LARSEN R J, et al.The satisfaction with life scale [J]. Journal of Personality Assessment, 1985, 49 (1): 71-75.

[34] EGGEBEEN D J, HOGAN D P.Giving between generations in American families [J]. Human Nature, 1990, 1 (3): 211-232.

[35] FOITHONG S, PINNGERN O, ATTACHOO B.Feature subset selection wrapper based on mutual information and rough sets [J]. Expert Systems with Applications, 2012, 39 (1): 574-584.

[36] FREEDMAN V A, MARTIN L G, SCHOENI R F.Recent trends in disability

and functioning among older adults in the United States: A systematic review [J]. Jama, 2002, 288 (24): 3137-3146.

[37] BECKER G S. A theory of social interactions [J]. Journal of Political Economy, 1974, 82 (6): 1063-1093.

[38] GREENWELL L, BENGTSON V L. Geographic distance and contact between middle-aged children and their parents: The effects of social class over 20 years [J]. Journals of Gerontology Series B: Psychological Sciences and Social Sciences, 2013, 52 (1): S13-S26.

[39] HENDERSON E J, CAPLAN G A. Home sweet home? community care for older people in Australia [J]. Journal of the American Medical Directors Association, 2008, 9 (2): 88-94.

[40] HERMALIN A I, YANG L S. Levels of support from children in Taiwan: Expectations versus reality [J]. Population and Development Review, 2004, 30 (3): 417-448.

[41] HUANG C J. Using genetic algorithm optimization SVM to construction of investment model [J]. International Journal of Digital Content Technology & its Applications, 2011, 5 (1): 123-132.

[42] DOLING J, RONALD R. Meeting the income needs of older people in East Asia: Using housing equity [J]. Ageing and Society, 2012, 32 (3): 471-490.

[43] KAMO Y, ZHOU M. Living arrangements of elderly Chinese and Japanese in the United States [J]. Journal of Marriage & Family, 1994, 56 (3): 544-558.

[44] BICKERSTAFF K A, GRASSER C M, MCCABE B. How elderly nursing home residents transcend losses of later life [J]. Holistic Nursing Practice, 2003, 17 (3): 159-165.

[45] LAWTON L, SILVERSTEIN M, BENGTSON V. Affection, social contact, and geographic distance between adult children and their parents [J].

Journal of Marriage and Family, 1994: 57-68.

[46] LEE G R, NETZER J K, COWARD R T.Filial responsibility expectation of intergenerational assistance [J]. Journal of Marriage and the Family, 1994, 56 (August): 559-565.

[47] LITWAK E, KULIS S.Technology, proximity and measures of kin support [J]. Journal of Marriage and the Family, 1987: 649-661.

[48] LITWIN H, VOGEL C, KÜNEMUND H, et al. The balance of intergenerational exchange: Correlates of net transfers in Germany and Israel [J]. European Journal of Ageing, 2008, 5 (2): 91-102.

[49] LITWIN H.Intergenerational exchange patterns and their correlates in an aging Israeli cohort [J]. Research on Aging, 2004, 26 (2): 202-223.

[50] LIU X Y, JIANG H Y, TANG F Z.Parameters optimization in SVM based on ant colony optimization algorithm [J]. Advanced Materials Research, 2010, 121-122: 470-475.

[51] LIU X, LIANGXJ, GU S.Flows of social support and health status among older persons in China [J]. Social Science & Medicine, 1995, 41 (8): 1175-1184.

[52] LOGAN J R, BIAN F.Family values and considence with married children in urban China [J]. Social Forces, 1999, 77 (4): 1253-1282.

[53] LOGAN J R, BIAN F. Parents' needs, family structure, and regular intergenerational financial exchange in Chinese cities [J]. Sociological Forum, 2003, 18 (1): 85-101.

[54] MARK K D, POPEJOY L, PETROSKI G, et al.Clinical outcomes of aging in place [J]. Nursing Research, 2005, 54 (3): 202-211.

[55] MIRKOVIC J, REIHER P. A taxonomy of DDoS attack and DDoS defense mechanisms [J]. ACM SIGCOMM Computer Communication Review, 2004, 34 (2): 39-53.

[56] MMST S A C, KEATING N, EALES J.Client-centered, community-based

care for frail seniors [J]. Health & Social Care in the Community, 2003, 11 (3): 253-261.

[57] MOMTAZ Y A, HAMID T A, IBRAHIM R. Unmet needs among disabled elderly Malaysians [J]. Social Science & Medicine, 2012, 75 (5): 859-863.

[58] MURAMATSU N, YIN H, HEDEKER D. Functional declines, social support, and mental health in the elderly: Does living in a state supportive of home and community-based services make a difference [J]. Social Science & Medicine, 2010, 70 (7): 1050-1058.

[59] NOLAN M, LUNDH U. Satisfactions and coping strategies of family cares [J]. British Journal of Community Nursing, 1999, 4 (9): 470-475.

[60] PENSIEROSO L, SOMMACAL A. Economic development and family structure: From paterfamilias, to the nuclear family [J]. European Economic Review, 2010, 71 (5): 80-100.

[61] RANTZ M J, MAREK K D, AND M, et al. A technology and nursing collaboration to help older adults age in place [J]. Nursing Outlook, 2005, 53 (1): 40-45.

[62] ROBIN M. Community care, housing and older people: Continuity or change [J]. Housing Studies, 1991, 6 (4): 273-284.

[63] RUGGLES S. The decline of intergenerational coresidence in the United States, 1850 to 2000 [J]. American Sociological Review, 2007, 72 (6): 964-989.

[64] SARMA S, SIMPSON W. A panel multinomial logit analysis of elderly living arrangements: Evidence from aging in Manitoba longitudinal data, Canada [J]. Social Science & Medicine, 2007, 65 (12): 2539-2552.

[65] SHIN D C, JOHNSON D M. Avowed happiness as an overall assessment of the quality of life [J]. Social Indicators Research, 1978 (5): 475-492.

[66] SILVERSTEIN M, BENGTSON V L. Does intergenerational social support

influence the psychological well-being of older parents? The contingencies of declining health and widowhood [J]. Social Science & Medicine, 1994, 38 (7): 943-957.

[67] SINDHU S, PHOLPET C, PUTTAPITUKPOL S. Meeting the challenges of chronic illness: A nurse-led collaborative community care program in Thailand [J]. Collegian Journal of the Royal College of Nursing Australia, 2010, 17 (2): 93-99.

[68] SOUZA E M D, GRUNDY E.Intergenerational interaction, social capital and health: Results from a randomised controlled trial in Brazil [J]. Social Science & Medicine, 2007, 65 (7): 1397-1409.

[69] SPITZE G, LOGAN J.Sons, daughters, and intergenerational social support [J]. Journal of Marriage & the Family, 1990, 52 (2): 420-430.

[70] WOLF D A.The elderly and their kin: Patterns of availability and access [J]. Demography of Aging, 1994: 146-194.

[71] YU S W K, CHAU R C M.The division of care in mainland China and Hong Kong [J]. International Journal of Urban and Regional Research, 1997, 21 (4): 607-619.

[72] LU Z, WEI J.Study of network public opinion monitoring based on social tagging [J]. International Journal of Digital Content Technology and its Applications, 2013, 7 (4): 543.

[73] DOMMELLY A, MISSTEAR B, BRODERICK B. Real time air quality forecasting using intergrated parametric and non-parametric regression techniques [J]. Atmo Spheric Environment, 2015: 53-65.

[74] CHAU H F, WONG C Y, CHOW F K, et al.Social judgment theory based model on opinion formation, polarization and evolution [J]. Physica a: Statistical Mechanics and its Applications, 2014 (415): 133-140.

[75] MILLARD J.The health of older adults in community activities [J]. Working with Older People, 2017, 21 (2).

［76］ JIAN Q P, AI Z J.Internal and external defect identification of pipelines using the PSO-SVM method ［J］. Insight, 2015 （57）: 85-91.

［77］ STAPLETON L M, HANNA P, RAVENSCROFT N, et al. A flexible ecosystem services proto-typology based on public opinion ［J］. Ecological Economics, 2014 （106）: 83-90.

［78］ VICENTE M R, NOVO A.An empirical analysis of e-participation.The role of social networks and e-government over citizens' online engagement ［J］. Government Information Quarterly, 2014, 31 （3）: 379-387

［79］ ZINGLA M A, LATIRI C, YAHYA S.Short query expansion for microblog retrieval ［J］. Procedia Computer Science, 2016.

［80］ OKABAYASHI H, HOUGHAM G W.Gender differences of social interactions and their effects on subjective well-being among Japanese elders ［J］. Aging&Mental Health, 2014, 18 （1）: 59-71.

［81］ OLIVEIRA J.The value of children: Inter-generational support, fertility, and human capital ［J］. Journal of Development Economics, 2016 （120）: 1-16.

［82］ REN F, WU X L, ZHANG K X, et al.Application of wavelet analysis and a particle swarm-optimized support vector machine to predict the displacement of the Shuping landslide in the Three Gorges, China ［J］. Environmental Earth Sciences, 2015 （73）: 4791-4804.

［83］ ROH J H, JIANG H, FINN M B, et al.Potential role of orexin and sleep modulation in the pathogenesis of Alzheimer's disease ［J］. Journal of Experimental Medicine, 2014, 211 （13）: 2487-2496.

［84］ SAITO T, SUGISAWA H, HARADA K, et al.Population aging in local areas and subjective wellbeing of older adults: Findings from two studies in Japan ［J］. Bioscience Trends, 2016, 10 （2）: 103-112.

［85］ KAMARUDDIN S S, BAKAR A A, HAMDAN A R, et al.A text mining system for deviation detection in financial documents ［J］. Intelligent Data

Analysis，2015，19（s1）：S19-S44.

[86]   WU H，XI X，LUO Z.Fall recognition based on EMG signal entropy and PSO-SVM ［J］. Chinese Journal of Sensors and Actuators，2015（28）：1586-1590.

[87]   ABE Y. The nuclear power debate after Fukushima：a text-mining analysis of Japanese newspapers ［J］. Contemporary Japan，2015，27（2）：89-110.

[88]   ZHANG M，ZHAO H，SUN S.Prediction of shunt malfunction of track circuit based on PSO-SVM ［J］. Journal of the China Railway Society，2015（37）：68-74.

[89]   陈森斌，刘爽. 第一代独生子女教育观研究 ［J］. 兰州学刊，2012（12）：137-144.

[90]   白岩岩，王裕明，蔡玫珠. 上海市老年人居家养老服务满意度及影响因素 ［J］. 南京人口管理干部学院学报，2013，29（4）：16-21；80.

[91]   陈雯. "四二一"家庭结构假设与家庭养老压力事实 ［J］. 华中师范大学学报（人文社会科学版），2012，51（5）：23-32.

[92]   风笑天. 农村第一代独生子女的居住方式及相关因素分析 ［J］. 南京社会科学，2010（4）：54-61；68.

[93]   风笑天. 中国第一代城市独生子女的社会适应 ［J］. 教育研究，2005（10）：28-34.

[94]   风笑天. 中国独生子女研究：回顾与前瞻 ［J］. 江海学刊，2002（5）：90-99.

[95]   冯夏婷，甄俊俊，张焱. 儿童自闭症研究的回顾与展望 ［J］. 教育导刊（幼儿教育），2005（12）：20-22.

[96]   葛道顺. 代沟还是代差？——相倚性代差论 ［J］. 青年研究，1994（7）：43-46.

[97]   耿德伟. 多子多福？——子女数量对父母健康的影响 ［J］. 南方人口，2013（3）：8-16.

[98]   李薇，谢敏. 婚姻对城市第一代独生子女家庭养老功能的影响研究 ［J］.

西北人口，2013（4）：110-113.

[99] 刘爱玉，杨善华. 社会变迁过程中的老年人家庭支持研究［J］. 北京大学学报（哲学社会科学版），2000（3）：59-70.

[100] 刘宏，高松，王俊. 养老模式对健康的影响［J］. 经济研究，2011，46（4）：80-93；106.

[101] 陆杰华，白铭文，柳玉芝. 城市老年人居住方式意愿研究——以北京、天津、上海、重庆为例［J］. 人口学刊，2008（1）：35-41.

[102] 路永和，李焰锋. 改进TF-IDF算法的文本特征项权值计算方法［J］. 图书情报工作，2013，57（3）：90-95.

[103] 罗淳. 少子老龄化态势下的居家养老困局及其社区化解之道［J］. 人口与发展，2013，19（2）：66-71.

[104] 穆光宗，姚远. 探索中国特色的综合解决老龄问题的未来之路——"全国家庭养老与社会化养老服务研讨会"纪要［J］. 人口与经济，1999（2）：58-64；17.

[105] 穆光宗. 独生子女家庭本质上是风险家庭［J］. 人口研究，2004（1）：33-37.

[106] 穆光宗. 独生子女家庭非经济养老风险及其保障［J］. 浙江学刊，2007（3）：10－16.

[107] 穆光宗. 老龄人口的精神赡养问题［J］. 中国人民大学学报，2004（4）：124-129.

[108] 穆光宗. 中国传统养老方式的变革和展望［J］. 中国人民大学学报，2000（5）：39-44.

[109] 鄢盛明，陈皆明，杨善华. 居住安排对子女赡养行为的影响［J］. 中国社会科学，2001（1）：130-140；207-208.

[110] 潘立新. 对独生子女在社会化过程中家庭投入的分析与思考——对江苏省4775名独生子女的调查［J］. 人口学刊，1993（4）：38-42.

[111] 彭希哲，胡湛. 公共政策视角下的中国人口老龄化［J］. 中国社会科学，2011（3）：121-138；222-223.

[112] 邵峰. 城中村家庭结构变化对失地农民居住和养老模式的影响——以青岛城中村为例 [J]. 经济纵横, 2008 (7): 119-121.

[113] 沈汝发. 我国"代际关系"研究述评 [J]. 青年研究, 2002 (2): 42-49.

[114] 石燕. 城市独生子女空巢家庭的阶段划分与特征 [J]. 人口与社会, 2002, 4 (1): 24-28.

[115] 任炽越. 城市居家养老服务发展的基本思路 [J]. 社会福利, 2005 (1): 8-13.

[116] 宋健, 黄菲. 中国第一代独生子女与其父母的代际互动——与非独生子女的比较研究 [J]. 人口研究, 2011, 35 (3): 3-16.

[117] 宋健. "四二一"结构: 形成及其发展趋势 [J]. 中国人口科学, 2000 (2): 41-44.

[118] 宋璐, 李树茁. 劳动力迁移对中国农村家庭养老分工的影响 [J]. 西安交通大学学报 (社会科学版), 2008 (3): 10-21.

[119] 孙洪艳, 单承黎. 探寻中国特色的养老居住模式——紧凑型居住模式研究 [J]. 石家庄铁道大学学报 (社会科学版), 2013, 7 (4): 76-80.

[120] 孙薇薇. 代际支持对城市老年人精神健康的影响 [J]. 中国社会保障, 2010 (3): 40-41.

[121] 唐灿, 马春华, 石金群. 女儿赡养的伦理与公平——浙东农村家庭代际关系的性别考察 [J]. 社会学研究, 2009, 24 (6): 18-36; 243.

[122] 唐利平, 风笑天. 第一代农村独生子女父母养老意愿实证分析——兼论农村养老保险的效用 [J]. 人口学刊, 2010 (1): 34-40.

[123] 田北海, 雷华, 钟涨宝. 生活境遇与养老意愿——农村老年人家庭养老偏好影响因素的实证分析 [J]. 中国农村观察, 2012 (2): 74-85.

[124] 田文婷. 结构交换论与功利主义、行为主义交换论的比较——以布劳的结构交换论为视角 [J]. 学理论, 2012 (8): 63-64.

[125] 王江萍. 城市老年人居住方式研究 [J]. 城市规划, 2002 (3): 53-55.

[126] 王磊. 第一代独生子女婚后居住模式——基于江苏省的经验研究 [J].

南方人口，2012，27（4）：16-24．

[127] 王梁．城市居民理想养老居住方式的选择——基于南京等四城市抽样调查的实证研究 [J]．南方人口，2006，21（1）：27-32．

[128] 王美今，李仲达．中国居民收入代际流动性测度——"二代"现象经济分析 [J]．中山大学学报（社会科学版），2012，52（1）：172-181．

[129] 王萍，陈颖．城市独生子女父母养老风险探析——以南京市为例 [J]．河海大学学报（哲学社会科学版），2013，15（3）：35-40；91．

[130] 王萍，李树苗．代际支持对农村老年人生活满意度影响的纵向分析 [J]．人口研究，2011，35（1）：44-52．

[131] 王树新，马金．人口老龄化过程中的代际关系新走向 [J]．人口与经济，2002（4）：15-21．

[132] 王树新，张戈．我国城市第一代独生子女父母养老担心度研究 [J]．人口研究，2008（4）：79-85．

[133] 王树新，赵智伟．第一代独生子女父母养老方式的选择与支持研究——以北京市为例 [J]．人口与经济，2007（4）：52-58．

[134] 王文娟，陈岱云．城市独生子女父母养老社会支持问题研究 [J]．山东社会科学，2008（9）：31-35．

[135] 王小璐，风笑天．中国独生子女研究：记录社会变迁中的一代人——人类学学者访谈之六十二 [J]．广西民族大学学报（哲学社会科学版），2011，33（5）：41-48．

[136] 王晓军，任文东．我国养老保险的财务可持续性研究 [J]．保险研究，2013（4）：118-127．

[137] 王学义，张冲．农村独生子女父母养老意愿的实证分析——基于四川省绵阳市、德阳市的调研数据 [J]．农村经济，2013（3）：75-78．

[138] 王跃生．城乡养老中的家庭代际关系研究——以2010年七省区调查数据为基础 [J]．开放时代，2012（2）：102-121．

[139] 王跃生．中国城乡家庭结构变动分析——基于2010年人口普查数据 [J]．中国社会科学，2013（12）：60-77；205-206．

[140] 王跃生. 中国家庭代际关系的理论分析［J］. 人口研究，2008（4）：13-21.

[141] 王跃生. 中国家庭代际关系的维系、变动和趋向［J］. 江淮论坛，2011（2）：122-129.

[142] 王振振，何明，杜永萍. 基于 LDA 主题模型的文本相似度计算［J］. 计算机科学，2013，40（12）：229-232.

[143] 吴翠萍. 城市居民的居住期望及其对养老方式选择的影响［J］. 人口与发展，2012，18（1）：49-57.

[144] 吴翠萍. 家庭功能变迁中的养老选择［J］. 社会工作，2007（9）：41-42.

[145] 吴谅谅. 城市家庭代际交换关系的研究［J］. 应用心理学，1994（2）：45-51.

[146] 吴石. 基本养老保险基金收支平衡问题研究——以陕西省为例［D］. 西安：陕西师范大学，2012.

[147] 吴小英. 代际冲突与青年话语的变迁［J］. 青年研究，2006（8）：1-8.

[148] 夏传玲，麻凤利. 子女数对家庭养老功能的影响［J］. 人口研究，1995（1）：10-16.

[149] 夏辛萍. 城市独生子女家庭养老困境分析及对策［J］. 中国老年学杂志，2011，31（22）：4494-4496.

[150] 肖富群，风笑天. 我国独生子女研究 30 年：两种视角及其局限［J］. 南京社会科学，2010（7）：45-52.

[151] 谢昊，江红. 一种面向微博主题挖掘的改进 LDA 模型［J］. 华东师范大学学报（自然科学版），2013（6）：93-101.

[152] 熊跃根. 成年子女对照顾老人的看法——焦点小组访问的定性资料分析［J］. 社会学研究，1998（5）：74-85.

[153] 熊跃根. 中国城市家庭的代际关系与老人照顾［J］. 中国人口科学，1998（6）：16-22.

[154] 徐安琪. 女性角色地位的变化与家庭的变迁［J］. 西南民族大学学报

（人文社科版），1990（5）：19-23．

[155] 徐安琪．家庭结构与代际关系研究——以上海为例的实证分析 [J]．江苏社会科学，2001（2）：150-154．

[156] 徐俊，风笑天．独生子女家庭养老责任与风险研究 [J]．人口与发展，2012（5）：2-10．

[157] 徐俊，风笑天．我国第一代独生子女家庭的养老问题研究 [J]．人口与经济，2011（5）：55-62．

[158] 徐蒙，陈功．宗法制度对中国古代尊老、恤老制度的影响 [J]．西北人口，2009（2）：33-36．

[159] 徐勤．儿子与女儿对父母支持的比较研究 [J]．人口研究，1996，20（5）：23-31．

[160] 徐小平．城市首批独生子女父母养老方式选择 [J]．重庆社会科学，2010（1）：54-58．

[161] 许海风．中国城市老年人居住安排的影响因素分析 [J]．经济研究导刊，2013（4）：177-178．

[162] 许琪．子女需求对城市家庭居住方式的影响 [J]．社会，2013，33（3）：111-130．

[163] 颜秉秋，高晓路．城市老年人居家养老满意度的影响因子与社区差异 [J]．地理研究，2013，32（7）：1269-1279．

[164] 杨恩艳，裴劲松，马光荣．中国农村老年人居住安排影响因素的实证分析 [J]．农业经济问题，2012（1）：37-44．

[165] 陈社英．人口老化与社会政策：中国人的"家"与养老研究 [J]．人口与社会，2017（1）：63-71．

[166] 陈昫．城市老年人精神养老研究 [J]．武汉大学学报（哲学社会科学版），2014，67（4）：129-133．

[167] 仇志娟，杜昊．农村"空巢"老年人居住方式影响因素研究 [J]．经济问题，2017（2）：68-74．

[168] 单芳．独生子女父母养老现状及影响因素——基于河南省调查研究数据

[J]. 人民论坛，2016（4）：238-240.

[169] 狄金华，魏利香，钟涨宝. 老人居住模式与养老资源获取——对谢桂华研究的再检验[J]. 北京社会科学，2014（5）：65-72.

[170] 丁志宏，黄显山，龚文正，等. 家庭代际支持对城市老年人异地养老意愿选择的影响研究[J]. 人口与发展，2017，23（4）：96-103.

[171] 高敏. 理想与现实：农村老年人居住意愿与现实选择差异[J]. 人口与社会，2016，32（1）：61-71.

[172] 桂世勋，倪波. 老人经济供给"填补"理论研究[J]. 人口研究，1995（6）：1-6.

[173] 郝洁，谢珺，苏婧琼，等. 基于词加权LDA算法的无监督情感分类[J]. 智能系统学报，2016，11（4）：539-545.

[174] 郝静，王炜. 子代支持对养老担心问题的影响——基于2015年第一代独生子女家庭调查[J]. 调研世界，2017（7）：13-16；21.

[175] 郝静. 城市第一代独生子女家庭代际互动关系研究——基于2015年五省市调查数据[J]. 山东社会科学，2017（3）：76-80.

[176] 胡安宁. 老龄化背景下子女对父母的多样化支持：观念与行为[J]. 中国社会科学，2017（3）：77-95；205-206.

[177] 胡芳肖，张美丽，李蒙娜. 新型农村社会养老保险制度满意度影响因素实证[J]. 公共管理学报，2014，11（4）：95-104；143.

[178] 黄匡时，刘鸿雁. 中华人民共和国成立以来中国历史人口数据的比对分析——基于《世界人口展望》2017年修订版的深度解读[J]. 人口与计划生育，2017（8）：15-18.

[179] 黄庆波，胡玉坤，陈功. 代际支持对老年人健康的影响——基于社会交换理论的视角[J]. 人口与发展，2017，23（1）：43-54.

[180] 黄庆波，杜鹏，陈功. 成年子女与老年父母间代际关系的类型[J]. 人口学刊，2017，39（4）：102-112.

[181] 靳小怡，崔烨，郭秋菊. 城镇化背景下农村随迁父母的代际关系——基于代际团结模式的分析[J]. 人口学刊，2015，37（1）：50-62.

[182] 康岚. 亲密有间：两代人话语中的新孝道 [J]. 当代青年研究，2014 (4)：83-89.

[183] 孔钦，叶长青，孙赟. 大数据下数据预处理方法研究 [J]. 计算机技术与发展，2018 (5)：1-4.

[184] 李国梁. 城乡居民养老观念比较研究 [J]. 四川理工学院学报（社会科学版），2017，32 (3)：16-36.

[185] 李黎明. 构建新型江苏农村独生子女家庭养老服务体系研究——以苏州市为例 [J]. 价值工程，2015 (3)：22-26.

[186] 李淑云，张伟新. 独生子女老龄化家庭养老需求及对策 [J]. 中国老年学杂志，2014 (11)：6450-6453.

[187] 李翔. 社会嵌入理论视角下城市社区居家养老问题研究 [J]. 2014 (4)：131-134.

[188] 李向宇. 基于词云分析的近5年核心期刊幼儿体育文献研究现状 [J]. 运动，2014 (5)：79-81.

[189] 李月英. 我国失独家庭的养老困境及对策研究 [J]. 社科学论，2014 (10)：172-173.

[190] 梁喜涛，顾磊. 中文分词与词性标注研究 [J]. 计算机技术与发展，2015，25 (2)：175-180.

[191] 刘柏惠，寇恩惠. 社会化养老趋势下社会照料与家庭照料的关系 [J]. 人口与经济，2015 (1)：22-33.

[192] 刘东卫，贾丽，王姗姗. 居家养老模式下住宅适老化通用设计研究 [J]. 建筑学报，2015 (6)：1-8.

[193] 刘佳，王强. 独生子女家庭父母的养老意愿 [J]. 管理科学与经济学，2014 (11)：210-211.

[194] 刘丽，钟宁. "新常态"下我国养老模式探析 [J]. 江西广播电视大学学报，2015 (4)：49-52.

[195] 刘汶蓉. 转型期的家庭代际情感与团结——基于上海两类"啃老"家庭的比较 [J]. 社会学研究，2016，31 (4)：145-168；245.

[196] 刘西国. 社会保障会"挤出"代际经济支持吗？——基于动机视角 [J].
人口与经济，2015（3）：116-126.

[197] 刘一伟. 居住方式影响了老年人的健康吗？——来自中国老年人的证据
[J]. 人口与发展，2018，24（4）：77-86；96.

[198] 柳如眉，郝国胜. 养老金支出水平变动趋势和影响因素分析 [J]. 人口
与发展，2017（23）：30-42.

[199] 柳如眉，柳清瑞. 人口老龄化、老年贫困与养老保障——基于德国的数
据与经验 [J]. 人口与经济，2016（2）：104-114.

[200] 卢求. 德国长期照护体制与机构式护理养老设施的经验与启示 [J]. 建
筑学报，2017（10）：43-49.

[201] 陆凯欣，何俊文，何贵蓉. 城市独生子女父母养老担心调查 [J]. 中国
老年学杂志，2016（8）：3816-3818.

[202] 罗杰. "倒金字塔"困境下独生子女养老问题研究——基于河北秦皇岛实
地调研 [J]. 人民论坛，2015（5）：162-165.

[203] 米子川. 并发多样本滚雪球抽样的捕获再捕获估计 [J]. 统计研究，
2015，32（6）：99-104.

[204] 穆光宗，茆长宝. 人口少子化与老龄化关系探究 [J]. 西南民族大学学
报（人文社科版），2017，38（6）：1-6.

[205] 穆光宗. 失独父母的自我拯救和社会拯救 [J]. 中国农业大学学报，
2015（3）：117-121.

[206] 穆滢潭，原新. 代际支持的家庭主义基础：独生子女改变了什么？——
基于内蒙古调查数据的实证研究 [J]. 西北人口，2016，37（1）：
32-37.

[207] 聂爱霞，曹峰，邵东珂. 老年人口养老居住意愿影响因素研究——基于
2011年中国社会状况调查数据分析 [J]. 中国行政管理，2015（2）：
103-108.

[208] 史宇. 农村失独家庭权益保障法律问题研究 [J]. 农业经济，2018
（10）：97-98.

[209] 石智雷. 多子未必多福——生育决策、家庭养老与农村老年人生活质量 [J]. 社会学研究, 2015 (5): 189-215.

[210] 石金群. 独立还是延续: 当代都市家庭代际关系中的矛盾心境 [J]. 广西民族大学学报 (哲学社会科学版), 2014, 36 (4): 35-40.

[211] 邵希言, 赵仲杰. 北京城区首批独生子女家庭养老风险及规避对策研究 [J]. 中国人口·资源与环境, 2016, 26 (S1): 513-517.

[212] 曲嘉瑶, 杜鹏. 中国城市老年人的居住意愿对空巢居住的影响 [J]. 人口与发展, 2014, 20 (2): 87-94.

[213] 尚潇滢. 我国城市独生子女家庭养老模式选择意愿及影响因素分析 [J]. 宁夏社会科学, 2014 (3): 64-72.

[214] 宋雅君. 上海第一代独生子女父母对于个人未来养老方式的预估及影响因素研究 [J]. 浙江学刊, 2017 (2): 38-44.

[215] 孙鹃娟, 沈定. 中国老年人口的养老意愿及其城乡差异——基于中国老年社会追踪调查数据的分析 [J]. 人口与经济, 2017 (2): 11-20.

[216] 汤志浩, 张勇. 基于养老金收支平衡的相关变量分析 [J]. 全国商情: 经济理论研究, 2015 (15): 45-46.

[217] 唐洁, 康璇, 陈睿, 等. 综合型养老社区功能空间模式及指标体系研究 [J]. 城市规划学刊, 2015 (2): 83-92.

[218] 陶涛, 刘雯莉, 孙铭涛. 代际交换、责任内化还是利他主义——隔代照料对老年人养老意愿的影响 [J]. 人口研究, 2018, 42 (5): 56-67.

[219] 佟雅囡, 杜秀秀. 城市独生子女家庭养老现状 [J]. 科学导刊, 2014 (11): 250-251.

[220] 王磊. 城市第一代独生子女老年父母的家庭幸福感及影响因素 [J]. 人口与发展, 2018, 24 (5): 33-41.

[221] 王跃生. 城市第一代独生子女家庭代际功能关系及特征分析 [J]. 开放时代, 2017 (3): 27-59.

[222] 王跃生. 城市第一代独生子女家庭亲子居住方式分析 [J]. 中国人口科学, 2016 (5): 49-65.

[223] 王跃生. 中国城乡老年人居住的家庭类型研究——基于第六次人口普查数据的分析 [J]. 中国人口科学, 2014 (1): 20-32.

[224] 王跃生. 中国家庭代际功能关系及其新变动 [J]. 人口研究, 2016, 40 (5): 33-49.

[225] 王震. 德国社会保障体系中的社会组织 [J]. 国际经济评论, 2016 (1): 90-102.

[226] 韦璞. 老年人家庭代际关系的影响因素分析 [J]. 广西社会科学, 2015 (7): 158-161.

[227] 吴帅, 赵方. 基于随机森林的老年人居住偏好预测研究 [J]. 计算机工程与科学, 2018, 40 (5): 924-930.

[228] 伍海霞, 王广州. 独生子女家庭亲子居住特征研究 [J]. 中国人口科学, 2016 (5): 66-77.

[229] 伍海霞. 城市第一代独生子女父母的社会养老服务需求——基于五省调查数据的分析 [J]. 社会科学, 2017 (5): 79-87.

[230] 伍海霞. 城市第一代独生子女父母的养老研究 [J]. 人口研究, 2018, 42 (5): 30-44.

[231] 伍海霞. 城市第一代独生子女家庭亲子代际经济流动分析 [J]. 人口与发展, 2018, 24 (5): 24-32.

[232] 伍海霞. 照料孙子女对城市第一代老年独生子女父母养老支持的影响 [J]. 社会科学, 2019 (4): 71-80.

[233] 谢勇才, 王茂福. 失独家庭扶助制度的问题与出路研究 [J]. 江淮论坛, 2015 (5): 131-135.

[234] 熊景维, 钟涨宝, 李奥奇. 保障替代、代际契约与信息引致："以房养老"参与意愿的影响因素——基于武汉市中老年人调查数据的实证分析 [J]. 人口研究, 2017, 41 (1): 46-58.

[235] 熊瑞样, 李辉文. 儿童照管、公共服务与农村已婚女性非农就业——来自CFPS数据的证据 [J]. 经济学 (季刊), 2017, 6 (1): 393-414.

[236] 徐俊. 农村第一代已婚独生子女父母养老心态及其影响因素分析 [J].

人口与经济，2016（3）：73-82.

[237] 徐俊. 农村独生子女父母居住方式及其影响因素分析——以江苏、四川两省为例 [J]. 兰州学刊，2015（10）：191-196.

[238] 许海云，董坤，刘春江，等. 文本主题识别关键技术研究综述 [J]. 情报科学，2017，35（1）：153-160.

[239] 许加明，陈瑞，赵涛. 淮安市不同养老模式老年人生活满意度比较 [J]. 中国老年学杂志，2019，39（2）：464-466.

[240] 许琪. 儿子养老还是女儿养老？基于家庭内部的比较分析 [J]. 社会，2015（4）：199-219.

[241] 杨春艳，潘有能，赵莉. 基于语义和引用加权的文献主题提取研究 [J]. 图书情报工作，2016，60（9）：131-138.

[242] 杨帆，杨成钢. 家庭结构和代际交换对养老意愿的影响 [J]. 人口学刊，2016，38（1）：68-76.

[243] 杨舸. 社会转型视角下的家庭结构和代际居住模式——以上海、浙江、福建的调查为例 [J]. 人口学刊，2017，39（2）：5-17.

[244] 原新. 我国生育政策演进与人口均衡发展——从独生子女政策到全面二孩政策的思考 [J]. 人口学刊，2016，38（5）：5-14.

[245] 岳公正，王俊停. 我国城镇养老保险基金收支平衡的预测分析 [J]. 统计与决策，2016（20）：153-155.

[246] 张继文. 养老金收支平衡精算模型及实证分析 [J]. 科技经济导刊，2016（26）：1.

[247] 张莉. 对我国高龄老人居住方式影响因素的分析 [J]. 华中科技大学学报（社会科学版），2016，30（1）：92-102.

[248] 张琴，傅静，周霜. 我国失独群体现状及应对策略研究 [J]. 护理研究，2018，32（8）：1198-1200.

[249] 赵羚雅. 城镇职工基本养老保险基金收支平衡问题研究——以武汉市为例 [J]. 新疆农垦经济，2017（10）：77-86.

[250] 赵仲杰. 北京城区首批独生子女家庭养老风险及规避对策研究 [J]. 中

国人口，2016（5）：513-517.

[251] 郑丹丹. 个体化与一体化：三代视域下的代际关系［J］. 青年研究，2018（1）：12-22；94.

[252] 钟晓慧，何式凝. 协商式亲密关系：独生子女父母对家庭关系和孝道的期待［J］. 开放时代，2014（1）：155-175；7-8.

[253] 周晓蒙，刘琦. 失能老年人的居住意愿及其影响因素分析［J］. 人口与发展，2018，24（2）：120-127；119.

附　录

附录1 调查问卷

城市第一代独生子女家庭养老问题调查

访问地点＿＿＿＿＿＿＿＿ 被访者编码＿＿＿＿＿＿＿＿

A.被访者基本资料

1.年龄＿＿＿＿＿＿ 性别＿＿＿＿＿

2.是否退休　　A.是　　　　　B.否

3.婚姻状况（　　）

A.丧偶　B.已婚　C.离婚　D.非婚同居　E.其他＿＿＿＿

4.受教育程度（　　）

A.小学及以下　　B.初中　　C.高中或中专　　D.大专

E.大学本科及以上

5.职业性质（　　）

A.公务员或事业单位　B.国有企业　C.外资企业　D.私人企业

E.私营业主　　F.个体工商户　　G.其他＿＿＿＿

6.主要收入来源（　　）

A.工资性收入　　B.经营性收入　　C.积蓄　　D.配偶支持

E.子女帮助　　F.其他＿＿＿＿

7.夫妻月收入（　　）

A.0~1 000元　　　B.1 000~2 000元　　C.2000~3 000元

D.3 000~4 000元　　E.4 000~5 000元　　F.5 000元~10 000元

G.1 0000~20 000元　H.20 000元以上

8.自身身体状况（　　）

A.良好　　B.有慢性疾病　　C.生活不能完全自理　　D.卧床

E.其他_____

9.配偶的身体状况（　　）

A.良好　　　　B.有慢性疾病　　　　C.生活不能完全自理

D.卧床　　　　E.其他_____

B.被访者子女状况

1.子女的性别_____，年龄_____，所在城市_____

2.子女的婚姻状况（　　）

A.单身　B.已婚　C.离婚　D.非婚同居　E.其他_____

3.子女的受教育程度（　　）

A.初中及以下　　　　B.高中或中专　　　　C.大专

D.大学本科　　　　E.硕士及以上

4.职业性质（　　）

A.公务员或事业单位　B.国有企业　C.外资企业　D.私人企业

E.营私业主　F.个体工商户　G.其他_____

5.子女家庭收入状况

A.2 000元以下　　　　B.2 000~4 000元　　　　C.4 000~6 000元

D.6 000~8 000元　　　　E.8 000~10 000元　　　　F.10 000~20 000元

G.20 000元以上

6.子女有____个孩子，您是否提供日常照料_____，提供_____帮助

C.代际居住状况

1.代际居住现状

	地点	面积	产权
自身			
子女			

2.代际居住模式

	单独居住	与配偶同住	与子女同住	与父母同住	与对方父母同住	养老院居住	其他
自身居住现状					—		
自身居住意愿					—		
子女居住现状				—		—	
子女居住意愿				—		—	
自身未来最可能的居住模式							

3.如果居住方式发生变化

3.1近几年，居住方式发生变化的原因（　　）

A.照看孙子/孙女　　　　　　B.子女意愿　　　C.自身观念

D.自身或配偶身体状况　　E.经济原因　　　　F.其他_____

3.2未来居住方式如果发生变化，原因可能是（　　）

A.照看孙子/孙女　　　　　　B.子女意愿　　　C.自身观念

D.自身或配偶身体状况　　E.经济原因　　　　F.其他_____

4您的养老居住意愿与子女是否冲突，谁掌握更多的主动权？

5.您觉得居住方式对您的养老影响大吗？原因是什么？

D.养老观念

1.您觉得子女孝顺吗？

A.非常孝顺　　　　　　B.比较孝顺　　　　　　C.一般

D.比较不孝顺　　　　　E.非常不孝顺

2.在养老方面，您最希望子女提供的养老支持是（　　）

A.经济供养　　　　　　B.生活照料　　　　　C.医疗费用

D.生病照料　　　　　　E.精神慰藉　　　　　F.其他

3.考虑现实状况，您最理想的养老方式

居住方式_____　　　　经济来源_____

日常生活照料来源_____　　　　精神生活来源_____

附录2　访谈提纲

附录2.1　独生子女访谈提纲

1.作为子女你与父母的居住意愿是什么？谁掌握主动权？

2.在养老方面，你愿意提供给父母哪方面的养老支持？

附录2.2　独生子女父母访谈提纲

1.您的养老居住意愿是什么？与子女是否冲突？谁掌握主动权？

2.考虑现实状况，您在经济来源、日常生活照料、精神生活三个方面的养老需求是什么？

3.在养老方面，您最希望子女提供哪方面的养老支持？您觉得需求与子女的支持有冲突吗？

4.您觉得居住方式对您的养老影响大吗？